中国式现代化理论与实践研究丛书

上海市哲学社会科学规划办公室
上海市习近平新时代中国特色社会主义思想研究中心
———— 编 ————

新时代
中国外交战略研究

门洪华

—— 著 ——

上海人民出版社

出版前言

中国式现代化是中国共产党领导全国各族人民在长期探索和实践中历经千辛万苦、付出巨大代价取得的重大成果。习近平总书记在党的二十大报告中指出，中国式现代化，是中国共产党领导的社会主义现代化，既有各国现代化的共同特征，更有基于自己国情的中国特色。中国式现代化是人口规模巨大的现代化，是全体人民共同富裕的现代化，是物质文明和精神文明相协调的现代化，是人与自然和谐共生的现代化，是走和平发展道路的现代化。这一崭新的现代化道路，深深植根于中华优秀传统文化，体现科学社会主义的先进本质，借鉴吸收一切人类优秀文明成果，代表人类文明进步的发展方向，展现了不同于西方现代化模式的新图景，是一种全新的人类文明形态。实践证明，中国式现代化走得通、行得稳，是强国建设、民族复兴的唯一正确道路。

为深入学习贯彻习近平总书记关于中国式现代化的重要论述，深入研究阐释中国式现代化的历史逻辑、理论逻辑、实践逻辑，在中共上海市委宣传部指导下，上海市哲学社会科学规划办公室以委托课题方式，与上海市习近平新时代中国特色社会主义思想研究中心、上海市中国特色社会主义理论体系研究中心联合组织了"中国式现代化理论与实践研究丛书"（以下简称"丛书"）的研究和撰写。参加丛书研究撰写的是本市哲学社会科学相关领域的著名专家学者。丛书由上海人民出版社编辑出版。

丛书围绕新时代推进中国式现代化的重大理论和实践问题开展研究阐释，分领域涉及当代中国马克思主义新贡献，新时代坚持党的全面领导，中国式现代化的文明贡献，高质量发展，社会主义民主政治，中国式法治现代化，社会主义文化繁荣发展，当代中国治理创新，新时代实现共同富裕，新时代中国生态文明建设，新时代党史观理论创新，浦东打造社会主义现代化建设引领区等内容，涵盖马克思主义理论创新、党的领导和党的建设、经济建设、政治建设、文化建设、社会建设、生态文明建设等方面，阐释论述系统而具有说服力。

"从现在起，中国共产党的中心任务就是团结带领全国各族人民全面建成社会主义现代化强国、实现第二个百年奋斗目标，以中国式现代化全面推进中华民族伟大复兴。"新征程是充满光荣和梦想的远征。希望丛书问世，能够使广大读者对中国式现代化的中国特色、本质要求和重大原则，对在各个领域的重点要求与战略任务，对为人类现代化理论与实践创新作出的重大原创性贡献的认识更加深入、领悟更加准确，为以更加自信自强、奋发有为的精神状态朝着全面建设社会主义现代化国家的目标勇毅前行，起到激励和鼓舞作用。

目　录

导言　塑造世界未来的中国外交战略

　　党的十八大以来，中国特色社会主义进入新时代。党的十九大报告指出，这个新时代，是承前启后、继往开来、在新的历史条件下继续夺取中国特色社会主义伟大胜利的时代，是决胜全面建成小康社会、进而全面建设社会主义现代化强国的时代，是全国各族人民团结奋斗、不断创造美好生活、逐步实现全体人民共同富裕的时代，是全体中华儿女勠力同心、奋力实现中华民族伟大复兴中国梦的时代，是我国日益走近世界舞台中央、不断为人类作出更大贡献的时代。① 党的二十大报告强调，中国处于迈上全面建设社会主义现代化国家新征程、向第二个百年奋斗目标进军的关键时刻，我们要高举中国特色社会主义伟大旗帜，全面贯彻新时代中国特色社会主义思想，弘扬伟大建党精神，自信自强、守正创新，踔厉奋发、勇毅前行，为全面建设社会主义现代化国家、全面推进中华民族伟大复兴而团结奋斗。从现在起，中国共产党的中心任务就是团结带领全国各族人民全面建成社会主义现代化强国、实现第二个百年奋斗目标，以中国式现代化全面推进中华民族伟大复兴。到本世纪中叶，把我国建设成为综合国力

---

　　① 习近平：《决胜全面建成小康社会　夺取新时代中国特色社会主义伟大胜利——在中国共产党第十九次全国代表大会上的报告》，《人民日报》2017 年 10 月 18 日，第 1 版。

和国际影响力领先的社会主义现代化强国。①

以习近平同志为核心的党中央审时度势，站在历史发展的潮头，积极塑造有利于中国发展、有利于地区稳定、有利于世界和平的外交环境，中国国家实力大幅提升，中国式现代化道路得以开创，中国已成为更具国际影响力、创新引领力、道义感召力的负责任大国。②中国全面推进中华民族伟大复兴，为解决人类面临的共同问题贡献中国方案，为变乱交织的世界提供珍贵的确定性和稳定性，中国发展前景举世关注。③

党的十八大以来，治国理政的新理念新思想新战略陆续提出并付诸实践，这是以习近平同志为核心的党中央立足国情、世情，预防可能的国内"中等收入陷阱"风险和国际上"修昔底德陷阱"风险而进行的战略判断和积极筹划。其间，聚焦理论建构是新时代特有的标签。恩格斯指出："一个民族要想站在科学的最高峰，就一刻也不能没有理论思维。"④ 思想和理论以实践为基础，重大的实践孕育着重要的思想和理论，中国改革开放以来的外交实践所表现出来的活力和所取得的成效，是中国外交思想和理论建构坚实的实践基础；另一方面，思想和理论既来自实践又高于实践，这不仅仅是处理具体事务的指导和对策，更是确立大政方针的依据和指导行动的纲领。面对和平发展、合作共赢的时代诉求，面对美国对中国发展的遏制，面对中国与世界互动的巨大变革，中国不仅需要在开辟大国

---

① 习近平：《高举中国特色社会主义伟大旗帜　为全面建设社会主义现代化国家而团结奋斗——在中国共产党第二十次全国代表大会上的报告》，人民出版社 2022 年版，第 1、21、25 页。

② 《中央外事工作会议在北京举行　习近平发表重要讲话》，载新华网，2023 年 12 月 29 日。

③ 王毅：《胸怀天下，勇毅前行——谱写中国特色大国外交新华章》，《国际问题研究》2023 年第 1 期，第 1—11 页。

④ 《马克思恩格斯文集》第 9 卷，人民出版社 2009 年版，第 437 页。

发展新道路的历史进程中奋发有为，更应该思考如何建构独有的外交思想和理论体系。

习近平总书记以开阔视野，观大势、谋大事，亲自运筹外交工作的顶层设计和战略谋划，主导推进外交理论和实践创新，提出一系列新理念新思想新战略，确立了面向 21 世纪中叶世界大国前景的中国大战略，开创了中国特色大国外交的新局面，赢得了国际社会的赞赏和尊重。由此，习近平外交思想应运而生，中国特色大国外交举世关注。2014 年 11 月 29 日，习近平在中央外事工作会议上明确提出，"中国必须有自己特色的大国外交。我们要在总结实践经验的基础上，丰富和发展对外工作理念，使我国对外工作有鲜明的中国特色、中国风格、中国气派"[①]。习近平亲自运筹外交工作的顶层设计和战略谋划，指导确立起中国特色大国外交理论的基本框架，并主导推动中国外交战略的全面展开。习近平运筹设计的外交思想创新与国际战略布局，集中回答了在 21 世纪初新的国际形势下中国在国际舞台上的国际目标、路径选择、政策导向、战略部署等一系列重大问题，为中国特色大国外交指明了方向，从根本上回应了国际社会对中国与世界关系走向的普遍关切。习近平外交思想的核心要义概括起来主要有如下十个方面：坚持以维护党中央权威为统领加强党对对外工作的集中统一领导，坚持以实现中华民族伟大复兴为使命推进中国特色大国外交，坚持以维护世界和平、促进共同发展为宗旨推动构建人类命运共同体，坚持以中国特色社会主义为根本增强战略自信，坚持以共商共建共享为原则推动"一带一路"建设，坚持以相互尊重、合作共赢为基础走和平发展道路，坚持以深化外交布局为依托打造全球伙伴关系，坚持以公平正义为理

---

① 《中央外事工作会议在京举行》，《人民日报》2014 年 11 月 30 日，第 1 版。

念引领全球治理体系改革，坚持以国家核心利益为底线维护国家主权、安全、发展利益，坚持以对外工作优良传统和时代特征相结合为方向塑造中国外交独特风范。① 习近平外交思想深刻揭示了新时代中国特色大国外交的本质要求、内在规律和前进方向，体现了以习近平同志为核心的党中央对中国特色大国外交和世界百年变局的规律性认识的深化、拓展和升华，成为国内外各界深入研究的重要议题，相关研究蔚为大观。2019 年，经党中央批准，外交部依托中国国际问题研究院成立习近平外交思想研究中心这一国家级专门研究机构，主导推动习近平外交思想研究的开展。中共中央党史和文献研究院编辑的《习近平关于中国特色大国外交论述摘编》和《论坚持推动构建人类命运共同体》、中共中央宣传部和中华人民共和国外交部联合编著的《习近平外交思想学习纲要》和《习近平外交思想学习问答》具有提纲挈领的作用，中央外事工作委员会、外交部、中联部等中央部委主管领导的学习解读具有重要参考价值，而国内外学术界对此进行了深入全面的研究，成果丰富。

习近平主导推进外交实践创新，符合中国利益、为国际社会密切关注的中国特色大国外交新路逐渐开辟，中国国际战略的国内基础进一步夯实，并以国家治理体系建设为基础、在全球和地区两个层面全面展开，以理论创新和实际行动应对世界之变、时代之变、历史之变，回答中国之问、世界之问、人民之问、时代之问。其间，中国理想、中国智慧、中国方案脱颖而出，引起国际社会的密切关注，展现了中国特色大国外交的底蕴、胸怀和气度。

理想创新规范、指引方向、塑造行为，在中国崛起与世界深入转型

---

① 中共中央宣传部、中华人民共和国外交部编：《习近平外交思想学习纲要》，人民出版社、学习出版社 2021 年版，第 3—4 页。

之际尤其体现指明灯的价值。面向未来，实现中华民族伟大复兴的中国梦发挥着战略指引作用。党的十八大召开不久，习近平就提出实现中华民族伟大复兴的中国梦，强调"到中国共产党成立 100 年时全面建成小康社会的目标一定能实现，到新中国成立 100 年时建成富强民主文明和谐的社会主义现代化国家的目标一定能实现，中华民族伟大复兴的梦想一定能实现"①。党的十九大报告进一步明确实现中国梦的阶段性目标和战略安排：2020—2035 年，在全面建成小康社会的基础上，再奋斗十五年，基本实现社会主义现代化，达到中等发达国家水平，美丽中国目标基本实现；2035—2050 年，在基本实现现代化的基础上，再奋斗十五年，把我国建成富强民主文明和谐美丽的社会主义现代化强国，成为综合国力和国际影响力领先的国家。党的二十大报告提出以中国式现代化全面推进中华民族伟大复兴的使命任务，提出全面建成社会主义现代化强国，总的战略安排是分两步走：从 2020 年到 2035 年基本实现社会主义现代化；从 2035 年到本世纪中叶把我国建设成为综合国力和国际影响力领先的社会主义现代化强国。

中华民族伟大复兴的中国梦是人民美好追求、国家发展目标和民族复兴夙愿的高度浓缩，是民族复兴、人民幸福梦，也是和平发展、合作共赢梦，与世界人民的美好梦想息息相通。习近平阐述中国梦的世界意义，认为"中国发展壮大，带给世界的是更多机遇而不是什么威胁。我们要实现的中国梦，不仅造福中国人民，而且造福各国人民"②。中国梦的实现，有

---

① 《承前启后　继往开来　继续朝着中华民族伟大复兴目标奋勇前进》，《人民日报》2012 年 11 月 30 日，第 1 版。

② 习近平：《顺应时代前进潮流　促进世界和平发展——在莫斯科国际关系学院的演讲》，《人民日报》2013 年 3 月 24 日，第 2 版。

赖于"中等收入陷阱"的跨越和"修昔底德陷阱"的超越。前者的根本在于党中央牢牢把握改革主动权，科学转变发展理念，加快转变经济发展方式，加大经济结构调整力度，实施创新驱动战略，全面推进依法治国，遵循良法善治之道，实现改革、发展、稳定之间，以及稳增长、调结构、惠民生、促改革之间的最佳平衡，促进中国经济行稳致远。后者的关键则在于能否向世界展现可预期、可接受、可追随的中国愿景，向世界提供处理国际关系的中国韬略和中国方案，以协和万邦的胸襟、开放包容的气度、合作共赢的追求全面融入国际社会，求同存异、聚同化异，为中华民族伟大复兴凝聚最广泛的支持。以此，习近平倡导的人类命运共同体堪称中国世界理想的精准表达。中国素有世界理想，天下思想一脉不绝，和谐世界承继在前，人类命运共同体创新其后。习近平提出命运共同体的四大内涵是各国相互尊重、平等相待；合作共赢、共同发展；共同、综合、合作、可持续的安全；不同文明兼容并蓄、交流互鉴。他指出，共同推进构建人类命运共同体伟大进程，要坚持对话协商、共建共享、合作共赢、交流互鉴、绿色低碳，建设一个持久和平、普遍安全、共同繁荣、开放包容、清洁美丽的世界。习近平对人类命运共同体的深刻论述，展现了中国的思想高度和未来志向，体现了推动中国与世界良性互动的哲学思考，得到了国际社会的高度认同与积极回应。迄今，构建人类命运共同体已从理念主张发展为科学体系，从中国倡议扩大为国际共识，从美好愿景转化为丰富实践，连续七年写入联大决议，不断拓展延伸到各个地区、各个领域，成为引领时代前进的光辉旗帜。①

---

① 王毅：《自信自立、开放包容、公道正义、合作共赢——在 2023 年国际形势与中国外交研讨会上的演讲》（2024 年 1 月 9 日），载中华人民共和国外交部网站，2024 年 1 月 9 日。

中国智慧，渊源深厚，蔚然大观。在促进世界和平发展上，习近平站在人类历史进程的高度深入思考，提出了一系列重要主张并加以实践落实，在世界引起了积极的回应。**中国智慧，以合作共赢为利益导向。**中国坚持和平共处五项原则，开辟了一条和平发展的光明大道。习近平强调，走和平发展道路是中国人民对实现自身发展目标的自信和自觉，要更好地统筹国内国际两个大局，坚持开放的发展、合作的发展、共赢的发展。中国贯彻互利共赢的开放战略，以合作取代对抗，以共赢取代独占，推动各国同舟共济、携手共进。强调互利共赢精神，倡导人类命运共同体意识，主张世界各国在追求本国利益时兼顾他国合理关切，在谋求本国发展中促进各国共同发展，呼吁建立更加平等均衡的新型全球发展伙伴关系，这些战略思想都体现出共赢主义的指向。**中国智慧，以正确义利观为价值追求。**正确义利观是对中华优秀文化传统的继承和发扬，是对"中国是什么力量""中国怎样处理与外部世界关系"等重大问题的明确回答。正确对待义利关系，突出"义"的价值，重义轻利、先义后利、取利有道，是中华民族数千年来一以贯之的道德准则和行为规范。正确义利观体现了以习近平同志为核心的党中央对中国未来国际地位和作用的战略谋划，意味着中国从世界和平发展的大义出发，以更加积极的姿态参与国际事务，坚持不懈做和平发展的实践者、共同发展的推动者、多边贸易体制的维护者、全球经济治理的引领者，为推动人类进步事业发挥更大作用。**中国智慧，以新发展理念为实践原则。**创新、协调、绿色、开放、共享五大发展理念是中国发展思路、发展方向、发展着力点的集中体现，也是中国发展经验的宝贵总结，反映出党中央对我国发展规律的新认识。与此相关联，基于对世界经济发展状况和经济全球化逆转态势的科学判断，中国提出了建设"创新、开放、联动、包容"的世界经济新理念，积极维护和推动开放型世界经济。为此，中国提出了共商共建共享的合作路径，体现了大国的勇气、责任与担当。**中国智慧，以构建新型国际关系和构建人类命运共同体为目标指向**。中国倡导新型国际关系，致力于通过合作共赢打破大国崛起的困境，避免落入修昔底德陷阱。新型国际关系的基础是中国坚持和平发展道路选择，致力于成为新型大国，奉行中国特色大国外交；其核心是合作共赢，即通过合作实现共赢，打造人类命运共同体，共同为一个更美好的世界而努力；其本质是顺应世界潮流，摈弃零和博弈思维，避免单边霸权行为，以开放包容的建设性路径促进国家目标的实现，以协调合作的建设性方式促进国际关系的优化。

党的十八大以来，以习近平同志为核心的党中央励精图治、奋发有为、勇于实践、善于创新，不断深化对经济社会发展规律的认识，以新思想引领新常态、以新理念指导新实践、以新战略谋求新发展，为我国经济社会发展再上新台阶打下了坚实基础，中国道路越来越宽广。中国式现代化道路，是迄今为止最为成功的非西方国家现代化发展道路，堪称世界社会主义社会发展史上结出的最耀眼的蓓蕾。党的二十大报告明确将之概括为中国式现代化。中国式现代化既有各国现代化的共同特征，更有基于自己国情的中国特色，是人口规模巨大的现代化、全体人民共同富裕的现代化、物质文明和精神文明相协调的现代化、人与自然和谐共生的现代化、走和平发展道路的现代化，致力于推动构建人类命运共同体、创造人类文明新形态。① 中国式现代化的开创与发展具有重大世界意义。发展中国家如何实现现代化，是一个世界性的难题。中国式现代化一方面为发展中国

---

① 习近平：《高举中国特色社会主义伟大旗帜　为全面建设社会主义现代化国家而团结奋斗——在中国共产党第二十次全国代表大会上的报告》，人民出版社 2022 年版，第22—24 页。

家提供了有别于西方的道路选择，为人类社会发展道路的探索提供了有益启示；另一方面也向国际社会展示了中国对于国家发展的理解，向世界各国的发展贡献了自己的经验和智慧。它拓宽了发展中国家实现现代化的途径，促进了经济全球化时代人类文明的多样性发展，对发展中国家的道路选择深具启示意义。

习近平不仅领导中国和平发展，更将中国发展放到全球视野中，就世界和平发展的诸多议题提出了一系列的"中国方案"。[①] 中国方案，以习近平提出的三大"全球倡议"为集中体现。2021 年 9 月 21 日，习近平在北京以视频方式出席第 76 届联合国大会一般性辩论并提出全球发展倡议：一是坚持发展优先；二是坚持以人民为中心；三是坚持普惠包容；四是坚持创新驱动；五是坚持人与自然和谐共生；六是坚持行动导向。2022 年 4 月 21 日，习近平在博鳌亚洲论坛年会开幕式上以视频方式发表主旨演讲，首次提出全球安全倡议。他强调，人类是不可分割的安全共同体。坚持共同、综合、合作、可持续的安全观是理念指引，坚持尊重各国主权、领土完整是基本前提，坚持遵守联合国宪章宗旨和原则是根本遵循，坚持重视各国合理安全关切是重要原则，坚持通过对话协商以和平方式解决国家间的分歧和争端是必由之路，坚持统筹维护传统领域和非传统领域安全是应有之义。2023 年 3 月 15 日，习近平出席中国共产党与世界政党高层对话会，首次提出全球文明倡议：我们要共同倡导尊重世界文明多样性，坚持文明平等、互鉴、对话、包容，以文明交流超越文明隔阂、文明互鉴超越文明冲突、文明包容超越文明优越；我们要共同倡导弘扬全人类共同价值，和平、发展、公平、正义、民主、自由是各国人民的共同追求，要以

---

① 周文、包炜杰：《中国方案：一种对新自由主义理论的当代回应》，《经济社会体制比较》2017 年第 3 期，第 1—9 页。

宽广胸怀理解不同文明对价值内涵的认识，不将自己的价值观和模式强加于人，不搞意识形态对抗；我们要共同倡导重视文明传承和创新，充分挖掘各国历史文化的时代价值，推动各国优秀传统文化在现代化进程中实现创造性转化、创新性发展；我们要共同倡导加强国际人文交流合作，探讨构建全球文明对话合作网络，丰富交流内容，拓展合作渠道，促进各国人民相知相亲，共同推动人类文明发展进步。"中国方案"在国际社会的提出，凸显中国特色社会主义的实践经验和时代价值，体现了中国的定力、智慧、责任与担当。

中国决策者不仅提出了中国方案的顶层设计，也在具体实施路径和具体抓手方面进行了战略部署。具体地说，**中国方案，以丰富和完善全球治理体系为核心目标**。世界走到全球治理体制变革的关口，中国提出完善全球治理的"中国方案"，顺应时代潮流，符合各国利益，为推动全球治理体系更加公正合理、增进人类共同利益、促进世界和平与发展作出了巨大贡献。[①] 推动全球治理体系向着更加公正合理方向发展，是中国方案的重要内容和抓手。中国和平发展道路需要必要的国际制度来保障，完善确保和平发展的国际制度，是中国外交重要的价值追求，中国在二十国集团（G20）的作为体现了上述意愿，"一带一路"倡议的付诸实施体现了中国塑造国际经济关系的制度化努力。中国呼吁全球治理应以平等为基础、以开放为导向、以合作为动力、以共享为目标，提出共商共建共享的全球治理新理念，强调共同构建公正高效的全球金融治理格局、开放透明的全球贸易和投资治理格局、绿色低碳的全球能源治理格局、包容联动的全球发展治理格局，推动世界经济走上强劲、可持续、平衡、包容增长之路。与

---

① 杜飞进：《解决人类问题的"中国方案"——论习近平同志的东方智慧与全球视野》，《哈尔滨工业大学学报》（社会科学版）2017 年第 1 期，第 4—23 页。

此同时，中国积极展现大国担当，通过设立"南南合作援助基金"、提高对不发达国家的援助力度、增加对最不发达国家投资等务实举措帮助发展中国家发展。**中国方案，以伙伴关系网络为全球视野。**中国积极推动构建新型国际关系，深化拓展平等、开放、合作的全球伙伴关系，致力于扩大同各国利益的汇合点。① 中国迄今与 121 个国家和国际组织建立了多种形式的伙伴关系，在全球、地区、双边和国家层面均取得积极成效。中国伙伴关系战略以和平共处五项原则作为基础，以维护国家利益和拓展国际影响作为方向，以政治互信、经济互赖、文化交融、社会互动和安全支撑作为手段，通过双边关系的改善带动全球战略的拓展。它以实现共同利益为基准，以促进互利共赢的目标，以国际合作为路径，代表了中国和平、合作、共赢的发展路径。中国伙伴关系战略最直观的全球意义在于，提供对话合作的战略框架，从而成为新型国际关系的典范。**中国方案，以东亚和中国周边为地区重点。**东亚和中国周边地区是中国政治、安全、经济利益集中的地区，是中国持续发展最重要的舞台。中国致力于以汇聚共同利益为基础开展东亚开放性合作，通过制度性合作发展东亚利益共同体、责任共同体，大力促成东亚命运共同体，培育建立在共同利益基础之上的平等、合作、互利、互助、开放的东亚秩序。中国重视东盟的战略价值，提出与东盟携手建设中国—东盟命运共同体，设立中国—东盟海上合作基金，与东盟国家共同建设 21 世纪"海上丝绸之路"，打造中国—东盟自由贸易区升级版（2.0 版和 3.0 版），加速建设孟中印缅经济走廊，通过引导地区安排的方向、促进东盟国家对中国崛起的适应，缓解东盟疑虑，凝聚

① 习近平：《高举中国特色社会主义伟大旗帜　为全面建设社会主义现代化国家而团结奋斗——在中国共产党第二十次全国代表大会上的报告》，人民出版社 2022 年版，第61 页。

共同利益，力争在新一轮东亚乃至亚太秩序的构建中发挥强有力的塑造和引导作用。进入新时代，中国进一步发展同周边国家的关系，坚持与邻为善、以邻为伴，坚持睦邻、安邻、富邻，突出体现亲、诚、惠、容的理念。中国为进一步拓展周边外交制定了宏伟蓝图，打造中国—东盟自贸区升级版、建立亚洲基础设施投资银行（AIIB）、共建"一带一路"等重大倡议，大力提升与周边国家的战略合作关系。**中国方案，以共建"一带一路"为核心抓手。**"一带一路"已成为所涉各国实现共同发展、合作共赢的最大平台。"一带一路"倡议契合了中国、沿线国家和世界经济发展的需要，顺应了区域和全球合作的潮流，得到沿线国家和相关国际组织的积极呼应和热情参与。中国通过共建"一带一路"将沿线国家联系起来，通过建设基础设施实现互联互通，在此基础上开展金融、贸易、投资等各方面广泛合作，促进沿线各国的发展，增进各国间的相互联系，为世界经济复苏和强劲增长注入了强大动能。中国方案深刻把握中国崛起与世界转型相辅相成造就的新格局，将发展问题置于全球宏观政策框架核心位置，为开辟新全球化时代贡献了中国智慧，是构成人类命运共同体、塑造更美好世界的密钥。

本书旨在以习近平外交思想和重大外交实践活动为指引，全面论述中国面临的国际形势和新时代中国外交战略的形成，学习领会新时代中国特色大国外交战略的思想和实践创新，并对新时代中国外交战略进行深入研究。其核心内容是：

其一，在百年变局深化演进的时代，如何处理与世界的关系，不仅体现一个大国的实力、能力和影响力，更代表其战略指向，彰显其价值观的魅力。如何看待中国，如何看待世界，如何认识并促成中国与世界的良性互动，是新时代中国对外战略的出发点，也是深入研究习近平外交思想的锁钥。有鉴于此，本书从百年变局及其深化出发，探究新时代中国外交战略的世界背景，并结合中国国情的最新变化，探究如何塑造中国战略机遇。

其二，深入剖析习近平外交思想的形成与核心内容，强调新时代中国外交战略以实现中华民族伟大复兴为核心目标，以构建人类命运共同体为指向，聚焦新型国际关系的塑造，体现如下鲜明的特色：以中国特色为根本，以大国定位为基石，以和平主义为底色，以合作主义为路径，以共赢主义为指向，展现出开放包容的大国气度，展示了中国决策者立足基本国情、把脉世界潮流、直面内外挑战、抓住国际机遇、实现可持续发展的战略谋划能力，以及通过和平、发展、合作、共赢的方式塑造世界未来的非凡勇气。

其三，从世界理想的角度深入剖析习近平倡导的人类命运共同体思想，强调中国素有世界理想，天下思想一脉不绝，和谐世界承继在前，人类命运共同体创新其后，深刻体现了中华优秀文化传统与马克思主义世界历史理论的结合。通过梳理中国世界理想的发展脉络，指出习近平对人类命运共同体的深刻论述，展现了中国的思想高度和未来志向，体现了推动中国与世界良性互动的哲学思考。以此为基础，深入探讨人类命运共同体的实现维度，提出主动塑造战略机遇、合作引领国际治理变革进程、专注于东亚战略拓展、聚焦共建"一带一路"、塑造开放型世界经济、夯实中国软实力等战略路径。

其四，伴随着美国对华全面竞争的演进，中美关系为全世界所聚焦，中国与世界的互动关系愈加密切，如何维护和塑造中国和平发展的外部环境至为关键。从统筹国内国际两个大局的视角着眼，认识和评估外部环境，既要强调其消极因素，更要关注其积极方面，以及如何化危为机；既要强调其结构约束，更要关注其过程演进，以及如何运用观念创新；既要强调其外在制约，更要关注其内生动力，以及如何主动谋划。秉持底线思维，冷静认识、稳健应对外部环境激变具有根本性意义，应稳健应对来自美国的挑战；坚持自力更生，积极推动高水平开放，以自身发展的确定性应对外部环境的不确定性；与此同时，立足周边地区，积极推动双边协调和多边合作的创新结合，实现中国外部环境的稳步改善。

其五，全球治理的危机、转型与发展，为中国全面融入国际社会、参与全球治理提供了难得的战略机遇，也是中国推动全面崛起、谋划崛起之后的重要国际条件。中国应把积极推动全球治理转型发展视为成长为世界大国的必由之路，视为中国推动全面崛起、谋划崛起之后的重要国际依托。未来 10—15 年，是全球治理转型发展的关键时期，也是中国实现全面崛起的关键时期，我们应秉持知行合一的思想，坚持理论与实践的密切结合，深化对新全球化和全球治理的研究，在全球治理理念、理论、战略设计等方面形成完整的"中国方案"，并在国家治理体系建设、东亚地区治理、全球治理和某些有优势的领域治理上重点发力，成为新全球化时代的理论旗手和实践引领者，为中华民族伟大复兴奠定更为坚实的基础。

其六，进入新时代，中国致力于为世界提供促进和平发展、构建人类命运共同体的思想、理念和文化，为世界发展提供新动能，推动世界的可持续发展，为和平发展提供公共产品，以中国智慧、中国方案推动构建平等、包容与合作的国际新关系和新秩序，共建"一带一路"就是推动中国与世界良性互动的抓手。"一带一路"建设是推动中国对内改革深化、对外全面开放的重要路径；"一带一路"建设与区域协调发展、国家发展布局优化密切相连，将有效推动西部、中部和东北地区与沿海地区的经济联系与合作，助力构建开放型经济新格局；"一带一路"建设体现出务实的发展导向和对新型合作模式的探索，是引领新型全球化的重要力量，有助于促成发展中世界的新联合；"一带一路"建设以亚洲国家为重点，以东南亚和中亚为核心地带，致力于拓展地区合作的空间，加快地区合作的进程，推动地区内外互联，并提升地区一体化水平。

其七，对中国而言，冷战结束以来处理中美关系的核心议题是如何避免被美国锁定为战略对手，实现中美关系的动态稳定发展，为中国崛起提供关键性外部条件。特朗普上台执政和美国对华贸易战的开始，中国的核心目标转为避免中美关系滑向全面对抗和新冷战。拜登政府执政以来，全面调整美国内外政策，致力于重塑美国领导地位、重回多边主义传统、重拾意识形态路线，保持强硬、回归理性、实现奥巴马与特朗普对华政策的创新组合是其对华战略取向。做好自己的事情，确保持续发展，推动中国与世界的良性互动，为应对美国对华全面竞争提供坚实的国家基础；秉持底线思维，积极应对"脱钩"风险，实施"挂钩"战略；积极寻机推动中美合作的展开，通过双边合作与多边合作重塑相互认知；推动构建以稳健应对美国对华竞争为焦点的国际统一战线。

其八，中国构建国际统一战线，既要讲好中国故事，塑造和提升中国国际影响力和文化软实力，也要有更加明确的针对性目标，以维护世界和平与稳定、促进全球共同发展为指向，坚定不移走好中国特色大国外交的新路，积极防范针对中国的战略遏制和围堵孤立，为实现中华民族伟大复兴创造良好的国际条件。适应复杂多变的环境、联合多元共存的力量、采取灵活有效的方法，是新时代统一战线实践的要求。为此，应构建以应对美国对华全面竞争为焦点的新时代中国国际统一战线，明确统战对象，深入研究不同国家的国际立场与战略选择，区分可以团结、需要分化与努力争取的国际力量，在地区、跨地区和全球等诸范围，在政治、经济和安全等诸领域深入布局。构建新时代中国国际统一战线的侧重点在于夯实东亚和周边战略依托，积极推动双边协调和多边合作的创新，结合深化与发展中国家的制度化合作，积极推动新合作机制的形成，积极应对美国对华全面竞争博弈，分化美国内部反华势力和盟友体系，积极争取国际中间力量的理解支持，努力确保中国外部环境总体稳定。

最后，深入研究国际形势演变，密切统筹国内国际两个大局，积极应对百年变局深化演进，立足长远进行谋划，运筹中国战略新布局，事关中国第二个百年新征程。在中国持续强大的同时，世界百年变局深入发展，美国对华竞争全面展开，国际形势和中国外部环境加速演变。有鉴于此，中国应围绕新征程中国外交战略的顶层设计，推进"三大全球倡议"落地走实，推动建设新型国际关系，推动高质量共建"一带一路"，引领平等有序的世界多极化和普惠包容的经济全球化，为全球治理体系的改革和建设提供更多的正能量，[①] 积极加强战略运筹，推进完善全方位、多层次、立体化的战略布局。丰富完善统筹国家、地区和全球的国家战略体系；以深化国际合作为主轴，以推动国际共同发展为主线，以丰富完善国际统一战线为抓手；全力应对美国的战略聚焦，促成世界各大力量平衡和制衡美国的态势；以经略周边、共建"一带一路"、深化与发展中国家的战略合作为基础，夯实中国国际影响力拓展的基础，促成中国国家实力的有效扩展；以塑造新型全球化为抓手，积极拓展平等、开放、合作的全球伙伴关系，引领全球治理体系变革，推动中国战略利益全球拓展；强调文明互鉴，加强文化对话，从哲学高度审视时代之问，推进中国战略新布局的展开。

---

① 王毅：《深入贯彻中央外事工作会议精神　不断开创中国特色大国外交新局面》，《求是》2024 年第 2 期，第 16—22 页。

第一章　百年变局演进与中国新的战略机遇

中国崛起与世界转型并行不悖，赋予中国巨大的战略空间，并赋予世界发展的崭新机遇。正如党的二十大报告指出的，"我们所处的是一个充满挑战的时代，也是一个充满希望的时代"。

在百年变局加速演进的时代，如何处理与世界的关系，不仅体现一个大国的实力、能力和影响力，更代表其战略指向，彰显其价值观的魅力。如何看待中国，如何看待世界，如何认识并促成中国与世界的良性互动，是新时代中国对外战略的出发点，也是深入研究习近平外交思想的切入点。2017 年 7 月 26 日，习近平在省部级主要领导干部专题研讨班上发表重要讲话强调，"谋划和推进党和国家各项工作，必须深入分析和准确判断当前世情国情党情"。[①] 党的十九大报告指出，经过长期努力，中国特色社会主义进入新时代，这是中国发展新的历史方位。它意味着，近代以来久经磨难的中华民族迎来了从站起来、富起来到强起来的伟大飞跃，迎来了实现中华民族伟大复兴的光明前景。"中国特色社会主义进入新时代，在中华人民共和国发展史上、中华民族发展史上具有重大意义，在世界社会主义发展史上、人类社会发展史上也具有重大意义。"党的二十大报告

---

① 《高举中国特色社会主义伟大旗帜　为决胜全面小康社会实现中国梦而奋斗》，《人民日报》2017 年 7 月 28 日，第 1 版。

强调，我们全面推进中国特色大国外交，国际影响力、感召力、塑造力显著提升。同时，我国发展进入战略机遇和风险挑战并存、不确定难预料因素增多的时期，各种"黑天鹅""灰犀牛"事件随时可能发生。我们必须增强忧患意识，坚持底线思维，做到居安思危、未雨绸缪，准备经受风高浪急甚至惊涛骇浪的重大考验。[①] 可以说，深刻剖析中国国情和世情的变化，正确认识和妥善处理中国发展起来后不断出现的新情况新问题，是研究习近平外交思想的根本出发点。

习近平站在人类历史演进的高度，深刻把握时代风云，作出了"百年未有之大变局"的战略判断。[②]2017 年 12 月 28 日习近平接见 2017 年度驻外使节工作会议与会使节并发表重要讲话，第一次公开提及"百年未有之大变局"的问题。[③] 变局是世界之常态，而习近平总书记"百年未有之大变局"的战略判断则具有特定含义。冷战结束以来，我们长期秉持和平与发展的主题判断，强调世界发生深刻变化、处于大变革大调整之中，密切关注全球变革对中国发展的影响，并以此为基础调整外交战略布局。党的十八大报告强调"当今世界正在发生深刻复杂变化"，党的十九大报告全面论述"世界正处于大发展大变革大调整时期"。2018 年 6 月习近平在中央外事工作会议上强调，"当前，我国处于近代以来最好的发展时期，世界处于百年未有之大变局"[④]。当今世界是一个变革的世界，

---

① 习近平：《高举中国特色社会主义伟大旗帜　为全面建设社会主义现代化国家而团结奋斗——在中国共产党第二十次全国代表大会上的报告》，人民出版社 2022 年版，第 12—13、26 页。

② 王毅：《坚持以习近平外交思想为指引　谱写中国特色大国外交新篇章》，《时事报告（党委中心组学习）》2019 年第 1 期，第 5—17 页。

③ 张蕴岭：《百年大变局：变什么》（上），《世界知识》2019 年第 8 期，第 72 页。

④ 《坚持以新时代中国特色社会主义外交思想为指导　努力开创中国特色大国外交新局面》，《人民日报》2018 年 6 月 24 日，第 1 版。

是一个新机遇新挑战层出不穷的世界，是一个国际体系和国际秩序深度调整的世界，是一个国际力量对比深刻变化并朝着有利于和平与发展方向变化的世界。他在 2018 年 11 月亚太经合组织工商领导人峰会上强调："当今世界的变局百年未有，变革会催生新的机遇，但变革过程往往充满着风险挑战，人类又一次站在了十字路口。"① 在 2018 年底召开的中央经济工作会议上，他进一步强调，世界面临百年未有之大变局，变局中危和机同生并存，给中华民族伟大复兴带来重大机遇。② 党的二十大报告强调，当前，世界百年未有之大变局加速演进，新一轮科技革命和产业变革深入发展，国际力量对比深刻调整，我国发展面临新的战略机遇。同时，世纪疫情影响深远，逆全球化思潮抬头，单边主义、保护主义明显上升，世界经济复苏乏力，局部冲突和动荡频发，全球性问题加剧，世界进入新的动荡变革期。我国改革发展稳定面临不少深层次矛盾躲不开、绕不过，党的建设特别是党风廉政建设和反腐败斗争面临不少顽固性、多发性问题，来自外部的打压遏制随时可能升级。③ 当前，世界百年变局加速演进，中国处于近代以来最好的发展时期，中华民族伟大复兴进入关键时刻，三者相辅相成，推动我们加深对世情、国情演变的认识，要求中国深刻剖析挑战与机遇，谋划新时代中国外交战略的顶层设计与全面布局。

---

① 习近平：《同舟共济创造美好未来——在亚太经合组织工商领导人峰会上的主旨演讲》，《人民日报》2018 年 11 月 18 日，第 2 版。

② 《中央经济工作会议在北京举行》，《人民日报》2018 年 12 月 22 日，第 1 版。

③ 习近平：《高举中国特色社会主义伟大旗帜　为全面建设社会主义现代化国家而团结奋斗——在中国共产党第二十次全国代表大会上的报告》，人民出版社 2022 年版，第 12—13、26 页。

第一节　百年变局视角下世情与中国国情演进的互动

百年变局的到来，与冷战结束以来的国际风云变幻密切相关，与大国兴衰、发展中国家群体性崛起密切相关，与 2008 年全球经济危机催生的西方蜕变密切相关，与新一轮科技革命加速重塑世界密切相关。有的专家认为，百年变局的短期动因是特朗普执政时期的特立独行和美国国内政治驱使，中期动因是国际金融危机十年后的盘点清算，长期动因是冷战结束以来世界经济与政治的演进变化，根本动因是经济全球化和世界多极化等时代潮流的涤荡。[①] 现在的变局是从西方中心到非西方中心，或者是西方中心和非西方并列的大变局，目前正处于全球化发展调整期、世界权力结构转移期和科学革命发展孕育期叠加出现的阶段，这个变局刚刚开始，还要很长时间才能完成。[②]

冷战结束以来尤其是进入 21 世纪，世界进入全面转型时期，大国兴衰出现根本性变革，发展中国家群体性崛起，西方国家颓势初现。世界转型具体体现为权力转移、问题转移和范式转移。所谓权力转移（power shift），即行为体及其权力组成发生了巨大的变化，这尤其体现在，非西方国家的群体性崛起引人注目，西方大国总体实力的相对下降已成不争的事实。传统大国和新兴大国开始进入相互调和适应、合作竞争的磨合期，二者的互动正在塑造新的国际核心结构和战略态势。其次，国家行为体权力相对下降、非国家行为体权力上升，国家、市场和非政府组织之间

[①] 裴援平：《世界变局中的突出矛盾》，《现代国际关系》2019 年第 2 期，第 1—5 页。

[②] 黄仁伟：《如何认识百年未有之大变局》，《东亚评论》2019 年第 1 辑，第 4—5 页。

的权力重新分配，即使世界上最强大的国家也发现市场和国际舆论迫使它们更经常地遵循特定的规范。权力转移导致具有重大战略意义的问题转移（problem shift），这具体表现在全球性问题激增，国际议程越加丰富，安全趋于泛化，非传统安全上升为国际议程的主导因素之一，国际制度的民主赤字（democratic deficit）问题成为国际议程扩大的衍生因素。[1] 问题转移也导致国家战略的必然调整，生存不再是国家唯一的关注核心，发展和繁荣在国家战略中的重要性进一步提升。以上权力转移和问题转移导致国际关系的范式转移（paradigm shift）。从宏观意义上讲，国际关系的内涵大大丰富，复合相互依赖日益加深，全球性挑战需要各国通力合作来应对，在一定程度上促进世界各国共存共荣的全球意识，国际体系变得更富有弹性和包容性，全球治理的意识得到加强。从中观意义上讲，经济全球化和地区一体化成为大国的战略紧身衣（strategic straitjackets），各国追求的国家利益不再绝对，且融入更多相对性含义。国家之间的权力关系不再完全是零和游戏，也会出现积极成效乃至共赢。国家间合作得到鼓励，国家间基于共同利益的合作具有更基础性的作用，正在催生基于共同利益的国际新秩序建设。从微观意义上讲，国家自身的战略谋划更具有本质意义，鉴于新国际体系形成主要依靠提高自身综合国力来实现，在竞争与合作并存、竞争更加激烈的情势下，如何在动态之中把握国家战略利益变得至为关键。[2]

习近平全面论述国际形势发生的深刻复杂变化，强调世界处于大发展大变革大调整时期，国际力量对比深刻变化，国际体系和国际秩序深度

---

① Robert O. Keohane, "Governance in a Partially Globalized World," *American Political Science Review*, March，2001, pp.1—13.

② 门洪华：《开放与国家战略体系》，人民出版社 2008 年版，第 11—22 页。

调整，国际政治和社会思潮深刻演变。他在党的十九大报告中指出，世界经济复苏乏力、局部冲突和动荡频发、全球性问题加剧，国际形势正在发生深刻复杂变化，我国发展前景十分光明，挑战也十分严峻。世界正处于大发展大变革大调整时期，和平与发展仍然是时代主题。世界多极化、经济全球化、社会信息化、文化多样化深入发展，全球治理体系和国际秩序变革加速推进，各国相互联系和依存日益加深，国际力量对比更趋平衡，和平发展大势不可逆转。同时，世界面临的不稳定性不确定性突出，世界经济增长动能不足，贫富分化日益严重，地区热点问题此起彼伏，恐怖主义、网络安全、重大传染性疾病、气候变化等非传统安全威胁持续蔓延，人类面临许多共同挑战。[1] 他在党的二十大报告中强调，我国发展面临新的战略机遇的同时，百年变局的加速演进带来了新风险新挑战，我国发展进入战略机遇和风险挑战并存、不确定难预料因素增多的时期，各种"黑天鹅""灰犀牛"事件随时可能发生。我们必须秉持底线意识，做到居安思危、未雨绸缪，准备经受风高浪急甚至惊涛骇浪的重大考验。朱云汉认为，在过去数个世纪里，全球的生产活动重心加速向非西方世界转移，我们过去熟悉的世界即将出现翻天覆地的改变，当前人类社会正处于一个数百年难遇的历史分水岭，这是我们熟悉的历史坐标迅速消失的时代，也是我们视为当然的历史趋势出现转折的时代。[2] 外交部长王毅指出："世界和平与发展面临的挑战越来越具有全局性、综合性和长远性，没有哪一国能够独善其身，也没有哪一国可以包打天下，需要各国同舟共

① 习近平：《决胜全面建成小康社会 夺取新时代中国特色社会主义伟大胜利——在中国共产党第十九次全国代表大会上的报告》，《人民日报》2017年10月28日，第1版。

② 朱云汉：《中国兴起与全球秩序重组》，《经济导刊》2015年第9期，第21—27页；《高思在云：中国兴起与全球秩序重组》，中国人民大学出版社2015年版，第3—5页。

济，携手共进。"① 这些变革昭示着全球治理的前景。与此同时，稠密的跨国和国际社会关系网络重塑了国家对世界的认识及其在世界上的地位，随着全球性问题的凸显，国际社会关注的核心议题在发生变化，而处理公共议题的模式也在发生变化，国家合作与协调成为处理国际事务的常有路径。

这一进程为中国崛起开辟出巨大的战略空间，也进一步凸显中国崛起的内外制约。中国从全球大国（global power）迈向世界大国（world power），国家利益迅速向全球拓展。② 中国崛起与世界转型并行，中国成为推动世界变革的核心力量之一和世界关注的重心，引动世界主要大国的战略调整。

习近平在十八届中共中央政治局第一次集体学习时指出："社会主义初级阶段是当代中国的最大国情、最大实际。"③2014 年 4 月 1 日，习近平在比利时布鲁日欧洲学院发表重要演讲时强调："观察和认识中国，历史和现实都要看，物质和精神也都要看。"④ 习近平强调社会主义初级阶段是认识中国国情的基本点，同时强调辩证地看待中国国情。党的十九大报告对国情的概括是："中国特色社会主义进入新时代，我国社会主要矛盾已经转化为人民日益增长的美好生活需要和不平衡不充分的发展之间的矛盾。我国稳定解决了十几亿人的温饱问题，总体上实现小康，不久将全面

---

① 王毅：《构建以合作共赢为核心的新型国际关系》，《国际问题研究》2015 年第 3 期，第 1—6 页。

② 门洪华：《两个大局视角下的中国国家认同变迁（1982—2012 年）》，《中国社会科学》2013 年第 9 期，第 54—66 页。

③ 《紧紧围绕坚持和发展中国特色社会主义　学习宣传贯彻党的十八大精神》，《人民日报》2012 年 11 月 19 日，第 2 版。

④ 习近平：《在布鲁日欧洲学院的演讲》，《人民日报》2014 年 4 月 2 日，第 2 版。

建成小康社会，人民美好生活需要日益广泛，不仅对物质文化生活提出了更高要求，而且在民主、法治、公平、正义、安全、环境等方面的要求日益增长。同时，我国社会生产力水平总体上显著提高，社会生产能力在很多方面进入世界前列，更加突出的问题是发展不平衡不充分，这已经成为满足人民日益增长的美好生活需要的主要制约因素。……我国社会主要矛盾的变化，没有改变我们对我国社会主义所处历史阶段的判断，我国仍处于并将长期处于社会主义初级阶段的基本国情没有变，我国是世界最大发展中国家的国际地位没有变。"党的二十大报告强调："我国是一个发展中大国，仍处于社会主义初级阶段，正在经历广泛而深刻的社会变革，推进改革发展、调整利益关系往往牵一发而动全身。"具体地说，我们存在的问题包括：发展不平衡不充分问题仍然突出，推进高质量发展还有许多卡点瓶颈，科技创新能力还不强；确保粮食、能源、产业链供应链可靠安全和防范金融风险还须解决许多重大问题；重点领域改革还有不少硬骨头要啃；意识形态领域存在不少挑战；城乡区域发展和收入分配差距仍然较大；群众在就业、教育、医疗、托育、养老、住房等方面面临不少难题；生态环境保护任务依然艰巨；一些党员、干部缺乏担当精神，斗争本领不强，实干精神不足，形式主义、官僚主义现象仍较突出；铲除腐败滋生土壤任务依然艰巨等。① 我们需要认识到，一方面，中国经济发展仍处于增长速度换挡期、结构调整阵痛期、前期刺激政策消化期，经济增速换挡、结构调整阵痛、动能转换困难相互交织。另一方面，中国的国际地位有了巨大的提升，这突出表现在，我们前所未有地靠近世界舞台中心，前所未

---

① 习近平：《高举中国特色社会主义伟大旗帜　为全面建设社会主义现代化国家而团结奋斗——在中国共产党第二十次全国代表大会上的报告》，人民出版社 2022 年版，第 14、20—21 页。

有地接近实现中华民族伟大复兴的目标，前所未有地具有实现这个目标的能力和信心，前所未有地不断为人类发展作出更大贡献。与此同时，世界之变、时代之变、历史之变正以前所未有的方式展开。和平、发展、合作、共赢的历史潮流不可阻挡，但恃强凌弱、巧取豪夺、零和博弈等霸权霸道霸凌行径危害深重，和平赤字、发展赤字、安全赤字、治理赤字加重，人类社会面临前所未有的挑战，世界又一次站在历史的十字路口。

一方面，中国面临着进一步发展的重大机遇。中国在政治、经济、社会、文化等领域的发展均取得显著成就，经济总量位居世界第二，人民生活不断改善。中国确定了全面建成社会主义现代化强国的奋斗目标，总的战略安排是分两步走：从 2020 年到 2035 年基本实现社会主义现代化；从 2035 年到本世纪中叶把我国建成综合国力和国际影响力领先的、富强民主文明和谐美丽的社会主义现代化强国。中华民族伟大复兴凝聚着中国人民的最大共识，为中国未来发展规划了方向。与此同时，中国国家实力大幅提升，已成为更具国际影响力、创新引领力、道义感召力的负责任大国。① 中国是全球 140 多个国家和地区的主要贸易伙伴，是全球最大贸易伙伴最多的国家，中国的发展为世界提供了难得的机遇，世界大多数国家期待着从中国发展中受益，与中国共享发展与繁荣。当前，全球经济治理的变革为中国参与国际规则的制定提供了难得机遇，全球经济低迷、发达经济体饱受金融危机冲击，为中国推进国际合作、实现海外利益新拓展提供了难得的机会。

另一方面，中国新的战略机遇与矛盾凸显交织。中国现代化的推进，是在 70 余年中走过了西方国家几百年走过的道路，在取得重大成绩的同

---

① 《中央外事工作会议在北京举行　习近平发表重要讲话》，载新华网，2023 年 12 月 28 日。

时，各种矛盾也不断显现。习近平强调："中国发展面临一系列突出矛盾和挑战，前进道路上还有不少困难和问题。""解决这些问题，关键在于深化改革。"① 党的十九大报告和二十大报告都深刻指出中国发展不平衡不充分存在的突出问题，强调广泛而深刻的国内社会变革给我们带来的严峻挑战。

党的十八大以来，中国启动了经济结构再平衡的进程，中国经济如何实现可持续发展，是当前发展面临的核心难题。胡鞍钢指出，中国必须清醒认识制约其长期发展的深层次因素，以及现实所遇到的突出矛盾和问题，积极应对、妥善处理，通过创新驱动发展，成功突破并跨越"中等收入陷阱"，更要自觉地坚持社会主义道路，突破并跨越"西方民主化陷阱"。② 蔡昉等指出，随着中国经济逐渐走出新冠疫情冲击状态，在中国经济回归常态的同时，也恰遇经济增长的阶段性变化，提出供需两侧的改革同步和互补的主张，并强调开放是最大的改革，通过制度创新推动高水平开放，用高水平开放倒逼深层次改革。③ 与此同时，中国面临的国际战略环境更加复杂。"中国威胁论"和"中国责任论"相互交织，国际社会对中国崛起的疑虑增加。发达国家加紧制定新的国际规则，围堵中国的意图明显。中国周边环境趋于复杂化，部分周边国家出于对中国崛起的疑虑与恐惧，加紧与美西方的联合。可以说，随着中国快速发展，其面临的国际疑虑、担心、困难和挑战也在增多。

总体而言，当今世界面临着变革与守旧、合作与对抗、团结与分裂、

---

①《习近平谈治国理政》，外文出版社 2014 年版，第 71—72 页。

② 胡鞍钢：《"十三五"时期的国内外环境》，《紫光阁》2015 年第 8 期，第 37—39 页。

③ 蔡昉等：《中国经济将回归怎样的常态》，《中共中央党校（国家行政学院）学报》2023 年第 1 期，第 5—12 页。

开放与封闭、多边与单边、公理与强权的重要抉择。一方面，国际社会维护和平的呼声进一步增强，推进变革的潮流更加强劲，国际力量对比朝着更趋均衡的方向发展；另一方面，世界经济复苏缓慢，地区格局演变加速，国际局势动荡多变，各种意外频频发生，恐怖势力蔓延扩散，"逆全球化"思潮日益显现。在国际形势出现巨大变革之际，如何认识国际形势、应对国际风险、把握国际机遇，具有重大而迫切的现实意义和理论价值。

第二节　对中国与世界互动的辩证认识

习近平指出，认识世界发展大势，跟上时代潮流，是一个极为重要并且常做常新的课题。中国要发展，必须顺应世界发展潮流。要树立世界眼光、把握时代脉搏，要看准、看清、看透当今世界的风云变幻，从林林总总的表象中发现本质，尤其要认清长远趋势。要充分估计国际格局发展演变的复杂性，更要看到世界多极化向前推进的态势不会改变。要充分估计世界经济调整的曲折性，更要看到经济全球化进程不会改变。要充分估计国际矛盾和斗争的尖锐性，更要看到和平与发展的时代主题不会改变。要充分估计国际秩序之争的长期性，更要看到国际体系变革方向不会改变。要充分估计我国周边环境中的不确定性，更要看到亚太地区总体繁荣稳定的态势不会改变。习近平强调，当今世界是一个变革的世界，是一个新机遇新挑战层出不穷的世界，是一个国际体系和国际秩序深度调整的世界，是一个国际力量对比深刻变化并朝着有利于和平与发展方向变化的世界。我们看世界，不能被乱花迷眼，也不能被浮云遮眼，而要端起历史规律的望远镜去细心观望。① 他认为，世界格局正处在一个加快演变的历史性进程之中。和平、发展、进步的阳光足以穿透战争、贫穷、落后的阴霾。世界多极化进一步发展，新兴市场国家和发展中国家崛起已经成为不可阻挡的历史潮流。经济全球化、社会信息化极大解放和发展了社会生产力，既创造了前所未有的发展机遇，也带来了需要认真对待的新威胁新挑战。② 他强调，这是国际格局重组变革的必然过程，其中除了各种新的挑战，也蕴含着不少新的机遇。我们最大的机遇就是自身不断发展壮大，同时也要重视各种风险和挑战，善于化危为机、转危为安。③ 在党的十九大报告中，习近平对国际形势作了富有哲理性的概括："我们生活的世界充满希望，也充满挑战。"他指出，世界正处于大发展大变革大调整时期，和平与发展仍然是时代主题，……和平发展大势不可逆转。同时，世界面临的不稳定性不确定性突出，世界经济增长动能不足，贫富分化日益严重，地区热点问题此起彼伏，恐怖主义、网络安全、重大传染性疾病、气候变化等非传统安全威胁持续蔓延，人类面临许多共同挑战。在党的二十大报告中，习近平作出了更具哲学意义的战略判断：当前，世界之变、时代之变、历史之变正以前所未有的方式展开，世界又一次站在历史的十字路口。

张蕴岭认为，中国与世界的关系正在发生新的变化，而变化最突出的特点是中国因素放大、中国被多面解读。我们看到一个矛盾的现象：在中国与外部世界关系迅速发展的同时，许多国家对中国的疑虑、猜疑，甚至

---

① 《中央外事工作会议在京举行》，《人民日报》2014 年 11 月 30 日，第 1 版。

② 习近平：《携手构建合作共赢新伙伴　同心打造人类命运共同体——在第七十届联合国大会一般性辩论时的讲话》，《人民日报》2015 年 9 月 29 日，第 2 版。

③ 《中央外事工作会议在京举行》，《人民日报》2014 年 11 月 30 日，第 1 版。

不满也随之增加；外部世界把中国描绘成一个咄咄逼人的（assertive），具有进攻性的（aggressive）超级大国。这样的判定，让中国难以接受。其结果，必然会增加中国人对外部世界的不信任甚至敌意。① 蔡昉视之为中国自身国际地位的变化提出的新课题，提醒我们必须关注"修昔底德陷阱"，要结合中国的问题和变化来观察其他国家的变化和反应，特别是认识大国必然做出的反应，进而制定相应的国际战略和应对策略。② 唐永胜认为，中国综合实力的不断上升会引起体系霸权国家及其他主导国家的警觉和反制，处理失当就有可能成为体系变迁中的矛盾焦点，而未来 10 年左右时间将是中国与外部世界深度互动和磨合的关键时期。③ 英国伦敦政治经济学院教授巴里·布赞则比较了中美和平崛起的相似性与差异性，乐观地认为中国当前面临的情况可能会比美国当年具备更有利的条件。④ 就此，习近平总书记的提醒发人深省："我们今天开放发展的大环境总体上比以往任何时候都更为有利，同时面临的矛盾、风险、博弈也前所未有，稍不留神就可能掉入别人精心设置的陷阱。"⑤

习近平深刻指出，当前中国与世界的关系在发生深刻变化，我国同国际社会的互联互动也已变得空前紧密。我们观察和规划改革发展，必须统筹考虑和综合运用国际国内两个市场、国际国内两种资源、国际国内两类

---

① 张蕴岭：《寻求崛起中国与世界的良性互动》，《国际经济评论》2013 年第 4 期，第 50—58 页。

② 蔡昉：《中国崛起与"修昔底德效应"》，《美国研究》2014 年第 6 期，第 9—10 页。

③ 唐永胜：《理解和适应国际体系变迁》，《现代国际关系》2014 年第 7 期，第 17—18 页。

④ Barry Buzan and Michael Cox, "China and the US: Comparable Cases of 'Peaceful Rise'?" *The Chinese Journal of International Politics*, Vol. 6, No. 2, 2013, pp.109—132.

⑤ 习近平：《在省部级主要领导干部学习贯彻党的十八届五中全会精神专题研讨班上的讲话》，《人民日报》2016 年 5 月 10 日，第 2—3 版。

规则。① 他强调，"加强战略思维，增强战略定力，更好统筹国内国际两个大局，坚持开放的发展、合作的发展、共赢的发展，通过争取和平国际环境发展自己，又以自身发展维护和促进世界和平，不断提高我国综合国力，不断让广大人民群众享受到和平发展带来的利益，不断夯实走和平发展道路的物质基础和社会基础"。② 可以说，统筹国内国际两个大局的战略思想由党中央提出并长期秉持。当然，统筹国内国际两个大局也是世界政治一个普遍面临的理论问题，当前没有一个国家能将国内问题与国际问题单纯地割裂开来。朱云汉认为，"中国的世界"与"世界的中国"不是两个相互排斥的命题，而是构成互为因果、相互牵引的辩证关系。③ 中国统筹国内国际两个大局，渐进而坚定地融入国际社会，积 40 余年改革开放之功，积极回答"建设中国特色社会主义"这一重大命题，逐步形成中国特色社会主义的新理念、新思想、新论断，确立了比较稳定的道路形态，同步发展社会主义市场经济和社会主义民主政治，成功开辟了和平发展的社会主义新道路。④

以习近平同志为核心的党中央在坚持和平与发展的时代主题判断、对世界局势保持审慎乐观态度的同时，强调要充分估计国际矛盾和斗争的尖锐性，表达了强烈的忧患意识。习近平指出，"全面建成小康社会进入决定性阶段，改革进入攻坚期和深水区，国际形势复杂多变，我们党面对的

---

① 《中央外事工作会议在京举行》，《人民日报》2014 年 11 月 30 日，第 1 版。
② 习近平：《更好统筹国内国际两个大局　夯实走和平发展道路的基础》，《人民日报》2013 年 1 月 30 日，第 1 版。
③ 朱云汉：《高思在云：中国兴起与全球秩序重组》，中国人民大学出版社 2015 年版，第 194 页。
④ 门洪华：《两个大局视角下的中国国家认同变迁（1982—2012 年）》，《中国社会科学》2013 年第 9 期，第 54—66 页。

改革发展稳定任务之重前所未有、矛盾风险挑战之多前所未有"。① 习近平对时代主题和世界局势的看法符合马克思主义唯物辩证法，即事物是既对立又统一的矛盾体：在看到和平与发展是时代主题和世界潮流的同时，也看到维护世界和平与发展的艰难和曲折，既体现了战略的坚定性，也反映了实现目标过程中的复杂和曲折。

综上所述，世界面对着一个快速崛起和更加自信、开放的中国，中国面对着一个形势更加复杂、变化更加深刻、机遇与挑战并存的世界。当前，世界之变、时代之变、历史之变正以前所未有的方式展开，崛起的中国首当其冲，深切感受到美西方的全面忧虑与质疑。以美国为首的发达国家加紧制定新的国际规则，战略举措迭出，围堵中国的意图明显。中国周边环境趋于复杂化，部分周边国家出于对中国崛起的疑虑与恐惧，加紧与美国的联合。可以说，随着中国进一步发展壮大，其面临的疑虑、担心、困难和挑战也在增多。为直面国内外挑战、抓住国际机遇、实现可持续发展，**中国正在构建融入—变革—塑造（融入全球、变革自身、塑造世界）的和平发展战略框架，如何通过和平、发展、合作、共赢的方式塑造世界的未来，成为中国丰富和平发展、规划崛起之后的战略着眼点。** 习近平强调，中国和平发展道路能不能走得通，很大程度上要看我们能不能把世界的机遇转变为中国的机遇，把中国的机遇转变为世界的机遇，在中国与世界各国良性互动、互利共赢中开拓前进，从而更好把国内发展与对外开放统一起来，把中国发展与世界发展联系起来，把中国人民利益同各国人民共同利益结合起来。② 习近平进而指出，尽管国际国内环境发生了深刻复

---

① 《坚决打好扶贫开发攻坚战　加快民族地区经济社会发展》,《人民日报》2015 年 1 月 22 日，第 1 版。

② 习近平：《更好统筹国内国际两个大局　夯实走和平发展道路的基础》,《人民日报》2013 年 1 月 30 日，第 1 版。

杂的变化，但"我国发展具备了更为坚实的物质基础、更为完善的制度保证，实现中华民族伟大复兴进入了不可逆转的历史进程"①。

第三节　中国迎来塑造新战略机遇的关键时刻

中国发展的历史经验表明，认清国际环境，把握战略机遇是成功的关键。从中国发展的历史经验看，尤其是 21 世纪以来，我们几乎每一次战略突破，都同把重大危机转化为发展机遇密切相关。②危机确确实实蕴含机遇。在一定条件下善于审时度势、因势利导，就能变压力为动力，化挑战为机遇。这是一条成功的历史经验。然而，特朗普主政美国之后更是把中国视为战略对手，遏制、围堵中国的意图彰显，中国在安全、经济、政治等各领域都面临着突如其来的严峻战略压力。

21 世纪初，中国抓住战略机遇，实现了经济的迅速崛起，党的十八大以来，中国特色社会主义进入新时代，中国站到新的历史起点上。当前，中国与世界的关系逐渐从"学习""对标"转向"引领"，这将给中国带来更大的机遇和挑战，中国将在更广阔的舞台之上充分展现大国风范，引领世界方向。③

①　习近平：《高举中国特色社会主义伟大旗帜　为全面建设社会主义现代化国家而团结奋斗——在中国共产党第二十次全国代表大会上的报告》，人民出版社 2022 年版，第 16 页。

②　郑必坚：《21 世纪第二个十年的中国和平发展之路》，《国际问题研究》2013 年第 3 期，第 1—8 页。

③　俞正樑、唐喜军：《新战略机遇期：中国引领世界大方向》，《毛泽东邓小平理论研究》2017 年第 8 期，第 82—90 页。

随着国内外情势的重大变化，对新战略机遇的把握愈加关键。党的十九大报告提出决胜全面建成小康社会、开启了全面建成社会主义现代化强国的新征程，规划出新时代的"三步走"战略：从现在到 2020 年，是全面建成小康社会的决胜期；从十九大到二十大，是"两个一百年"奋斗目标的历史交汇期。综合分析国际国内形势和我国发展条件，从 2020 年到本世纪中叶可以分两个阶段来安排。第一个阶段，从 2020 年到 2035 年，基本实现社会主义现代化。第二个阶段，从 2035 年到本世纪中叶，把我国建成富强民主文明和谐美丽的社会主义现代化强国。[①] 实现上述战略目标，推动形成全面开放新格局至为关键。习近平强调，"实现中华民族伟大复兴，必须合乎时代潮流、顺应人民意愿，勇于改革开放，让党和人民事业始终充满奋勇前进的强大动力"，"主动参与和推动经济全球化进程，发展更高层次的开放型经济"，"推动建设开放型世界经济"。[②] 党的十九大报告规划出推动形成全面开放新格局的路线图：以"一带一路"建设为重点，坚持引进来和走出去并重，遵循共商共建共享原则，加强创新能力开放合作，形成陆海内外联动、东西双向互济的开放格局。[③] 党的二十大报告提出中国式现代化的战略命题，强调加快构建新发展格局，着力推动高质量发展；实施科教兴国战略，强化现代化建设人才支撑；发展全过程人民民主，保障人民当家作主；坚持全面依法治国，推进法治中国建设；推进文化自信自强，铸就社会主义文化新辉煌；

[①] 习近平：《决胜全面建成小康社会　夺取新时代中国特色社会主义伟大胜利——在中国共产党第十九次全国代表大会上的报告》，人民出版社 2017 年版，第 28—29 页。

[②] 习近平：《决胜全面建设小康社会　夺取新时代中国特色社会主义伟大胜利——在中国共产党第十九次全国代表大会上的报告》，人民出版社 2017 年版，第 14、22、60 页。

[③] 习近平：《决胜全面建设小康社会　夺取新时代中国特色社会主义伟大胜利——在中国共产党第十九次全国代表大会上的报告》，人民出版社 2017 年版，第 35 页。

增进民生福祉，提高人民生活品质；推动绿色发展，促进人与自然和谐共生；推进国家安全体系和能力现代化，坚决维护国家安全和社会稳定；实现建军一百年奋斗目标，开创国防和军队现代化新局面；坚持和完善"一国两制"，推进祖国统一；促进世界和平与发展，推动构建人类命运共同体；坚定不移全面从严治党，深入推进新时代党的建设新的伟大工程。

实现上述战略目标，中国既面临着重要的战略机遇，也有着深刻而严峻的挑战。中国领导人高度关注战略机遇问题。2002年党的十六大报告提出："综观全局，21世纪头20年，对我国来说，是一个必须紧紧抓住并且可以大有作为的重要战略机遇期。"这是党中央面对国内国际形势深刻变革提出的重大战略判断，为中国战略的顶层设计和谋划提供了认识基础。2012年党的十八大报告指出："综观国际国内大势，我国发展仍处于可以大有作为的重要战略机遇期"，"我们要准确判断重要战略机遇期内涵和条件的变化，全面把握机遇，沉着应对挑战"。习近平高度重视战略机遇期问题。2013年10月24日，他在周边外交工作会议上指出，周边外交要"维护和用好我国发展的重要战略机遇期"，"为我国发展争取良好的周边环境，使我国发展更多惠及周边国家，实现共同发展"，从而有助于"实现'两个一百年'奋斗目标、实现中华民族伟大复兴"。2014年11月，习近平在中央外事工作会议上提出"我国发展仍然处于可以大有作为的重要战略机遇期。我们最大的机遇就是自身不断发展壮大，同时也要重视各种风险和挑战，善于化危为机、转危为安"，再次强调善于寻找和转化机遇的重要性。2017年2月，习近平在国家安全工作座谈会上要求国家安全工作必须"立足我国发展重要战略机遇期大背景来谋划"。党的十九大报告强调："国内外形势正在发生深刻复杂变化，我国发展仍处于重要战略机遇期，前景十分光明，挑战也十分严峻。"[1] 有鉴于百年变局加速演进，世界站在历史的十字路口，世界之变、时代之变、历史之变正以前所未有的方式展开，党的二十大报告没有使用"战略机遇期"的提法，而是强调"我国发展面临新的战略机遇，……进入战略机遇和风险挑战并存、不确定难预料因素增多的时期"。这是以习近平同志为核心的党中央审时度势，就国内外形势发展作出的重要战略判断，是指导中国战略的重要依据。

一方面，中国发展面临新的战略机遇，其基础在于中国自身的持续发展。要从统筹国内国际两个大局出发，且应当充分估计到，一个将持续影响世界大势的愈益重大的变量就是中国本身的发展。[2] 与此同时，世界经济处于深度调整期，全球治理处于变革期，国际环境新变化蕴含着新机遇。无论是新技术革命的汹涌蓬勃、跨国公司的全球开拓还是发展中世界强烈的发展诉求，都是中国进一步发展的重要机遇，也都是中国推动全面开放的战略机遇。[3] 在逆全球化潮流汹涌之下，中国积极推动经济全球化的立场、通过自身努力创造战略机遇的作为得到世界的广泛认可，[4] 这也是中国拥有新战略机遇的重要条件。另一方面，中国发展面临着严峻的挑战。国际格局进入全面重构期，中国经济社会进入转型发展期，在此背景下，中国新战略机遇的生成条件从相对稳定型和自发型为主向相对脆弱、

---

[1] 习近平：《决胜全面建设小康社会　夺取新时代中国特色社会主义伟大胜利——在中国共产党第十九次全国代表大会上的报告》，人民出版社 2017 年版，第 2 页。

[2] 郑必坚：《中国能够抓住和用好重要战略机遇期》，《求是》2012 年第 24 期，第 59 页；《把握战略机遇促进中国与世界的共同发展》，《毛泽东邓小平理论研究》2012 年第 12 期，第 1—3 页。

[3] 隆国强主编：《构建开放型经济新体制》，广东经济出版社 2018 年版，第 24—25 页。

[4] 张幼文：《新时代中国国际地位新特点和世界共同发展新动力》，《世界经济研究》2017 年第 12 期，第 24—28 页。

更加依赖主动塑造能力的方向转变。① 习近平指出："国际经济合作和竞争局面正在发生深刻变化，全球经济治理体系和规则正在面临重大调整，引进来、走出去在深度、广度、节奏上都是过去所不可比拟的，应对外部经济风险、维护国家经济安全的压力也是过去所不能比拟的。""我国对外开放水平总体上还不够高，用好国际国内两个市场、两种资源的能力还不够强，应对国际经贸摩擦、争取国际经济话语权的能力还比较弱，运用国际经贸规则的本领也不够强。"② 当前，世界面临增长动力不足、需求不振、金融市场反复动荡、国际贸易和投资持续低迷等多重风险和挑战，③存在严重的和平赤字、发展赤字和治理赤字，逆全球化思潮涌动，单边主义、保护主义抬头，④ 美国政府采取的政策和战略趋向加重了世界的不确定性和不稳定性。正如习近平深刻指出的，"我们今天开放发展的大环境总体上比以往任何时候都更为有利，同时面临的矛盾、风险、博弈也前所未有，稍不留神就可能掉入别人精心设置的陷阱。""希望大家不断探索实践，提高把握国内国际两个大局的自觉性和能力，提高对外开放质量和水平。"⑤ 有鉴于此，中国发展新战略机遇的国内外条件和把控方式均发生重大变化，需要我们深入观察、密切把握、主动塑造，中国迎来塑造战略机遇的关键时刻。

---

① 徐坚：《重新认识战略机遇期》，《国际问题研究》2014 年第 2 期，第 53 页。

② 《以新的发展理念引领发展》（2015 年 10 月 29 日），载《习近平谈治国理政》第 2 卷，外文出版社 2017 年版，第 199 页。

③ 《构建创新、活力、联动、包容的世界经济》（2016 年 9 月 4 日），载《习近平谈治国理政》第 2 卷，外文出版社 2017 年版，第 472 页。

④ 钟山：《深化经贸务实合作　推动共建"一带一路"高质量发展》，《求是》2018 年第 19 期，第 20—22 页。

⑤ 《深入理解新发展理念》（2016 年 1 月 18 日），载《习近平谈治国理政》第 2 卷，外文出版社 2017 年版，第 213 页。

第二章　新时代中国外交战略思想理论创新

新时代中国外交战略思想理论与实践创新，与对中国地位的清醒认识、对世界趋势的冷静判断、对中国与世界互动的深刻把握、对中国责任的创新认识密切相关，与完善和丰富中国特色社会主义理论体系的诉求密不可分。面对百年未有之大变局，中国高举和平、发展、合作、共赢的旗帜，统筹国内国际两个大局，统筹发展安全两件大事，牢牢把握坚持和平发展、促进民族复兴这条主线，维护国家主权、安全、发展利益，为和平发展营造更加有利的国际环境，为实现"两个一百年"奋斗目标、实现中华民族伟大复兴的中国梦提供有力保障。今天的中国，已经站在新的历史起点上。这个新起点，就是中国全面深化改革、增加经济社会发展新动力的新起点，就是中国适应经济发展新常态、转变经济发展方式的新起点，就是中国同世界深度互动、向世界深度开放的新起点。①

在中国迅猛崛起与世界快速转型并行的关键时刻，中国明确自己的全球战略定位：现行国际体系的参与者、受益者、建设者、贡献者，国际合作的倡导者、和平发展的实践者、共同发展的推动者、多边贸易体制的维护者，全球经济治理的建设性参与者和积极引领者。中国不仅要进一步

---

① 习近平：《中国发展新起点全球增长新蓝图——在二十国集团工商峰会开幕式上的主旨演讲》，《人民日报》2016 年 9 月 4 日，第 1 版。

发展自己，同时也努力为世界和平与发展善尽义务、多作贡献，积极承担国际责任和义务正是新时代中国外交战略的题中之义和应有担当。它要求我们坚持走和平发展道路，致力于把国内发展与对外开放统一起来，把中国发展与世界发展联系起来，把中国人民利益同各国人民共同利益结合起来，不断扩大同各国的互利合作；它要求我们坚持国际关系民主化，坚持国家不分大小、强弱、贫富一律平等，坚持在国际事务中主持公道、伸张正义；它要求我们积极为各国提供共同发展的机遇和空间，欢迎大家搭乘中国发展的快车，分享中国发展的红利。有鉴于此，中国提出全球发展倡议、全球安全倡议和全球文明倡议，并愿同国际社会一道努力落实。

以此为认识基础，以习近平同志为核心的党中央高举中国特色社会主义伟大旗帜，总揽全局、运筹帷幄，使中国外交更具全球视野、更富进取意识、更有开创精神，向世界展示了坚定自信、积极进取的中国风格和开放包容、谦和大度的中国气派，积极推进外交战略思想理论创新，形成了习近平外交思想。其核心内容是：坚持以维护党中央权威为统领加强党对对外工作的集中统一领导；坚持以实现中华民族伟大复兴为使命推进中国特色大国外交；坚持以维护世界和平、促进共同发展为宗旨推动构建人类命运共同体；坚持以中国特色社会主义为根本增强战略自信；坚持以共商共建共享为原则推动"一带一路"建设；坚持以相互尊重、合作共赢为基础走和平发展道路；坚持以深化外交布局为依托打造全球伙伴关系；坚持以公平正义为理念引领全球治理体系改革；坚持以国家核心利益为底线维护国家主权、安全、发展利益；坚持以对外工作优良传统和时代特征相结合为方向塑造中国外交独特风范。①

---

① 《习近平外交思想是新时代中国特色大国外交的根本遵循和行动指南》，《人民日报》2018 年 6 月 24 日，第 1 版。

2018 年 6 月召开的中央外事工作会议，确立了习近平外交思想的指导地位。王毅 2024 年初在《求是》撰文指出，经过新时代 10 年的实践和发展，习近平外交思想日益彰显出与时俱进、引领时代的卓越理论品质，反映了党对中国与世界关系的认识达到新的高度。[①] 习近平外交思想为破解当今世界面临的重大问题，引领国际秩序和国际体系变革贡献中国智慧、中国方案，实现了历史使命与时代潮流的高度统一、民族精神与国际主义的高度统一、中国气派与世界情怀的高度统一，展现出科学性、时代性、先进性、实践性的鲜明理论创新品格，体现出继承性与创新性的统一、稳健性与进取性的结合。

第一节　新时代中国外交思想的核心元素

结合习近平系列重要讲话，新时代中国外交思想包含如下核心元素：

第一，以统筹国内国际两个大局为战略高度。统筹国内国际两个大局，实际上是世界政治一个普遍面临的理论问题。[②] 统筹两个大局的思想早已有之，冷战后中国的外交战略谋划对此愈加强调，提升到顶层设计的战略高度。概言之，中国统筹国内国际两个大局，渐进而坚定地融入国际社会，积 40 余年改革开放之功，积极回答"建设中国特色社会主义"这一重大命题，逐步形成中国特色社会主义的新理念、新思想、新论断，确

---

① 王毅：《深入贯彻中央外事工作会议精神　不断开创中国特色大国外交新局面》，《求是》2024 年第 2 期，第 16—22 页。

② 蒲晓宇：《地位信号、多重观众与中国外交再定位》，《外交评论》2014 年第 2 期，第 25—38 页。

立比较稳定的道路形态，同步发展社会主义市场经济和社会主义民主政治，成功开辟和平发展的社会主义新道路。在当前的情势下，唯有更好地统筹国内国际两个大局，才能全面理解和把握习近平新时代中国特色社会主义思想的战略视野，为构建中国特色大国外交战略理论体系打下坚实的基础。习近平强调，我们要"加强战略思维，增强战略定力，更好统筹国内国际两个大局，坚持开放的发展、合作的发展、共赢的发展，通过争取和平国际环境发展自己，又以自身发展维护和促进世界和平，不断提高我国综合国力，不断让广大人民群众享受到和平发展带来的利益，不断夯实走和平发展道路的物质基础和社会基础"①。党中央进一步统筹国内国际两个大局，自觉把外交工作放在党和国家工作大局中去谋划，更好地把国内发展与对外开放统一起来，把中国发展与世界发展联系起来，把中国人民利益同各国人民共同利益结合起来，统筹发展与安全，维护国家主权、安全、发展利益，维护世界和平、促进共同发展。

第二，以实现中华民族伟大复兴为理想指引。中华民族伟大复兴的中国梦是人民美好追求、国家发展目标和民族复兴夙愿的高度浓缩。中国梦是民族复兴、人民幸福梦，也是和平发展、合作共赢梦，与世界人民的美好梦想息息相通。②中华民族伟大复兴是仁人志士的终极理想，一代代先烈为此矢志不渝。习近平积极阐述中华民族伟大复兴的世界意义，认为"中国发展壮大，带给世界的是更多机遇而不是什么威胁。我们要实现的中国梦，不仅造福中国人民，而且造福各国人民"③。他进而提出人类命运

---

① 习近平：《更好统筹国内国际两个大局　夯实走和平发展道路的基础》，《人民日报》2013年1月30日，第1版。
② 王毅：《风云激荡中开创新局面》，《人民日报》2014年12月26日，第17版。
③ 习近平：《顺应时代前进潮流　促进世界和平发展——在莫斯科国际关系学院的演讲》，《人民日报》2013年3月24日，第2版。

共同体的新时代世界理想，强调中国已经进入实现中华民族伟大复兴的关键阶段，强调"时代呼唤着我们，人民期待着我们，唯有矢志不渝、笃行不怠，方能不负时代、不负人民"[①]。

　　第三，以和平发展为战略选择，恪守和平发展理念，创新和平发展思想，夯实和平发展基础。 新中国成立以来，中国坚持和平共处五项原则，先后提出和平发展是世界主题、中国和平发展道路、和谐世界等战略思想，体现了对和平的一贯追求。习近平明确提出中国始终不渝走和平发展道路，既通过维护世界和平发展自己，又通过自身发展维护世界和平；在强调依靠自身力量和改革创新实现发展的同时，坚持对外开放，学习借鉴别国长处；坚持把国家和人民的根本利益作为外交工作的出发点和落脚点，同时坚持把中国人民的利益同世界人民的共同利益结合起来，永远不称霸，不搞扩张。习近平进一步指出，中国走和平发展道路是思想自信和实践自觉的有机统一，要在与世界各国良性互动、互利共赢中开拓前进。中国要走和平发展道路，其他国家也都要走和平发展道路；我们要坚持和平发展，但决不能放弃我们的正当权益，决不能牺牲国家核心利益。[②]党的二十大报告强调："中国式现代化是走和平发展道路的现代化。我国不走一些国家通过战争、殖民、掠夺等方式实现现代化的老路，那种损人利己、充满血腥罪恶的老路给广大发展中国家人民带来深重苦难。我们坚定站在历史正确的一边、站在人类文明进步的一边，高举和平、发展、合作、共赢旗帜，在坚定维护世界和平与发展中谋求自身发展，又以自身发

---

　　① 习近平：《高举中国特色社会主义伟大旗帜　为全面建设社会主义现代化国家而团结奋斗——在中国共产党第二十次全国代表大会上的报告》，人民出版社 2022 年版，第 70 页。

　　② 《习近平谈治国理政》，外文出版社 2014 年版，第 249 页。

展更好维护世界和平与发展。"① 上述创新性观点深化了中国对走和平发展道路的规律性认识，拓宽了我国和平发展的空间，也有利于推动世界和平发展事业向前迈进，开辟了和平发展战略思想的新境界。与此同时，中国深刻认识到中国崛起给世界带来的震撼，秉承"达则兼善天下"的胸怀，积极申明走和平发展道路的意愿，坚持互利共赢的战略思路，强调与各国在利益汇合点的基础上开展合作，积极在力所能及范围内承担更多国际责任，与各国建立和发展利益共同体、责任共同体、命运共同体。习近平进一步指出，和平发展道路能不能走得通，很大程度上要看我们能不能把世界的机遇转变为中国的机遇，把中国的机遇转变为世界的机遇，在中国与世界各国良性互动、互利共赢中开拓前进。②

第四，以塑造相互尊重、公平正义、合作共赢的新型国际关系为核心目标。中国将高举和平、发展、合作、共赢的旗帜，恪守维护世界和平、促进共同发展的外交政策宗旨，坚定不移在和平共处五项原则基础上发展同各国的友好合作，推动建设相互尊重、公平正义、合作共赢的新型国际关系。③ 中国是推动建立新型国际关系的积极探索者，新型国际关系堪称中国外交战略的重要标签。早在新中国成立之初，中国就致力于寻求与当时的各类国家（包括社会主义国家、资本主义国家、新兴民族国家等）建立新型国家间关系，和平共处五项原则的提出和落实就是这一努力的重要标志性成果。即使在意识形态彰显的冷战时代，中国也未放弃必要的努

---

① 习近平：《高举中国特色社会主义伟大旗帜　为全面建设社会主义现代化国家而团结奋斗——在中国共产党第二十次全国代表大会上的报告》，人民出版社 2022 年版，第 23 页。

② 王毅：《坚定不移走和平发展道路　为实现民族复兴中国梦营造良好国际环境》，《国际问题研究》2014 第 1 期，第 8—23 页。

③ 习近平：《决胜全面建成小康社会　夺取新时代中国特色社会主义伟大胜利——在中国共产党第十九次全国代表大会上的报告》，《人民日报》2017 年 10 月 28 日，第 1 版。

力，中美从对抗到正式建交，其间不乏建立新型大国关系的探索。1972 年尼克松访华和"中美上海公报"的发表是冷战时期中美建立新型大国关系的重要尝试。中国改革开放之后，致力于融入并影响国际社会，塑造新型国际关系自是中国必然的诉求，1982 年确立的不结盟战略与独立自主和平外交政策是一个重要的里程碑，和平共处五项原则、不结盟成为中国探索新型国际关系的重要思想基础。冷战结束以来尤其是进入 21 世纪以来，中国开启了全面融入国际社会的征程，积极与各大国共同探索新型大国相处之道。随着和平发展道路的确立与世界转型的加速，如何看待和处理中国与世界的关系成为一切问题的根本，① 如何在融入并影响国际社会的同时以合作共赢的方式塑造世界的未来成为中国必然的战略诉求。王毅指出："每一段国际关系的形成，每一个国际体系的建立，都带有鲜明的时代印记，也必须随着时代发展不断创新完善，否则就会跟不上时代脚步，甚至会失去它的先进性和合理性。"② 中国决策者继承既有的理论积淀和实践探索，提出符合时代需求、凝聚全球共识的国际理念并付诸实践，是中国可持续发展的需要，也是世界对中国的期待。

2012 年以来，中国领导人提出并集中阐述建立中美新型大国关系的命题，为新型国际关系思想的升华做了深入准备。2013 年 3 月 23 日，习近平在访问俄罗斯时，详细论述了推动建立以合作共赢为核心的新型国际关系思想，指出"面对国际形势的深刻变化和世界各国同舟共济的客观要求，各国应该共同推动建立以合作共赢为核心的新型国际关系"，并

---

① 袁鹏：《关于大时代与大战略的思考——兼论新时期中国外交需要处理的十对关系》，《当代世界与社会主义》2012 年第 4 期，第 11—15 页。

② 王毅：《构建以合作共赢为核心的新型国际关系》，《国际问题研究》2015 年第 3 期，第 1—6 页。

提出各国和各国人民应该共享尊严、共享发展成果、共享安全保障的主张。①2014 年 11 月底，习近平在中央外事工作会议上指出："我们要坚持合作共赢，推动建立以合作共赢为核心的新型国际关系，坚持互利共赢的开放战略，把合作共赢理念体现到政治、经济、安全、文化等对外合作的方方面面。"② 自此，中国明确把推动建立以合作共赢为核心的新型国际关系作为新时代中国外交思想的指导原则。2015 年 9 月 28 日，习近平在第 70 届联合国大会一般性辩论时发表题为《携手构建合作共赢新伙伴 同心打造人类命运共同体》的演讲，将新型国际关系的目标予以细化和深化：建立平等相待、互商互谅的伙伴关系；营造公道正义、共建共享的安全格局；谋求开放创新、包容互惠的发展前景；促进和而不同、兼收并蓄的文明交流；构筑尊崇自然、绿色发展的生态体系。③ 新型国际关系的基础是中国坚持和平发展道路选择，致力于成为新型大国，奉行具有中国特色的大国外交；其核心是合作共赢，即通过合作实现共赢，打造人类命运共同体，共同为一个更美好的世界而努力；其本质是顺应世界潮流，摈弃零和博弈思维，避免单边霸权行为，以开放包容的建设性路径促进国家目标的实现，以协调合作的建设性方式促进国际关系的优化。2017 年 10 月 18 日，习近平在党的十九大报告中呼吁"推动建设相互尊重、公平正义、合作共赢的新型国际关系"。2022 年 10 月 16 日，习近平在党的二十大报告中强调："中国坚持在和平共处五项原则基础上同各国发展友好合作，推动构建新型国际关系，深化拓展平等、开放、合作的全球伙伴关系，致力

---

① 习近平：《顺应时代前进潮流 促进世界和平发展——在莫斯科国际关系学院的演讲》，《人民日报》2013 年 3 月 24 日，第 1 版。

② 《习近平在中央外事工作会议发表重要讲话强调：高举和平、发展、合作、共赢旗帜》，《人民日报》（海外版）2014 年 12 月 1 日，第 1 版。

③ 习近平：《携手构建合作共赢新伙伴 同心打造人类命运共同体——在第七十届联合国大会一般性辩论时的讲话》，《人民日报》2015 年 9 月 29 日，第 1 版。

于扩大同各国利益的汇合点。"

第二节 塑造新型国际关系 构建人类命运共同体

以相互尊重、公平正义、合作共赢为核心的新型国际关系，基于中国的思想文化传统，是中国和合思想的当代弘扬。当今世界上，每一个具有悠久思想文化传统的国家都对人类共同的思想遗产有所贡献，同时也都分享着人类的思想遗产。① 一个国家的国际关系思想理论必然植根于该国的历史、文化和思维方式，无不带有自身文化的特质。绵延数千年的中国思想文化传统涵养了中国的精神与战略思维。在哲学理念上，"天人合一"的思想构成中国传统国际关系思想的精神内核，塑造了中国传统国际关系思想包容共生的本质特征。以此为基础，中国形成了"德政""中庸"等政治思想和以"和"为中心的外交哲学，② 并体现出"和而不同"的国际关系思维。在政治理念上，中国传统文化追求"天下大同"理想。这种理想主张"居天下之广居，立天下之正位，行天下之大道"③ 的政治法则，强调"周济天下，而无过"④ 的政治诉求，塑造了中国传统国际关系思想开放包容的特质，反映了中国人对世界秩序和人类福祉的终极关怀。中国传统文化强调的仁、义、礼、智、信等观念可

---

① 孙晓春：《比较视野下的中国传统政治思想》，《学习与探索》2013 年第 10 期，第 53—58 页。

② 门洪华主编：《中国战略报告第一辑：中国软实力的战略思路》，人民出版社 2013 年版，第 100—118 页。

③ 《孟子·滕文公》。

④ 《孟子·梁惠王》。

相应地为国家行为的准则提供规范。① 在利益观念上，中国传统文化强调"兼济天下"，反映了朴素的共同利益理念。从和平共处五项原则中的"平等互利"理念，到"互利共赢"的开放战略和正确义利观，均体现了共同利益在中国国际关系思想理论中的重要性。在安全观念上，中国传统思想文化强调"以和为贵""协和万邦"，不强调武力征服，而是崇尚道德和文化感召的作用。孔子曰："远人不服，则修文德以来之。"② 老子曰："兵者不祥之器，非君子之器，不得已而用之。"③ 尽管几千年来中国一直保持着对周边国家的核心优势地位，但中国从不强调武力征服的作用。在战略文化上，中国传统文化追求"不战而胜"的境界，统一、安定、和平始终是中国传统战略文化的主旋律。④ 战略的底蕴和根基是思想文化，而道德主义则是中国传统战略文化的重要品格。中国传统思想文化博大精深，上述梳理颇为浅显，但表明了中国以"和合"为核心价值的思想文化取向，即强调"和实生物"的本质，恪守"保合太和"的价值，强调"得道多助"的路径，追求"和而不同""协和万邦"的境界。

一方面，以相互尊重、公平正义、合作共赢为核心的新型国际关系，秉承和合理念、以和为贵的和平思想，强调"物之不齐"的客观存在⑤，抱持"既以为人，己愈有；既以与人，己愈多"的大国胸怀，坚持正确义

---

① 俞正樑：《中华优秀传统文化与国际政治新秩序》，《学习与探索》1996年第4期，第73—76页。

② 《论语·季氏篇》。

③ 《道德经·第三十一章》。

④ 门洪华：《中国战略文化的重构：一项研究议程》，《教学与研究》2006年第1期，第57—63页。

⑤ 《孟子·滕文公》："夫物之不齐，物之情也。"

利观，遵循合作共赢的路径，寻求与世界各国构建利益共同体、责任共同体和命运共同体的目标，表达了承担更多国际责任和义务的担当[①]，是中国传统思想文化在当代条件下的积极弘扬。

另一方面，构建以相互尊重、公平正义、合作共赢为核心的新型国际关系，是对传统国际关系理论的重大创新，也是对中国丰富外交实践的提炼升华，指明了处理国与国关系的崭新思路。[②] 在世界处于转型之际，在中国崛起的关键时期，中国领导人倡导建立新型国际关系，代表了中国对未来世界的理想与愿望，深刻体现了中国的责任与担当，具有重要的理论意义和现实价值。可以说，塑造新型国际关系是中国特色大国外交理论体系的关键诉求与核心路径，代表着中国对自身与世界互动关系认识的新高度。

塑造新型国际关系，包含如下值得深入探索和剖析的方面：

其一，以人类命运共同体为世界理想。 构建人类命运共同体与构建新型国际关系的主张一脉相承、互为补充。[③] 中国素有世界理想，天下思想一脉不绝，和谐世界承继在前，人类命运共同体创新其后。2011 年发布的《中国的和平发展》白皮书中最早提出，当今世界已经形成"你中有我、我中有你"的命运共同体。党的十八大报告强调，人类只有一个地球，各国共处一个世界，要倡导人类命运共同体意识。2013 年 3 月，习近平在莫斯科国际关系学院发表演讲首次公开提出了人类命运共同体的思想理念："这个世界，各国相互联系、相互依存的程度空前加深，人类生活

---

① 杨洁勉：《新时期中国外交思想、战略和实践的探索创新》，《国际问题研究》2015 年第 1 期，第 17—28 页。

② 王毅：《风云激荡中开创新局面》，《人民日报》2014 年 12 月 26 日，第 17 版。

③ 王毅：《中国特色大国外交的全面推进之年》，《国际问题研究》2016 年第 1 期，第 1—8 页。

在同一个地球村里，生活在历史和现实交汇的同一个时空里，越来越成为你中有我、我中有你的命运共同体。"10余年来，习近平在国内外各种场合深入阐述人类命运共同体的世界意义、战略内涵与实践路径，展现中国的意志决心和战略举措。构建人类命运共同体是习近平外交思想的核心理念，体现了我们党的初心使命与时代发展潮流的高度统一，凝聚了各国人民期盼建设美好世界的最大公约数，具有重大理论价值和深远历史意义，越来越展现出强大的影响力、生命力、感召力。[①] 习近平对人类命运共同体的深刻论述，既展现了中国特色大国外交战略的进取路径和发展愿景，又体现了中国特色大国外交哲学层面的思想深度和未来志向。进一步说，相对于以自我利益为中心的传统国际关系旧观念，人类命运共同体意识是人类认识世界在观念上的一次突破和创新，倡导的是一种开创人类美好未来、应对人类共同挑战的新理念。[②] 把中国发展与世界发展联系起来，是统筹国内国际两个大局的要义所在，也是落实五大发展理念的重要保障条件，"人类命运共同体"恰是国内发展理念在国际层面的延伸。提出这一构想的基础是，世界各国人民的命运从来没有像今天这样休戚与共。[③] 人类命运共同体思想体现了中国国际合作理论的创新，构建人类命运共同体，需要我们致力于构建新型国际关系，秉持正确义利观，开启以"共同利益""互利共赢""大国责任""中国气派"为核心的新外交时代。

其二，以和平共处、总体稳定、均衡发展为引领寻求大国关系的突

---

① 王毅：《深入贯彻中央外事工作会议精神 不断开创中国特色大国外交新局面》，《求是》2024年第2期，第16—22页。

② 王公龙、韩旭：《人类命运共同体思想的四重维度探析》，《上海行政学院学报》2016年第3期，第96—104页。

③ 徐步：《从"美国衰落论"到"中国搭便车论"》，《世界知识》2014年第18期，第19—21页。

破，促进大国协调和良性互动。大国是国际关系的主要行为体，大国关系在相当程度上决定着国际体系的走向。中国提倡新型大国关系是非西方国家对西方主导权的一次思想冲击，①是中国争取和掌握话语权的重要努力。中国强调塑造长期稳定健康发展的大国关系，致力于通过增进互信、聚同化异、避免对抗、互利合作维护国际体系的和平转型，超越新兴大国和守成大国必定冲突的历史宿命，避免并克服旧有大国关系中互不信任、相互敌视、相互排斥、相互为敌的消极因素，增强相互信任、相互尊重，追求合作共赢，建立合作共赢的新模式，健全风险管理机制，为国际关系发展注入正能量。

其三，以亲诚惠容理念和与邻为善、以邻为伴的外交方针为引领重塑周边关系，深化同周边国家友好互信和利益融合。中国重视发展同周边国家的关系，坚持与邻为善、以邻为伴，坚持睦邻、安邻、富邻，突出体现亲、诚、惠、容的理念。②亲、诚、惠、容堪称重塑中国周边关系的"四字箴言"，是对中国周边外交理论与实践的创新性概括，体现了党中央外交理念的新发展。中国为进一步拓展周边外交制定宏伟蓝图，提出打造中国—东盟自贸区升级版、建立亚洲基础设施投资银行、共建"一带一路"等重大倡议，大力提升与周边国家的战略合作关系。"一带一路"倡议致力于从区域层面、周边角度来构建新型国际关系，二者构成中国对外开放新布局的先手棋。体现了中国主动、主导推动周边国家经济合作，共同打造政治互信、经济融合、文化包容的利益共同体、命运共同体、责任共同体的战略意图。"一带一路"倡议的核心是加强同中亚和东南亚国

---

① 杨洁勉：《新型大国关系：理论、战略和政策建构》，《国际问题研究》2013年第3期，第9—19页。

② 《习近平谈治国理政》，外文出版社2014年版，第297页。

家的经贸合作，加强互联互通，优势互补，共同发展，共同受益，为巩固中国战略依托地带打下更为坚实基础。党的十九大报告指出，中国坚持对外开放的基本国策，坚持打开国门搞建设，积极促进"一带一路"国际合作，努力实现政策沟通、设施联通、贸易畅通、资金融通、民心相通，打造国际合作新平台，增添共同发展新动力。[①] 党的二十大报告强调："中国坚持对外开放的基本国策，坚定奉行互利共赢的开放战略，不断以中国新发展为世界提供新机遇，推动建设开放型世界经济，更好惠及各国人民。"[②]

其四，以正确义利观和真实亲诚理念为引领创新发展中国家关系，维护发展中国家共同利益。中国崛起与世界深入转型并行推进，推动着一个新时代的到来。中国从一超多强的格局中脱颖而出，成为世界关注的重心。如何处理与世界的关系，中国在思考，世界在观察。在一个充满不确定性的时代，世界期待中国成为世界稳定之锚、发展之锋，期待着从中国发展中受益，与中国共享发展与繁荣。正确义利观和真实亲诚是中国思考的答案，也是对世界观察和期待的积极回应。2013年，习近平主席访问坦桑尼亚期间提出真实亲诚的对非政策理念，现已成为指导中国同发展中国家团结合作的基本政策理念。尤为重要的是，正确义利观，源于中国文化传统，基于中国崛起与世界转型互动的进程，体现出中国特色大国外交的价值诉求和战略指向，是中国处理与世界关系新思路的重要表达，是对"中国是什么力量""中国怎样处理与外部世界关系"等重大问题的明确

---

① 习近平：《决胜全面建成小康社会 夺取新时代中国特色社会主义伟大胜利——在中国共产党第十九次全国代表大会上的报告》，《人民日报》2017年10月28日，第1版。

② 习近平：《高举中国特色社会主义伟大旗帜 为全面建设社会主义现代化国家而团结奋斗——在中国共产党第二十次全国代表大会上的报告》，人民出版社2022年版，第61页。

回答。①

如何处理与发展中国家的关系，是大国全球战略的核心内容，也是检验其义利观正确与否的试金石。回首往昔，国强必霸被视为国际政治的天然逻辑，殖民、霸权等词语在西方文化中少有贬义，强权政治、势力范围肆意横行，政治奴化、经济掠夺、文化渗透更是司空见惯的战略手法，西方大国争夺利益祸及所谓的"边缘地带"和发展中国家，冷战时期的大部分战争在发展中国家领土上进行，足以说明当时主导国、霸权国的利益诉求和价值导向。中国倡导正确义利观，将"义"置于思考的核心，以道义和公平正义为思考和处理问题的出发点，强调求利的过程必须符合义，先义后利、取利有道、义利统一、义利并重，在面对利益时尤其要平衡好义利的关系，只有义利兼顾才能义利兼得，只有义利平衡才能义利共赢。正确义利观不承认丛林法则，否定霸权主义，反对以大欺小、以强凌弱、以富压贫，强调相互尊重、合作共赢、共同发展。这与西方国际关系所期许的"利益至上""没有永恒的朋友，只有永远的利益"等理念形成鲜明对比。

当前，各国利益交织空前紧密，各种全球性问题日益突出，中国外交秉持的义利观举世关注。习近平指出，"义"反映的是我们的一个理念，共产党人、社会主义国家的理念，我们希望全世界共同发展，特别是希望广大发展中国家加快发展；"利"就是要恪守互利共赢原则，不搞我赢你输，要实现双赢。我们有义务对贫穷的国家给予力所能及的帮助，有时甚至要重义轻利、舍利取义；对周边和发展中国家，只有坚持正确义利观，才能把工作做好、做到人的心里去。在处理发展中国家关系时要秉持正确

---

① 秦亚青：《正确义利观：新时期中国外交的理念创新和实践原则》，《求是》2014年第12期，第55—57页。

义利观，政治上要坚持正义、秉持公道、道义为先，经济上要坚持互利共赢、共同发展，对那些对我国长期友好而自身发展任务艰巨的周边和发展中国家，要更多地考虑到对方利益，开展合作时要注意多予少取，早予晚取，绝不搞损人利己，以邻为壑。①

正确义利观以共谋发展、共享发展、互利共赢为导向，突出强调大国的责任与义务。这一责任与义务的表达，以中国的发展阶段和特殊地位为基础，以发展中国家和周边地区为关注焦点，以与其他大国共同承担责任为延伸。当前，中国欠发达与发达特征并存，欠发达的范围在缩小，发达的范围在扩大，中国是一个发展中大国，也正在成为一个中心国家，当今世界格局的主要矛盾和特征是发达国家与发展中国家的互动，中国处于二者的结合部，堪称发达国家和发展中国家的桥梁，这一发展阶段和特殊地位是影响中国战略取向的核心要素。基于此，中国和世界的关系，更加聚焦于发展中国家和中国周边地区。

正确义利观体现了中华民族传统美德和中国特色大国外交的价值倾向，进一步丰富和发展了中国外交哲学，成为中国软实力的独特标志。另一方面，正确义利观的提出标志着中国把自身发展与世界发展联系起来，把中国人民利益同各国人民共同利益结合起来，把中国梦与世界梦结合起来，为构建更加公正合理的世界秩序提供了思想依据，② 体现了以习近平同志为核心的党中央对中国未来国际地位和作用的战略谋划，意味着中国绝不会做国际体系中坐享其成的"搭便车者"，而是从世界和平与发展的

---

① 杨洁篪：《在纷繁复杂的国际形势中开创中国外交新局面》，《国际问题研究》2014 年第 1 期，第 1—7 页。

② 秦亚青：《正确义利观：新时期中国外交的理念创新和实践原则》，《求是》2014 年第 12 期，第 55—57 页。

大义出发，以更加积极的姿态参与国际事务，坚持不懈做和平发展的实践者、共同发展的推动者、多边贸易体制的维护者、全球经济治理的参与者，为推动人类进步事业发挥更大作用。[1]

正确义利观是中国塑造新型国际关系的重要抓手，体现了共赢主义的战略诉求。随着中国崛起，其处理与世界关系的核心路径确定为，推动建立以合作共赢为核心的新型国际关系，坚持互利共赢的开放战略，把合作共赢理念体现到对外合作的方方面面。中国抱持"既以为人，己愈有；既以与人，己愈多"的大国胸怀，强调"周济天下"的战略诉求，寻求与世界各国构建利益共同体、责任共同体和命运共同体的目标，表达了承担更多国际责任和义务的担当。正确义利观的指向是，以合作取代对抗，以共赢取代独占，主张各国在追求本国利益时兼顾他国合理关切，在谋求本国发展中促进各国共同发展，推动建立更加平等均衡的新型发展伙伴关系。以此为基础，中国外交精彩靓丽，新型国际关系创新推进，中国与世界的关系进一步良性互动，世界对中国的期待得以落实，中国对世界的构想正在走向实现。

其五，奉行对话而不对抗、结伴而不结盟的国与国交往新路，深化拓展平等、开放、合作的全球伙伴关系。"志合者，不以山海为远。"中国致力于扩大朋友圈，打造全球伙伴关系网络是中国构建新型国际关系的重要体现，并成为新型国际关系得以持续发展的重要基础。[2]从1993年与巴西建立战略伙伴关系开始，中国伙伴关系战略不断深化完善，迄今

---

[1]　王毅：《坚持正确义利观　积极发挥负责任大国作用》，《人民日报》2013年9月10日，第7版。

[2]　习近平指出："要在坚持不结盟原则的前提下广交朋友，形成遍布全球的伙伴关系网络。"参见《中央外事工作会议在京举行》，《人民日报》2014年11月30日，第1版。

与 121 个国家和国际组织建立了不同形式的伙伴关系，实现了对大国、周边和发展中国家全覆盖，在全球、地区、双边和国家层面均取得积极成效。中国伙伴关系战略以和平共处五项原则作为战略基础，以维护国家利益和拓展国际影响作为战略方向，以政治互信、经济互赖、文化交融、社会互动和安全支撑作为战略手段，通过双边关系的改善带动全球战略的拓展。它以实现共同利益为基准，以促进互利共赢的目标，以国际合作为路径，代表了中国和平、合作、共赢的发展路径。中国伙伴关系战略最直观的全球意义在于，提供对话合作的战略框架，从而成为新型国际关系的典范。作为一项基于双边而遍及全球的战略部署，中国伙伴关系战略对维护国际战略平衡、促进世界和平发展、推动国际关系民主化和世界多极化进程都有着不可忽视的作用。全球伙伴关系致力于扩大同各国利益的汇合点，是大国与大国之间、大国与小国之间互动的范例，发展这种双赢乃至多赢的新型国际关系，对世界政治和国际秩序都将产生深远的影响。

其六，践行共商共建共享的全球治理观，推动全球治理向着更加公正合理的方向发展。促进全球经济治理体系和机制的完善是中国能够积极承担责任并展现领导力的重要领域。进入 21 世纪，应对全球金融危机和欧美债务危机的过程中，中国与国际社会一道共克时艰，推动全球经济治理机制改革，坚定帮助欧洲应对主权债务危机，应邀向国际货币基金组织（IMF）等国际组织增资，推动全球治理向着更加公正合理方向发展。中国和平发展道路需要必要的国际制度来保障，完善确保和平发展的国际制度，是中国外交重要的价值追求，中国在二十国集团（G20）的作为体现了上述意愿，"一带一路"倡议体现了中国塑造国际经济关系的制度化努力。习近平指出，全球经济治理应该以平等为基础，更好反映世界经济格局新现实，增加新兴市场国家和发展中国家代表性和发言权，确保各国在国际经济合作中权利平等、机会平等、规则平等；全球经济治理应该以开放为导向，坚持理念、政策、机制开放，适应形势变化，广纳良言，充分听取社会各界建议和诉求，鼓励各方积极参与和融入，不搞排他性安排，防止治理机制封闭化和规则碎片化；全球经济治理应该以合作为动力，各国要加强沟通和协调，照顾彼此利益关切，共商规则，共建机制，共迎挑战；全球经济治理应该以共享为目标，提倡所有人参与，所有人受益，寻求利益共享，实现共赢目标。全球经济治理特别要抓住以下重点：共同构建公正高效的全球金融治理格局，维护世界经济稳定大局；共同构建开放透明的全球贸易和投资治理格局，巩固多边贸易体制，释放全球经贸投资合作潜力；共同构建绿色低碳的全球能源治理格局，推动全球绿色发展合作；共同构建包容联动的全球发展治理格局，以落实联合国 2030 年可持续发展议程为目标，共同增进全人类福祉。① 党的二十大报告提出，要坚定维护以联合国为核心的国际体系、以国际法为基础的国际秩序、以联合国宪章宗旨和原则为基础的国际关系基本准则，反对一切形式的单边主义，反对搞针对特定国家的阵营化和排他性小圈子；推动世界贸易组织、亚太经合组织等多边机制更好发挥作用，扩大金砖国家、上海合作组织等合作机制影响力，增强新兴市场国家和发展中国家在全球事务中的代表性和发言权；积极参与全球安全规则制定，加强国际安全合作，积极参与联合国维和行动，为维护世界和平和地区稳定发挥建设性作用。

---

① 习近平：《中国发展新起点　全球增长新蓝图——在二十国集团工商峰会开幕式上的主旨演讲》，《人民日报》2016 年 9 月 4 日，第 1 版。

其七，强调发展和安全两手同时抓、两手都要硬，创新性提出总体国家安全观，积极倡导共同、综合、合作、可持续的国际安全观，为新型国际关系的塑造保驾护航。创设中央国家安全委员会，以完善国家安全体制与国家安全战略，确保国家安全。中央国家安全委员会聚焦于研究事关国家安全的领土、领海、外交、军事、资源、经济、民生等重大战略议题，制定相关重大战略决策，监督国家安全战略的实施，并对国内外突发事件做出高效、有力的反应。习近平呼吁创新安全理念，搭建地区安全和合作新架构，努力走出一条共建、共享、共赢的亚洲安全之路，集中体现了中国总体国家安全观的国际运用，体现了新型国际关系思想在国际安全领域的创新。党的十九大报告强调："坚持总体国家安全观。……必须坚持国家利益至上，以人民安全为宗旨，以政治安全为根本，统筹外部安全和内部安全、国土安全和国民安全、传统安全和非传统安全、自身安全和共同安全，完善国家安全制度体系，加强国家安全能力建设，坚决维护国家主权、安全、发展利益。"[1] 党的二十大报告强调，坚定不移贯彻总体国家安全观，把维护国家安全贯穿党和国家工作各方面全过程，确保国家安全和社会稳定，统筹外部安全和内部安全、国土安全和国民安全、传统安全和非传统安全、自身安全和共同安全，统筹维护和塑造国家安全，夯实国家安全和社会稳定基层基础，完善参与全球安全治理机制，建设更高水平的平安中国，以新安全格局保障新发展格局，并在健全国家安全体系、增强维护国家安全能力、提高公共安全治理水平、完善社会治理体系等方面作出全面战略部署。

---

① 习近平:《决胜全面建成小康社会　夺取新时代中国特色社会主义伟大胜利——在中国共产党第十九次全国代表大会上的报告》,《人民日报》2017 年 10 月 28 日，第 1 版。

第三节　新时代中国外交战略思想的特色

新时代中国外交战略思想理论展现出开放包容的大国气度，展示了中国决策者立足基本国情、把脉世界潮流、直面内外挑战、抓住国际机遇、实现可持续发展的战略谋划能力，以及通过和平、发展、合作、共赢的方式塑造世界未来的非凡勇气。概言之，新时代中国外交战略以实现中华民族伟大复兴的中国梦为核心目标，聚焦于新型国际关系的塑造，体现出如下鲜明的特色：以中国特色为根本，以大国定位为基石，以和平主义为底色，以合作主义为路径，以共赢主义为指向。具体地说：

第一，以中国特色为根本。中国外交贵在"特色"，旨在强调中国独有的制度基础和源远流长的文明传统，并致力于走出一条与传统大国不同的强国之路。旗帜鲜明地坚持党的全面领导和中国特色社会主义，牢固树立道路自信、理论自信、制度自信和文化自信，坚持独立自主和平外交方针、和平共处五项原则、不干涉别国内政的优良传统，坚持主持公道、伸张正义、践行平等的特有理念，坚持为国内发展和改革开放服务的第一要务，坚持开放包容、谦和大度的外交风范，切实走出一条与各国合作共赢的中国特色大国外交新路。①中国特色还体现在，中国明确提出和平发展道路的战略选择，以求和平、谋发展、促合作、图共赢为战略路径，致力于走出不同于既往大国争霸的修昔底德陷阱，打造利益共同体、责任共同体和命运共同体，实现共赢、共享。

---

① 王毅：《风云激荡中开创新局面》，《人民日报》2014 年 12 月 26 日，第 17 版；王毅：《盘点 2014：中国外交丰收之年》，《国际问题研究》2015 年第 1 期，第 1—10 页。

第二，以大国定位为基石。《道德经》曰："执大象，天下往。往而不害，安平太。"新时代，中国在政治、经济、社会、文化、生态、安全、外交、国防等各领域进行战略调整，逐步形成关乎中国未来中长期的新理念新思想新战略，成长为世界大国的步伐坚定而从容。以此为基础和诉求，中国统筹国内国际两个大局，主动提出构建以合作共赢为核心的新型国际关系，解惑释疑，坚定中国战略的和平发展走向，展现中国积极、建设性的国际合作能力，以及与各国通过合作共赢推动世界和平发展的期待。与此同时，作为世界第二大经济强国、综合国力居于前列的大国、东方大国，中国积极承担更多、更重要的国际责任，并将之视为在国际社会中发挥更大作用的切入点。

第三，以和平主义为底色。和平是国家发展的基石，也是人类发展的终极追求。始终不渝走和平发展道路，是中国政府和人民基于时代发展潮流和自身根本利益作出的战略抉择。和平发展道路以中国博大精深的历史文化传统为基础，是对中华民族优秀文明的传承和发展。中国和平发展道路摒弃西方资本主义国家和传统社会主义国家大国崛起的老路，在总结新中国成立以来国家发展的历史经验的基础上以马克思主义为理论指导提出新的国家发展战略，为中国的内政外交提供方向性的指引，同时也明确了中国未来发展的方向和路线。作为国家的长期发展战略，和平发展道路是一条适应中国国情与时代特色的发展之路。习近平指出，中国将坚定不移沿着和平发展道路走下去，这对中国有利，对亚洲有利，对世界也有利，任何力量都不能动摇中国和平发展的信念。[①] 庄子曰："凡交，近则必相靡以信，远则必忠之以言。"和平发展道路就是中国知行合一的宣言。

---

① 习近平：《弘扬和平共处五项原则　建设合作共赢美好世界——在和平共处五项原则发表 60 周年纪念大会上的讲话》，《人民日报》2014 年 6 月 29 日，第 2 版。

第四，以合作主义为路径。国际合作是国际关系的核心主题，是推动国际社会发展的力量之一。进入新时代以来，世界多极化深入发展，文化多样化、社会信息化持续推进，相互依赖在深度和广度上拓展。与此同时，经济金融危机、气候变化、资源能源安全等各类全球性问题日益突出，维护世界和平、促进共同发展、推进互利合作面临新的严峻挑战。中国提出合作共赢的重要思想，丰富和完善自己的理论架构。可以说，合作主义始终是中国实现和平发展的重要战略路径。

第五，以共赢主义为指向。习近平指出，我们推动建立以合作共赢为核心的新型国际关系，坚持互利共赢的开放战略，把合作共赢理念体现到政治、经济、安全、文化等对外合作的方方面面。① 他在党的二十大报告中强调，中国高举和平、发展、合作、共赢旗帜，在坚定维护世界和平与发展中谋求自身发展，又以自身发展更好维护世界和平与发展。概括而言，强调互利共赢精神，倡导人类命运共同体意识，主张世界各国在追求本国利益时兼顾他国合理关切，在谋求本国发展中促进各国共同发展，呼吁建立更加平等均衡的新型全球发展伙伴关系，这些战略思想都体现出共赢主义的指向。共赢主义的核心追求是，以合作取代对抗，以共赢取代独占，推动各国同舟共济、携手共进。

---

① 《中央外事工作会议在京举行》，《人民日报》2014 年 11 月 30 日，第 1 版。

第三章　新时代中国世界理想及其实现维度

世界理想是时代进步的强大动力，既是大国崛起的重要理念支撑，更可能引导大国崛起之后的战略指向。既有大国崛起研究，多讨论经济、安全、地缘等因素，涉及世界理想的讨论则颇为匮乏。

《诗经·大雅》曰："周虽旧邦，其命维新。"中国素有世界理想，天下思想一脉不绝，和谐世界承继在前，人类命运共同体创新其后。[①] 习近平倡导的人类命运共同体堪称中国世界理想的精准表达，深刻体现了中华文化传统与马克思主义世界历史理论的结合。

第一节　大国崛起与世界理想

理想是人类主体对现实客体和主体自身的超越性反映，以预见的方式超前地反映现实的未来，这种未来不是现实自然发展的未来结果，而是以现实发展的可能性为前提，经人选择，并将要用人的能力去创造的未来结

---

① 门洪华：《推动中国对外开放进入新时代——党的十八大以来中国对外开放战略的总结与前瞻》，《社会科学》2019 年第 1 期，第 3—13 页。

果。[1] 理想是对未来的合理想象，是源于现实又高于现实的一种意识形式。理想一旦形成，就会成为鼓舞人们不断前进和奋斗的巨大精神力量。[2] 理想和思想观念密切联系在一起，是意志和想象的结合体，其历史作用"决不亚于科学技术的力量"。[3]

国家素有理想支撑。例如，传统中国的理想是国家理想（"大一统"）、社会理想（"大同"）、世界理想（"天下"）的结合，这是支撑中国五千多年文明一线不绝最核心的思想力量。国家崛起背后的重要理念支撑是国家理想，崛起为世界上的重要国家更需要世界理想的指引，其中使命意识的重要性不言而喻。所谓的使命意识，从国家层面来说，是指特定国家将自身存在的意义、价值与目的和某种神圣的事业联系在一起，形成某种宏大或神圣的"叙事"，从而产生出一种带有极度自豪、自信甚至不无自负色彩的对自我之认识。这种特定的自我认识一经形成，便成为国家得以自强不息的精神支柱，令举国上下时刻听从神圣事业之呼召，并以献身这种神圣事业为志业。[4] 这种使命意识有的国家与生俱来，如中国的天下理想与美国的"天定命运观"；有的则是在迅猛崛起过程中锤炼出来，如英国的"自由帝国论"。

世界理想的实现需要现实的土壤，古代中国的努力所造就的并非世界帝国，而是在东亚地区形成了"治下的和平"。**世界理想的真正实现是与**

---

① 薛守琼：《理想本质的哲学思考》，《福建师范大学学报》（哲学社会科学版）1989 年第 4 期，第 30—36 页。

② 俞朝卿、窦炎国：《关于理想的哲学思考》，《国内哲学动态》1985 年第 10 期，第 22—23 页。

③ 任东来：《大国崛起的制度框架和思想传统——以美国为例的讨论》，《战略与管理》2004 年第 4 期，第 16—22 页。

④ 岳炜、张铭、赵燕：《国家崛起、使命意识与时代呼召》，《东岳论丛》2017 年第 11 期，第 69—75 页。

世界历史的开创分不开的，亦与大国崛起之后的战略作为密切相关，其中秩序构想及其实现具有指标意义。换言之，世界理想只有放在世界历史中才有实现的可能。

马克思的世界历史理论第一次厘清了"世界历史"的概念，认为世界史并不是过去一直存在的。① 马克思的"世界历史"特指16世纪以来建立在大工业和各民族普遍交往基础上日益形成一个整体的世界历史，它强调的是各民族之间相互作用、相互依赖的整体性联系以及人的发展和最终解放。② 马克思从一开始就是把"人的全面发展"放在全球视野中思考，与世界历史联系在一起，认为单个人的发展、单个国家中的任何个人的发展，必须跟世界上一切人的全面发展联系在一起，因为"每个人的自由发展是一切人的自由发展的条件"。③ 马克思和恩格斯从生产力发展中揭示"世界历史"的客观性，强调生产和交往这两种人类基本活动形式的重要性，指出"只有随着生产力的这种普遍发展，人们的普遍交往才能建立起来"。④ 普遍交往的现实意味着世界历史的形成，它是世界历史的直接实现形式和表现形式，而世界历史形成的条件则是以大工业为标志的生产力与普遍交往的统一，"各个相互影响的活动范围在这个发展进程中越是扩大，各民族的原始封闭状态由于日益完善的生产方式、交往以及因交往而自然形成的不同民族之间的分工消灭得越是彻底，历史也就越是成为世界历史"⑤。

---

① 《马克思恩格斯选集》第2卷，人民出版社1995年版，第28页。
② 胡健：《马克思世界历史理论视野下的全球治理》，《世界经济与政治》2012年第11期，第31—49页；赵士发：《世界历史与和谐发展——马克思世界历史理论的当代研究》，人民出版社2006年版，第117页。
③ 《马克思恩格斯选集》第1卷，人民出版社1995年版，第294页。
④ 《马克思恩格斯选集》第1卷，人民出版社1995年版，第86页。
⑤ 《马克思恩格斯选集》第1卷，人民出版社1995年版，第88—89页。

生产力的普遍发展和各民族之间的普遍交往是打破封闭的民族和国家壁垒，使世界联结为一个整体，造就世界市场、世界民族，使历史向世界历史转变的动力。马克思由此指出："历史向世界历史的转变，不是'自我意识'、世界精神或者某个形而上学幽灵的某种纯粹的抽象行动，而是完全物质的、可以通过经验证明的行动。"[①] 在此基础上，马克思剖析共同体的表现形式，认为经过人与人之间的"虚幻的共同体"、资本的"抽象共同体"和资本主义社会的"虚幻共同体"等形式，最终走向"自由人联合体"这一真正共同体，而建立"自由人联合体"是马克思共同体思想的最终目标。[②] 马克思世界历史理论及其共同体思想对我们认识大国世界理想的价值及其实现路径具有重要指导意义，尤其对比较分析中西世界理想提供了哲学指引。

综上所述，大国崛起是国内外多种因素复合作用的结果，物质因素（包括地缘、经济实力、军事实力等）固然扮演着基础性、关键性的作用，但观念和理想的作用亦不可或缺。大国其兴也勃焉，其亡也忽焉，世界理想或是造就大国并护持其地位的重要支撑力量。

第二节　西方大国世界理想的实现路径

霸权像人类一样古老，[③] 其主要目标是通过秩序建设实现其治下的和

---

① 《马克思恩格斯选集》第 1 卷，人民出版社 1995 年版，第 169 页。

② 梁树发：《从源头上理解马克思的世界历史理论——读〈德意志意识形态〉》，《浙江学刊》2003 年第 1 期，第 50—58 页。

③ ［美］兹比格纽·布热津斯基：《大棋局——美国的首要地位及其地缘战略》，中国国际问题研究所译，上海人民出版社 1998 年版，第 4 页。

平。^① 霸权的更替亦带来震动，就像亨利·基辛格指出的，"似乎是某种自然法则起着决定性作用，每一个世纪都会出现一个有实力、有意志且有智识与道德动力的强国，依其价值观来塑造整个国际体系"^②。罗马霸权、英国霸权与美国霸权，或被称为"罗马治下的和平"（Pax Romana）、"英国治下的和平"（Pax Britannica）和"美国治下的和平"（Pax Americana），是西方历史上的三个霸权形态，只有三者有着强烈的世界理想，具有追求霸权治下之和平的积极意愿和战略实践，^③ 三者均有帝国的形态和心态，即自视为普世秩序的建构者，肩负推动人类发展的使命。^④

罗马是西方的第一个世界霸权，堪称农耕文明时代的军事征服霸权，也是一个以陆地为根基、陆海兼有的霸权。公元前 2 世纪，罗马在世界文明中独领风骚、傲视群雄。在 300 年间，罗马将自己的邻邦逐一击败，成为意大利的霸主，书写了一段辉煌的对外征服史。^⑤ 罗马以城邦国家之身，成就了广袤帝国之体，任何一个古代城邦都难望其项背。罗马无论从帝国的疆域范围还是延续时间上都在古代世界首屈一指。^⑥ 在其鼎盛期，罗马帝国横跨亚、非、欧三大洲，其最大边界东起亚美尼亚、美索不达米亚，

---

① 门洪华：《霸权之翼：美国国际制度战略研究》，北京大学出版社 2005 年版，第 146 页。

② Henry Kissinger, *Diplomacy*, New York: Simon & Schuster, 1994, p.17.

③ 伊曼纽尔·沃伦斯坦强调，将荷兰、英国与美国进行比较，可以更好地探索霸权兴衰的轨迹。参见：Immanuel Wallerstein, "Three Hegemonies," in Patrick Karl O'Brien and Armand Clesse, eds., *Two Hegemonies: Britain 1846—1914 and the United States 1941—2001*, Burlington: Ashgate Publishing Company, 2002, pp.357—361。

④ 门洪华：《西方三大霸权的战略比较——兼论美国制度霸权的基本特征》，《当代世界与社会主义》2006 年第 2 期，第 60—66 页。

⑤ ［美］A. H. 比斯利：《罗马帝国的衰落——从格拉古兄弟党争、苏拉独裁到马略改革》，黄苏敏译，中国画报出版社 2019 年版，第 3 页。

⑥ 王悦：《罗马帝国成因的是是非非》，《读书》2017 年第 4 期，第 12—19 页。

南抵撒哈拉大沙漠，西至不列颠，北至莱茵河、多瑙河。"在罗马人的心中，罗马帝国在本质上、在概念上都是全世界性的。"① 然而，罗马帝国并不是全球性的，当时在世界其他地区还存在不相连通的波斯帝国、中华帝国等。但在时人的观念中，罗马就是世界的中心与总和，几乎就等于他们的世界。②

　　长期征战的罗马人征服辉煌的希腊文明，导致的是军事征服者"被征服"，希腊哲学、艺术、学术胜利进军罗马，改造了这个军事民族的性情，二者的结合造就了适合新世界帝国的法律、政府机构和组织，形成了为此后基督教强化的世界理想：世界性国家是人类共同的家乡和普世和平的保障。这一理想曾长期支配着西欧世界，是其对外征服的重要原动力。然而，罗马实现其世界理想的途径却是野蛮的征服，以战争为契机拓展霸权。这又与中国依靠文化传播和贸易优惠往来为主线形成鲜明的对照，二者的战略路径选择显然存在巨大差异。罗马帝国建构的主导思想是原始的现实主义，采取铁血政策和军事征服，它提供给被征服者的最大恩泽是公民身份。③ 罗马帝国以建立对征服地区的直接统治为目标，采取轴心—轮辐统治方式，通过控制交叉资源对边远地区施展影响力，因此道路建设和造船发达方便了帝国中心与边远地区的资源和影响力流动。罗马人采取的

---

　　① ［英］罗素：《西方哲学史》，马元德译，商务印书馆 1986 年版，第 355 页；夏洞奇：《"地上之国总是无常"：奥古斯丁论"罗马帝国"》，《历史研究》2007 年第 6 期，第132—147 页。

　　② R. A. Markus, *Saeculum: History and Society in the Theology of St. Augustine*, Cambridge: Cambridge University Press, 1988, p.26；夏洞奇：《"地上之国总是无常"：奥古斯丁论"罗马帝国"》，《历史研究》2007 年第 6 期，第 132—147 页。

　　③ Immanuel Wallerstein, "Three Hegemonies," in Patrick Karl O'Brien and Armand Clesse, eds., *Two Hegemonies: Britain 1846—1914 and the United States 1941—2001*, Burlington: Ashgate Publishing Company, 2002, pp.357—361.

统治体制是，在被征服地区长期驻扎大批军队，实行军事统治；同时派人帮助同化被征服的人民，鼓励他们接纳罗马的身份和生活方式，将同化视为比胁迫更有效的控制方式。当然，训练有素的罗马军团构成巨大的威慑。[①] 在罗马时代，霸权开始与帝国相关，并与帝国主义并列。[②] 尽管不时采取结盟战略解决自己帝国扩张或维持中的临时难题，但武力征服、军事对抗是罗马建立和维持霸权的一贯战略。罗马采取这样的战略，不仅与当时的历史条件有关，罗马并不存在真正的对手或需要认真对付的大国恐怕也是造成这一战略选择的部分根源。当然，与这一战略选择相关的穷兵黩武、军队堕落、文化衰败、政治分裂、财政枯竭等国内原因最终导致帝国的败落，而蛮族入侵给了罗马帝国最后一击。

英国是西方世界真正的第一个世界霸权，是从传统农耕经济向现代工业文明时代急速转变中建构的殖民地霸权、海洋霸权。在其鼎盛时期，英帝国覆盖了北美洲的大部分地区、加勒比海广大地区、撒哈拉沙漠以南的非洲、整个印度次大陆和澳大利亚、东南亚和太平洋地区，甚至一度控制中东的大部分地区。英帝国统治下的人口和陆地面积甚至超过法国、德国、葡萄牙、荷兰、西班牙、意大利、奥匈帝国、丹麦、俄罗斯、土耳其、中国和美国的总和，总人口达 3.45 亿，陆地面积是其本土的 96 倍，[③] 被称为"日不落帝国"。但是，"英国治下的和平"时代并不为英国霸权所独有：1815—1853 年是英国和俄罗斯共有的时代，1853—1871 年是欧洲均

[①] Kupchan Charles, *The End of the American Era: U.S. Foreign Policy and the Geopolitics of the Twenty-first Century*, Vintage, pp.125—127.

[②] Richard Ned Lebow and Robert Kelly, "Thucydides and Hegemony: Athens and the United States," *Review of International Studies*, Vol.27, No.3, 2001, pp.593—609.

[③] ［美］罗伯特·A. 帕斯特编：《世纪之旅：七大国百年外交风云》，胡利平、杨韵琴译，上海世纪出版集团 2001 年版，第 3 页。

势的时代，1871—1914 年是英国与德国共享的时代。英国的主导思想是自由贸易帝国主义。19 世纪 50 年代，亚当·斯密经济自由的理想变成现实，英国不仅取得世界经济的霸主地位，而且将自由贸易的原则推行到欧洲其他国家及其殖民地，英国利用经济霸权向世界各地自由推销产品、获得原料，从而成为一个世界性国家。英国通过贸易、法律、文化等无形的力量把整个殖民帝国联成一片，这样既可以减少英国对殖民地承担正式责任所应付的费用，又可以推进自由主义所倡导的商业原则。当然，对于英国这样的以商业利益为目标的国家而言，现实主义也是其基本的战略理念底蕴。英国建立霸权的前提条件是欧洲均势的形成和维持、皇家海军成为海洋的主宰。早在 18 世纪末，英国就摈弃了先前征服欧洲的计划，维持欧陆均势、集中精力进行海外扩张成为其战略选择。① 为此，英国以防止任何国家控制欧陆为目标，在 16、17 世纪联合法国等国抗衡西班牙，18、19 世纪初联合普鲁士等国抗衡法国，19 世纪末和 20 世纪上半叶联合法国等国抗衡德国，并长期信奉一旦干预就要动用绝对优势兵力的思想。② 英国对外扩张的基础条件就是确立海上霸权。大英帝国的对外扩张总纲领就是：控制海洋，控制世界贸易，控制世界财富。③ 以海权为基础，英国超脱任何欧陆国家的挑战，在欧洲均势之中扮演制衡者的角色，并将自由经济的规范（自由贸易、金本位制、资本和人员的自由流动）作为利益协调的基础原则，从而建立了第一个国际性的自由经济秩序。④ 这一经济秩序

---

① ［英］安格斯·麦迪森：《世界经济千年史》，伍晓鹰、许宪春、叶燕斐、施发启译，北京大学出版社 2003 年版，第 84 页。

② Henry Kissinger, *Diplomacy*, New York: Simon & Schuster, 1994, p.89.

③ 韩弼：《世界海战史》，海洋出版社 1994 年版，第 22 页。

④ Robert Latham, "History, Theory, and International Order: Some Lessons From the Nineteenth Century," *Review of International Studies*, Vol.23, Issue 4, Oct. 1997, pp.419—443.

具有多边主义的特征，但英国并没有将之制度化，只是推动了国际金融体系的初步建设。在安全问题上，英国有着强大的海军力量和易于防卫的岛国位置，尚无建立长期多边同盟的需要，因此，英国的安全同盟多是临时性的利益结盟，只有在其霸权衰落之后才与日本确立了固定同盟关系。在对外扩张战略上，英国采取的一般性模式是以军事扩张开道，随即实行直接的政治、经济和文化统治，最终建立全面的控制权。与此同时，英国在尚未建立殖民地的地区寻求建立军事基地，寻求控制联结印度洋的战略要地，还派军队驻守在地中海、苏伊士运河、波斯湾等地。

美国是第一个全球性、全面性霸权，更是一个陆海统筹的世界霸权。立国迄今，美国人一直把自己的国家看作是一个独特的文明体，自视为"整个世界的山巅之城"[1]，是"自由的灯塔、民主的堡垒"[2]，把自己当作"上帝的选民"。美国不仅要成为其他民族仿效的优于他人的国内民主生活的灯塔，而且还要成为在道德上优于他人的国际行为的楷模。[3] 美国人坚信自己的"天定命运"是"向一切人传播自由和社会正义，把人类从罪恶之路引导向人间'新的耶路撒冷'"，按照上帝的意旨变革和复兴文明，用自己的文化价值观念统一西方，重塑世界。其逻辑结论大致是，美国式民主优于他国，世界的命运应交由美国来安排，其他国家应该"认同民主、自由市场、有限政府、政教分离、人权、个人主义、法治等西方价值观，并把这些价值观念纳入他们的体制"。[4] 这在行动上被称为"输出

---

[1] ［美］丹尼尔·布尔斯廷：《美国人：开拓历程》，美国大使馆新闻文化处 1987 年印，第 3 页。

[2] ［美］比尔·克林顿：《希望与历史之间》，金灿荣、邱君、张立平、王荣君译，海南出版社 1997 年版，第 116 页。

[3] Arthur Schlesinger, *The Cycles of American History*, Boston: Praeger Inc., 1986, p.54.

[4] Samuel Huntington, "The West: Unique, Not Universal," *Foreign Affairs,* Vol.75, No.6, 1996, pp.28—46.

民主"（to export democracy）。输出民主从狭义上讲，它是指美国要求其他国家对美国民主制度的被动接受；从广义上讲，它是指美国将其文化价值观传播给其他国家。① 美国对构建世界新秩序情有独钟，美国国玺上的铭言"novu sordo seclorum"的含义就是"时代的新秩序"（a new order of the era）。这里的"新秩序"，不仅是指美国革命确立的以人民主权、共和制、联邦制、分权制衡以及公民基本权利保障为内容的市民社会的政治秩序，也包括国际政治秩序。② 美国霸权的主导思想是新自由主义。对一个霸权国家而言，新自由主义保持了自由主义追求对外贸易、市场开放的心态，又强调了国际规则的重要性，从而将世界秩序、国际制度作为追求霸权的主要路径。堪为佐证的是，美国继承了英国所捍卫的自由主义经济原则，强调国际市场的开放性，同时又将英国维系国际金融秩序的金本位制进一步发展为布雷顿森林体系，进而改革为牙买加体系，以把握国际经济的发展趋势。美国的全球体系设计还反映了美国的国内经验，其中最主要的一点就是美国社会及其政治制度的多元性特点。③ 当然，美国霸权的主导思想有极端自私自利和不吝于军事干涉的现实主义基底。美国建立霸权的主要途径是，在世界政治经济的各个问题领域建立国际制度，同时在重要的地缘政治领域建立固定的同盟关系，将这些制度安排相关联，从而建立了以美国为核心的国际制度体系。相比罗马霸权和英国霸权，美国强调理念的征服力量，④ 主要采取国家合作、经济控制、强制推行民主和军事遏制

---

① 门洪华：《美国"输出民主"战略浅析》，《国际政治研究》1999 年第 1 期，第 22—32 页。

② 王立新：《美国的世界秩序观与东亚国际体系的演变（1900—1945）》，《东南亚研究》2003 年第 4 期，第 4—12 页。

③ ［美］兹比格纽·布热津斯基：《大棋局——美国的首要地位及其地缘战略》，中国国际问题研究所译，上海人民出版社 1998 年版，第 33 页。

④ Albert Weinberg, *Manifest Destiny: A Study of Nationalist Expansionism in American History*, Chicago, 1935, p.240.

等制度手段来获取绝对收益，建立美国式的政治、经济、文化模式占主导的世界秩序。①

第三节　古代中国的世界理想及其实现维度

"自古不谋万世者，不足谋一时。"② 谋万世，需要世界理想。中国的天下思想就是有史以来最早的世界理想。天下思想形成于先秦时期，在《易经》《诗经》《尚书》《论语》《孟子》《大学》《中庸》等儒家经典中，"天下"既是指人文与自然交会的空间，也是指中国与四方的总合。③ "天下"是一个无远弗届的同心圆，一层一层地开花，推向未开化，中国自诩为文明中心，遂建构了中国与四邻的朝贡制，以及与内部边区的赐封、羁縻、土司诸种制度。④ 许纪霖认为，天下主义的实质乃在于相信各个民族可以有各自的历史，但最终都会百川归海。⑤ 以传统中国的天下体系为基准，中西方的传统国际关系呈现截然不同的特征。⑥

古代中国拥有自成体系的悠久历史文明，在东亚地区形成自成一体的帝国体系，中国设计的儒家社会政治秩序体现出"普天之下，莫非王土；

---

① 关于美国霸权特征的分析，可参考门洪华：《权力转移、问题转移与范式转移——关于霸权解释模式的探索》，《美国研究》2005 年第 3 期，第 7—31 页。

② ［清］陈澹然：《寤言二迁都建藩议》。

③ 陈尚胜：《中国传统对外关系研究刍议》，《安徽史学》2008 年第 1 期，第 16—25 页。

④ 许倬云：《我者与他者：中国历史上的内外分布》，生活·读书·新知三联书店 2010 年版，第 20 页。

⑤ 许纪霖：《天下主义 / 夷夏之辨及其在近代的变异》，《华东师范大学学报》(哲学社会科学版) 2012 年第 6 期，第 66—75 页。

⑥ 赵汀阳：《天下体系：世界制度哲学导论》，中国人民大学出版社 2011 年版，第 13 页。

率土之滨，莫非王臣"的天下统一格局。① 这就是所谓的朝贡体系、天朝礼治体系、华夷体系，或可称之为"中华治下的和平"（Pax Sinitica）。② 这种天下一统的格局构成所谓的朝贡秩序，"完成了同心圆式的分成等级的世界体制"。③ 作为东亚古代秩序的重要形式，④ 朝贡秩序把中国文化看作规范现实存在的唯一法则，中国皇帝的恩德教化四海，即所谓华夏中心、四方夷狄。⑤ 中国周边邻国向中国定期派遣朝贡使表示恭顺之意，向中国皇帝称臣纳贡，成为中国的藩属；中国对接受"诰谕"的各国王授予金银印章，发给勘合符，册封其为本国国王，⑥ 提供政治承认、优惠贸易和文化引领。朝贡秩序倡导的，是域外诸邦对中华帝国以小事大，慕德向化，梯山航海，克修职贡；中华帝国对各国则是抚驭万邦，一视同仁，导以礼义、变其夷习。无疑，这是儒家学说在处理中华帝国对外关系所能构建的理念原则和理想框架。这个框架要达到的境界是：域外诸藩国，如群星参斗，葵花向阳一般，围绕着中华帝国运转、进步。在这一向心、垂直体系之下，庶几共享太平之福，维持一种中华和平模式的国际和平局

① 门洪华：《东亚秩序论：地区变动、力量博弈与中国战略》，上海人民出版社 2015 年版，第 54 页。

② Andrey Kurth and Patrick M. Cronin, "The Realistic Engagement of China," *Washington Quarterly*, Vol.19, No.1, 1996, pp.141—169.

③ ［美］费正清主编：《剑桥中国晚清史》下卷，中国社会科学院历史研究所编译室译，中国社会科学出版社 1985 年版，第 37 页。

④ 黄枝连指出，"在 19 世纪以前，即西方文化、西方国家、西方殖民帝国主义兴起之前，这里有一个突出的区域秩序，是以中国封建王朝（所谓'天朝'）为中心而以礼仪、礼义、礼治及礼治主义为其运作方式；对中国和它的周边国家（地区）之间、周边国家之间的双边和多边关系，起着维系与稳定的作用，故称之为'天朝礼治体系'"。参见黄枝连：《亚洲的华夏秩序：中国与亚洲国家关系形态论》，中国人民大学出版社 1992 年版；《东亚的礼仪世界：中国封建王朝与朝鲜半岛关系形态论》，中国人民大学出版社 1992 年版。

⑤ 孟子称，"吾闻用夏变夷者，未闻变于夷者"。

⑥ ［日］山本吉宣：《国际政治理论》，王志安译，上海三联书店 1993 年版，第 46 页。

面。① 可以说，朝贡秩序是一种以软实力为前矛、硬实力为后盾的秩序设计，既是体现国家、王朝间利益的对外关系，更多地是藩属对宗主国归顺和敬意，也是外交和通商上相辅相成的国际秩序，更具有文化普遍主义的外形。这一秩序诉求与现实表现形式与西方霸权秩序形成了极其鲜明的对比，其文化主导性更是深刻体现了东方特色。

朝贡秩序缘起于中国的王道思想与政治实践。费正清指出："自古以来，中国的优势地位并非仅仅因为物力超群，更在于其文化的先进性。中国在道德、文学、艺术、生活方式方面所达到的成就使所有的蛮夷无法长久抵御其诱惑力。在与中国的交往中，蛮夷逐渐倾慕和认可中国的优越而成为中国人。"② 周边民族与国家心仪中华文化，"欲慕华风而利岁赐"。③ 以儒家思想为核心的中华古典文明呈放射状散播周边各族各国，成为东亚文明的核心，儒家思想在相当长的时间里成为东北亚多数国家占统治地位的文化观念。④ 中国在尊重其他民族存在的过程中，逐渐形成波及整个东亚地区的带有国际性的文化圈，东南亚的广大地区也被"中国化"。⑤ 朝贡秩序缘起于德政安边的传统王道思想，是中华理性政治秩序的自然扩展，其背后隐含着一种超越民族、种族畛域的包容性的天下概念。在实践上，朝贡秩序观起源于上三代的畿服制。《周礼·春官》曰："春见曰朝。"

---

① 何芳川：《"华夷秩序"论》，《北京大学学报》（哲学社会科学版）1998 年第 6 期，第 30—45 页。

② John Fairbank, "Tributary Trade and China's Relations with the West," *Far East Quarterly*, Vol.1, 1942, p.130.

③ 马端临：《文献通考》，浙江古籍出版社 1988 年版，第 325 卷。

④ 于桂芬：《西风东渐——中日摄取西方文化的比较研究》，商务印书馆 2001 年版，第 18—19 页。

⑤ 车河淳：《对全球化和区域主义的历史考察》，《世界历史》2005 年第 3 期，第 43—49 页。

《尚书·禹贡》曰："禹别九州岛，随山浚川，任土作贡。"① 畿服制是古代中国邦国关系体制，又是一种分封制，其要义是，都城畿辅之地及战略要地由天子直接统治，其余则分封给各位诸侯，并根据与诸侯的距离和亲疏关系，对诸侯予以册封，形成一种爵位不同、地位不等的尊卑秩序。② 其背后支撑的则是华夷观念，而华夷之别主要是以文化为分野，而不是以血缘关系为区别，即"中夏夷狄之名，不籍其地与其类，惟其道而已矣。故春秋之法，中国而用夷礼则夷之，夷而进入中国则中国之"③。华夷思想为历代王朝所继承，落实到实践上，就是朝贡制度的确立和朝贡秩序的建构。朝贡既是政治上臣服隶属的标志，也是经济方面一种特殊的赋税形式或交换关系，④ 所谓"厚其委积而不计其供输，假之荣名而不责以烦缛"。⑤ 亦因如此，历史上的"中国"是一个外延未严格限定的实体和概念，没有主权、疆界的概念。⑥ 费正清因此指出，中国的朝贡体系是世界体系，而不是国际体系或国家间体系。⑦

朝贡秩序可追溯到先秦时代中原地区华夏先民优势地位的确立和畿辅制的实施。秦汉时代实施郡国体制，华夏成为稳定的族体，对外通过郡国

---

①　贡者，"从下献上之称，谓以所出之谷，是其土地所生异物，献其所有，谓之厥贡"。参见《尚书正义》，中华书局 1980 年版，第 6 卷。

②　薛小荣：《华夷秩序与中国古代国防》，《人文杂志》2004 年第 3 期，第 140—145 页。

③　参见陈潮：《传统的华夷国际秩序与中韩宗藩关系》，载复旦大学韩国研究中心编：《韩国研究论丛》第 2 辑，上海人民出版社 1996 年版，第 209—246 页。

④　马大正等：《中国边疆经略史》，中州古籍出版社 2000 年版，第 123 页。

⑤　脱脱等：《宋史》，中华书局 1977 年版，第 485 卷。

⑥　罗志田：《先秦的五服制与古代中国的天下观》，《学人》第 10 辑，江苏文艺出版社 1996 年版，第 395 页；许倬云：《中国文化与世界文化》，贵州人民出版社 1999 年版，第 42 页。

⑦　John Fairbank, *The Chinese World Order: Traditional China's Foreign Relations*, Cambridge: Harvard University Press, 1968, "Preface".

体制的延伸，将东亚大部分地区纳入同一成熟国家的统治之下，开始建立中国皇帝对周边诸夷进行册封、诸夷称臣入贡的朝贡体系。此后，在儒学的影响下，厚往薄来、怀柔远人和以小事大、安邦定国，逐步成为中国与东亚其他国家之间交往中的共识。滨下武志认为："以中国为核心的与亚洲全境密切联系存在的朝贡关系，是亚洲而且只有亚洲才具有的唯一的历史体系，必须从这一视角出发，再反复思考才能够推导出亚洲史的内在联系。"① 朝贡秩序的基本特征是，中国不干预各国内部事务，中国对各国交往实施厚往薄来原则，中国负责维护各国的国家安全。② 朝贡体系提供了如下地区公共产品：中国为"天下"提供安全保障，地区内部的纠纷大部分不用诉诸武力解决；朝贡体系保护的交易实行"无关税"特别恩典，为外部世界提供了商业机会；朝贡秩序也是一种文化与贸易交流体制，尤其是在天朝和属国之间实行优惠贸易制度，贸易交流互换对于弱者更加有利可图。③ 显然，这一特征与英美霸权存在着本质性的差异，也表明中国素无商业帝国主义的概念。

毋庸讳言，朝贡秩序具有以中国为中心而以他国为藩属的不平等成分，是一种等级关系的制度化形式，④ 但它在本质上是非强制的，并非建立在强权和领土扩张的基础上，⑤ "作为宗主国的中华帝国与作为藩属国的

---

① ［日］滨下武志：《近代中国的国际契机——朝贡贸易体系与近代亚洲贸易圈》，朱荫贵、欧阳菲译，中国社会科学出版社1999年版，第30页。

② 何芳川：《"华夷秩序"论》，《北京大学学报》（哲学社会科学版）1998年第6期，第30—45页。

③ ［美］彼得·卡赞斯坦：《地区构成的世界：美国帝权中的亚洲和欧洲》，秦亚青、魏玲译，北京大学出版社2007年版，第97页。

④ ［美］吉尔伯特·罗兹曼主编：《中国的现代化》，国家社会科学基金"比较现代化"课题组译，江苏人民出版社2003年版，第24页。

⑤ David Shambaugh, "China Engages Asia: Reshaping the Regional Order," *International Security*, Vol.29, No.3, Winter 2004/2005, pp.66—99.

朝贡国的关系，虽是统治与被统治的关系，但宗主国原则上并不干涉藩属国的内政"，① 其不平等性主要表现在朝贡表文和一套烦琐的朝贡礼仪之中，重名不重实。相比而言，无论是罗马霸权、英国霸权还是美国霸权，其聚焦"重实"、强制的特征颇为明确。王铁崖由此指出，"这个制度的功能在皇帝看来主要是维护中国作为'中央国家'的安全和不可侵犯性。在贡国方面，它们获得的利益更多。它们的统治者由于皇帝的册封，使它们的统治合法化，因而它们的威信在人民的面前提高了。它们受到帝国的保护而防止外国的侵略，而且还可以在遭受自然灾害时请求援助。由于朝贡，贡国从皇帝那里得到丰盛的赠品，更重要的是，它被允许与中国进行有利的贸易。对于贡国，朝贡有真正的经济价值，对于中国来说则是使贡国处于服从地位的一种手段。"② 费正清指出，朝贡制度既像一个处理贸易、外交关系的机构在起作用，又像一种普遍性的儒教秩序宗教仪式在起作用，"国际"甚或"邦际"这些名词对于这种关系都不恰当。我们宁可称之为中国的世界秩序。③

第四节　新时代中国世界理想的形成脉络

16、17 世纪，欧洲大陆形成以主权、国际法、势力均衡为特征的地区秩序，并致力于向亚洲拓殖。从 16 世纪初开始，西方殖民势力不断东进，

---

① ［日］信夫清三郎：《日本政治史》第 1 卷，周启乾译，上海译文出版社 1982 年版，第 7—8 页。

② 王铁崖：《中国与国际法——历史与当代》，《中国国际法年刊》1991 年，第 18—19 页。

③ 陶文钊编选：《费正清集》，天津人民出版社 1991 年版，第 4—5 页。

从蚕食朝贡秩序的边缘地带开始，逐步深入到中国沿海。19世纪四五十年代，西方殖民者发动两次鸦片战争，直接打击了朝贡秩序的核心——大清帝国，使中央王国开始沦为西方列强的半殖民地，朝贡秩序开始从根本上瓦解，中国陷入百年屈辱史。19世纪下半叶，西方列强在中国疆域内划分势力范围，中国开始沦为半殖民地。而日本在明治维新后迅速成为侵华急先锋，1871年吞并琉球，1874年入侵台湾，1894年挑起甲午战争，1895年迫使清廷承认朝鲜独立，① 自此东亚朝贡秩序为殖民秩序所取代。1899年美国提出"门户开放"政策，成为东亚事务的积极参与者，随后与日本竞争东亚霸权，20世纪40年代日本致力于构建"大东亚共荣圈"。② 到第二次世界大战结束前后，世界秩序和东亚秩序均发生急剧变化。美国填补了日本和欧洲殖民帝国瓦解留下的霸权空间，一跃成为亚太的新主宰。③ 战后初期，美国的全球战略以联合国、国际货币基金组织和世界银行为平台，以欧洲为中心，政治上美国提出遏制苏联的杜鲁门主义；经济上美国提出旨在复兴西欧的马歇尔计划；军事上积极组建北大西洋公约组织。但美国并未忽视亚洲，而是重点在亚洲遏制共产主义力量的扩展。美国先是力图通过扶植蒋介石亲美政权来确保自己在东亚的优势地位，随着蒋介石的失败，又把战略重点从扶蒋转移到扶植日本。新中国成立后，美国提出"多米诺骨牌理论"，积极利用双边主义发展同亚洲国家的特殊关系，通过双边军事同盟建立遏制中国、苏联的战略包

---

① 何芳川：《"华夷秩序"论》，《北京大学学报》（哲学社会科学版）1998年第6期，第30—45页。

② 门洪华：《东亚秩序论：地区变动、力量博弈与中国战略》，上海人民出版社2015年版，第61—71页。

③ 罗荣渠：《东亚跨世纪的变革与重新崛起——深入探讨东亚现代化进程中的历史经验》，《北京大学学报》（哲学社会科学版）1995年第1期，第4—19页。

围圈。①

在上述国际背景下，中华人民共和国的成立必然是影响和改变世界进程的重大历史事件。止跌起升的中国迎来一个真正的大时代，进入"千年未有之大变局"的转折年代。②20 世纪前半叶，中国尚处于不稳定的国际体系的底层，所求者首先是恢复 19 世纪失去的独立与主权；新中国成立后，中国迎来历史性的崛起，国富民强、中华民族的伟大复兴成为现实的期望。中国崛起与世界转型相约而行，这种历史性重合既给人类发展带来空前的机遇，也给世界带来巨大的震动。在这个过程中，中国新的世界理想逐步形成。

毛泽东是最早提出新世界理想的中国领导人。他把中国对人类有较大的贡献作为中华民族应当自觉承担的责任，并指出实现这种责任的路径是建设一个强大的社会主义工业国。③与之相匹配的，是中国在外交上提出的求同存异方针，倡导并秉持和平共处五项原则。在开国大典上，毛泽东主席庄严宣布中国人民从此站起来了，拉开了中国社会主义现代化改造和建设的序幕。1956 年 9 月 15 日，他在中国共产党第八次全国代表大会上发表开幕致辞指出，"把马克思列宁主义的理论和中国革命的实践密切地联系起来，这是我们党的一贯的思想原则"④，并进而提出向世界各国人民学习和实现民族复兴的设想。党的八大通过的《中国共产党章程》提出，

---

① G. John Ikenberry, ed., *America Unrivaled: The Future of the Balance of Power*, Ithaca: Cornell University Press, 2002, pp.192—195.

② 胡鞍钢、王绍光、周建明主编：《第二次转型：国家制度建设》，清华大学出版社 2003 年版，第 363—369 页。

③ 胡鞍钢、李萍：《习近平构建人类命运共同体思想与中国方案》，《新疆师范大学学报》（哲学社会科学版）2018 年第 5 期，第 10—14 页。

④ 《毛泽东文集》第 7 卷，人民出版社 1999 年版，第 116 页。

中国共产党的任务就是使中国具有强大的现代化的工业、现代化的农业、现代化的交通运输业和现代化的国防，把中国建设成为一个伟大的、富强的、先进的社会主义国家。1956 年 11 月 12 日，毛泽东发表《纪念孙中山先生》的文章，指出"进到二十一世纪的时候，中国的面目更要大变。中国将变为一个强大的社会主义工业国。中国应当这样。因为中国是一个具有九百六十万平方公里土地和六万万人口的国家，中国应当对于人类有较大的贡献"①。

毛泽东密切关注世界动向，先后提出"中间地带"理论和"三个世界"理论，把重视做两极之外的"中间地带"的工作、团结和争取大多数国家作为中国最坚定的战略方向。1974 年 2 月，毛泽东提出"三个世界"的划分："美国、苏联是第一世界。中间派，日本、欧洲、澳大利亚、加拿大，是第二世界。咱们是第三世界。"② 当年 4 月，邓小平在第六届特别联大会议上详细阐述了这一战略思想，引起世界的高度关注。1975 年 1 月，周恩来在《政府工作报告》中将这一战略思想概括为："我们要联合国际上一切可以联合的力量，反对殖民主义、帝国主义特别是超级大国的霸权主义。我们愿意在和平共处五项原则的基础上同一切国家建立和发展关系。"③ 三个世界的划分，代表了中国建立反霸统一战线的深远考虑，以经济军事力量而不是意识形态或国家的阶级属性作为依据，成为实现其世界理想的现实战略。可以说，"三个世界"是现实世界。

邓小平继承和发展了马克思的世界历史理论，创造性地提出中国特

① 《纪念孙中山先生》，载《毛泽东文集》第 7 卷，人民出版社 1999 年版，第 156—157 页。
② 《毛泽东外交文选》，中央文献出版社、世界知识出版社 1994 年版，第 600 页。
③ 王泰平主编：《中华人民共和国外交史（第三卷）1970—1978》，世界知识出版社 1999 年版，第 8 页。

色社会主义的全新思想，推动中国抓住全球化浪潮在世界进行利益、实力与影响力的布展。邓小平强调，中国是维护世界和平与发展的坚定力量，"中国发展得越强大，世界和平越靠得住"[①]。他多次指出："中国在国际上有特殊的重要性，关系到国际局势的稳定与安全。"[②] 他还强调指出，中国首先要做好中国自己的事情，把中国发展好、建设好，显示出中国社会主义制度的优越性，这样才能更多地尽国际主义义务，为人类作出更大的贡献。[③]

　　邓小平密切关注世界格局的变革，提出时代主题从战争与革命转为和平与发展。1985 年 3 月 4 日，邓小平在会见日本商工会议所访华团时指出："现在世界上真正的大问题，带全球性的战略问题，一个是和平问题，一个是经济问题或发展问题。"[④] 1988 年 12 月 21 日，邓小平在会见来访的印度总理拉吉夫·甘地时指出："当前世界上主要有两个问题，一个是和平问题，一个是发展问题。……应当把发展问题提到全人类的高度来认识，要从这个高度去观察问题和解决问题。只有这样，才会明了发展问题既是发展中国家自己的责任，也是发达国家的责任。"[⑤] 和平与发展时代主题的提出，是重新认识中国与世界互动关系的转折点。邓小平继承和发展了毛泽东的"三个世界理论"，倡导和平发展的时代主题思想，并据此提出"东西南北问题"，积极推动南北对话和南南合作。随着国际形势的发展和中国实力的增强，推动建立国际政治经济新秩序成为邓小平关注的战略重点。1988 年，邓小平明确提出国际新秩序"应当用和平共处五项原则作为

---

① 《邓小平文选》第 3 卷，人民出版社 1993 年版，第 104 页。
② 《邓小平文选》第 3 卷，人民出版社 1993 年版，第 350 页。
③ 刘秋华：《邓小平国际战略思想论要》，《党的文献》2007 年第 2 期，第 23—31 页。
④ 《邓小平文选》第 3 卷，人民出版社 1993 年版，第 105 页。
⑤ 《邓小平文选》第 3 卷，人民出版社 1993 年版，第 281—282 页。

指导国际关系的原则"①，这是对世界前景的理论概括。

在此基础上，邓小平集全党智慧，制定了中国分三步走基本实现现代化的发展战略，②为造就中国全面开放的繁荣时代奠定了坚实的基础。2014年8月，习近平在纪念邓小平同志诞辰110周年座谈会上指出："正是由于有邓小平同志的卓越领导，正是由于有邓小平同志大力倡导和全力推进的改革开放，中国特色社会主义才能欣欣向荣，中国人民才能过上小康生活，中华民族和中华人民共和国才能以新的姿态屹立于世界东方。邓小平同志的贡献，不仅改变了中国人民的历史命运，而且改变了世界的历史进程。""邓小平同志之所以能够为祖国和人民建立彪炳史册的功勋，就在于他看清了世界和中国的发展大势，深刻了解中国人民和中华民族的深沉愿望，把握住中国发展的历史规律，紧紧依靠党和人民建立了前所未有的历史性伟业。"③

以江泽民同志为核心的党的第三代中央领导集体形成之时，正值世界格局演变处于重要转折关头，苏联和东欧国家发生剧变，导致两极格局解体、冷战结束；冷战结束后，国际力量严重失衡，唯一超级大国美国力图建立单极世界，西方国家将推行和平演变政策的重点转向中国。在历史发展的重要时刻，以江泽民同志为核心的中央领导集体审时度势、处变不惊、沉着冷静，正确地分析新出现的复杂国际环境，深化邓小平关于和平与发展是当代世界两大问题的思想，推动中国全面融入世界，成长为世界上一支举足轻重的经济力量和战略力量。在此基础上，江泽民提出了在中

---

① 《邓小平文选》第3卷，人民出版社1993年版，第282—283页。
② 《在邓小平同志追悼大会上的悼词》(1997年2月25日)，载《江泽民文选》第1卷，人民出版社2006年版，第632页。
③ 习近平：《在纪念邓小平同志诞辰110周年座谈会上的讲话》，《人民日报》2014年8月21日，第1版。

国特色社会主义道路上实现中华民族伟大复兴的命题。

江泽民坚持和深化邓小平的时代主题观，强调世界主题、时代主题既指和平与发展是当代世界"带有全球性、战略性"的"两大问题"，又指维护和平、促进发展已成为当代世界的主要内容和时代发展的具体特征。与此同时，江泽民深刻剖析冷战后国际形势的发展，认为影响和平与发展的不确定因素在增加，"中国是维护地区与世界和平的积极因素和坚定力量。……中国对内一心一意致力于社会主义现代化建设，对外坚持奉行独立自主的和平外交政策，我们内外政策的根本原则决不会改变"。[1] 在此基础上，江泽民致力于塑造冷战后新的中国外交关系格局，聚焦国际政治经济新秩序建设，提出并积极落实新安全观，推动与主要大国的战略伙伴关系建设，并把融入东亚一体化进程作为根本性的战略任务看待，从而实现了中国地区战略与全球战略并行不悖的宏大格局。在此战略布局之下，中国抓住加入 WTO 的战略机遇，积极实施"走出去"战略，形成完整意义上的对外开放。[2] 与此同时，中国推动"负责任大国"的理念建构，倡导世界文明多样性和国际关系民主化理念，提出并推动共同利益理论逐步生根，为在国际社会中积极有所作为打下了坚实的物质基础和理念基础。

进入 21 世纪，中国同世界的关系发生历史性变化。中国的前途命运日益紧密地同世界的前途命运联系在一起。一个发展起来的中国，一个对世界日益产生重大影响的中国，将以什么样的姿态和方式面对这个世界，成为各国关心的重大问题。以此为基础，胡锦涛带领中国以稳健而创新

---

[1] 《江泽民论有中国特色社会主义（专题摘编）》，中央文献出版社 2002 年版，第 531 页。

[2] 门洪华：《中国对外开放战略（1978—2018 年）》，上海人民出版社 2018 年版，第三章。

的战略姿态在世界舞台上拓展，并提出了"和谐世界"理念。"和谐世界"建构以和平发展道路为基础，以科学发展观与和谐社会为国内支撑条件、以新秩序观和互利共赢开放战略为国际支撑条件，从而推动和谐哲学成为以胡锦涛同志为总书记的中央领导集体的执政理念。

中国在 2005 年 12 月发表《中国的和平发展道路》白皮书，明确提出和平发展道路的主张，强调"走和平发展道路，就是要把中国国内发展与对外开放统一起来，把中国的发展与世界的发展联系起来，把中国人民的根本利益与世界人民的共同利益结合起来"①。和平发展道路的精髓是争取和平的国际环境来发展自己，又以自己的发展促进世界的和平。② 在此基础上，胡锦涛将和谐社会这一传统理想引申到国际问题的处理上，明确提出了和谐世界、和谐亚洲、和谐地区的概念，强调和谐社会与和谐世界互为条件。和谐世界的提法代表中国国际战略的理想意识，和谐是一种承诺，既是对中国国内的承诺，也是对整个世界的承诺。它意味着，中国将和谐世界作为结合对内和谐、对外合作的战略中间点。"和谐世界"理念是人类命运共同体思想最直接的理论资源和思想动力。③

在上述世界理念基础上，习近平创新地提出和丰富了"人类命运共同体"的战略内涵，推动中国新世界理想的最终形成。习近平对人类命运共同体的深刻论述，展现了中国的思想高度和未来志向，体现了推动中国与世界良性互动的哲学思考。党的十八大报告强调，人类只有一个地球，各国共处一个世界，要倡导人类命运共同体意识。2013 年 3 月，习近平在莫

---

① 中华人民共和国国务院新闻办公室：《中国的和平发展道路》，载中国政府网，2005 年 12 月 22 日。

② 杨洁篪：《改革开放以来的中国外交》，《求是》2008 年第 18 期，第 35 页。

③ 王岩、殷文贵：《"人类命运共同体"理念生成的四重逻辑》，《西南民族大学学报》（人文社科版）2018 年第 8 期，第 185—191 页。

斯科国际关系学院发表演讲指出："这个世界，各国相互联系、相互依存的程度空前加深，人类生活在同一个地球村里，生活在历史和现实交汇的同一个时空里，越来越成为你中有我、我中有你的命运共同体。"2015年3月的博鳌亚洲论坛以"亚洲新未来：迈向命运共同体"为主题，习近平发表《迈向命运共同体，开创亚洲新未来》的演讲，阐释命运共同体的四大内涵：各国相互尊重、平等相待；合作共赢、共同发展；实现共同、综合、合作、可持续的安全；不同文明兼容并蓄、交流互鉴。2016年9月3日，习近平在纪念中国人民抗日战争暨世界反法西斯战争胜利70周年大会上讲话指出，今天的人类比以往任何时候都更有条件共同朝着和平与发展的目标迈进，为了和平，我们要牢固树立人类命运共同体意识。[1]2016年9月28日，习近平出席第70届联合国大会一般性辩论并发表演讲，提出同心打造人类命运共同体的路径：建立平等相待、互商互谅的伙伴关系；营造公道正义、共建共享的安全格局；谋求开放创新、包容互惠的发展前景；促进和而不同、兼收并蓄的文明交流；构筑尊崇自然、绿色发展的生态体系。[2]2017年1月18日，习近平在日内瓦万国宫出席"共商共筑人类命运共同体"高级别会议，发表题为《共同构建人类命运共同体》的主旨演讲，主张共同推进构建人类命运共同体伟大进程，坚持对话协商、共建共享、合作共赢、交流互鉴、绿色低碳，建设一个持久和平、普遍安全、共同繁荣、开放包容、清洁美丽的世界。[3]

① 习近平：《在纪念中国人民抗日战争暨世界反法西斯战争胜利70周年大会上的讲话》，《人民日报》2015年9月4日，第2版。

② 习近平：《携手构建合作共赢新伙伴　同心打造人类命运共同体——在第七十届联合国大会一般性辩论时的讲话》，《人民日报》2015年9月29日，第2版。

③ 《习近平出席"共商共筑人类命运共同体"高级别会议并发表主旨演讲》，《人民日报》2017年1月20日，第1版。

党的十九大报告指出构建人类命运共同体的目标是建设持久和平、普遍安全、共同繁荣、开放包容、清洁美丽的世界，①主要原则和路径是：相互尊重、平等协商，坚决摒弃冷战思维和强权政治，走对话而不对抗、结伴而不结盟的国与国交往新路；坚持以对话解决争端、以协商化解分歧，统筹应对传统和非传统安全威胁，反对一切形式的恐怖主义；同舟共济，促进贸易和投资自由化便利化，推动经济全球化朝着更加开放、包容、普惠、平衡、共赢的方向发展；尊重世界文明多样性，以文明交流超越文明隔阂、文明互鉴超越文明冲突、文明共存超越文明优越；坚持环境友好，合作应对气候变化，保护好人类赖以生存的地球家园。构建人类命运共同体，是党中央在洞察国际形势和世界格局演变大趋势的基础上，对人类社会发展进步大潮流的前瞻性思考，与构建新型国际关系的主张一脉相承、互为补充。②党的十九大对新时代的中国外交进行了顶层设计，集中概括为推动构建新型国际关系，推动构建人类命运共同体。2018 年 3 月 11 日，第十三届全国人民代表大会第一次会议通过的宪法修正案，将宪法序言第十二自然段中"发展同各国的外交关系和经济、文化的交流"修改为"发展同各国的外交关系和经济、文化交流，推动构建人类命运共同体"。党的二十大报告将人类命运共同体的思想贯穿到中国外交的每一个具体层面，申明中国始终坚持维护世界和平、促进共同发展的外交政策宗旨，致力于推动构建人类命运共同体，提出"推动构建人类命运共同体，创造人类文明新形态"的战略方向，强调"构建人类命运共同体是世界各

---

① 习近平：《决胜全面建成小康社会　夺取新时代中国特色社会主义伟大胜利——在中国共产党第十九次全国代表大会上的报告》，《人民日报》2017 年 10 月 28 日，第 1 版。
② 王毅：《中国特色大国外交的全面推进之年》，《国际问题研究》2016 年第 1 期，第 1—8 页。

国人民前途所在"。可以说，人类命运共同体是新中国成立 70 余年来中国世界理想的集大成者，所关涉的持久和平、普遍安全、共同繁荣、开放包容、清洁美丽的世界是理想世界的集中表达。

第五节　构建人类命运共同体的路径探索

人类命运共同体的思想甫一提出，立刻引起国际社会的高度关注，被视为新时代世界理想和超越霸权的战略构想。人类命运共同体以反思近代以来的现代化发展过程为前提，强调在新的时代条件下要克服过去的征服型文明、建构相互合作的新文明，[①] 是超越霸权的世界理想，与西方三大霸权的诉求形成鲜明的对照。正如习近平指出的，"要跟上时代前进步伐，就不能身体已进入二十一世纪，而脑袋还停留在过去，停留在殖民扩张的旧时代里，停留在冷战思维、零和博弈老框框内"[②]。人类命运共同体思想是新时代马克思主义中国化的最新成果，它一方面顺应了"历史"向"世界历史"转变过程中世界市场不断扩大的趋势，另一方面超越了世界市场形成过程中侵略扩张和霸权战争此起彼伏的现状和局限，集中反映了新时代中国积极寻求人类共同利益和共同价值的重大理论与实践创新。

从理论创新的角度看，人类命运共同体思想堪称中华天下传统思想与马克思主义世界历史理论的深入结合，既反映了传统天下观在中国崛起

---

① 李淑梅：《建构人类命运共同体的时代要求和路径》，《学术研究》2019 年第 9 期，第 1—6 页。

② 《十八大以来重要文献选编》(上)，中央文献出版社 2014 年版，第 260 页。

之后的战略复兴与运用，也代表了马克思共同体思想在当代条件下的新发展。[①] 进一步说，人类命运共同体思想使马克思、恩格斯的世界历史理论和共同体思想在新时代得到新诠释，最大限度地"压缩"了马克思主义"自由人联合体"这一唯物史观的重大理论与当下世界历史现实的时空距离，实现了唯物史观与现代社会实际的创造性结合，是21世纪中国马克思主义发展的重要理论成果。[②] 人类命运共同体思想丰富了马克思"真正共同体"思想，为人类从"抽象共同体、虚幻共同体"走向"真正的共同体"找到了逻辑和历史中介。从实践创新的角度看，在社会主义和资本主义两种制度、两种文明、两种价值竞争和博弈的历史时代，人类命运共同体思想致力于贡献人类解决世界难题的中国智慧、中国理念和中国方案，也是致力于克服"修昔底德陷阱"的中国药方。

新的世界境况虽然呼唤着人类命运共同体的建构，但是要把这种可能变为现实，还需要探索建构人类命运共同体的路径，为建构人类命运共同体积极创造条件，从利益共同体到各国共担、大国多担的责任共同体，到共享未来的命运共同体，是合理而切实的路径。各国应该寻求适合本国的特殊发展道路，形成和而不同的世界发展格局，搭建通向人类命运共同体的新平台。正如习近平指出的，"构建人类命运共同体是一个美好的目标，也是需要一代又一代人接力跑才能实现的目标"[③]。我们认为，构建人类命运共同体的实践应聚焦于如下方面：

---

① 张华波、邓淑华：《马克思发展共同体思想对构建人类命运共同体的启示》，《马克思主义研究》2017年第11期，第29—37页。

② 田鹏颖：《历史唯物主义与"人类命运共同体"》，《马克思主义研究》2018年第1期，第119—127页。

③ 《习近平谈治国理政》第2卷，外文出版社2017年版，第548页。

第一，深入研究百年变局演进，主动塑造新的战略机遇。从历史维度看，人类社会正处在一个大发展大变革大调整时代，百年未有之大变局加速演进。从现实维度看，我们正处在一个挑战频发的世界。世界经济增长需要新动力，发展需要更加普惠平衡，贫富差距鸿沟有待弥合。地区热点持续动荡，恐怖主义蔓延肆虐。和平赤字、发展赤字、治理赤字，是摆在全人类面前的严峻挑战。[①] 世界进入转轨时期，出现了严重的"逆全球化"的潮流。[②] 在世界经历困境且进入"系统性失调"的时期，中国特色社会主义进入新时代，[③] 中国发展给世界带来广泛而深刻的影响，强烈的对比刺激着许多人的战略神经。2017 年 12 月 28 日习近平在驻外使节工作会议上第一次公开提及"百年未有之大变局"的问题。[④] 变局是世界之常态，而习近平"百年变局"的战略判断则具有特定含义。冷战结束以来，我们坚持走和平与发展的道路，强调世界发生深刻变化、处于大变革大调整之中，密切关注全球变革对中国发展的影响，并以此为基础调整外交战略布局。习近平站在人类历史演进的高度，作出"百年未有之大变局"的战略判断。[⑤] 他深刻指出，"当今世界是一个变革的世界，是一个新机遇新挑战层出不穷的世界，是一个国际体系和国际秩序深度调整的世界，是一个国际力量对比深刻变化并朝着有利于和平与发

① 《携手推进"一带一路"建设》（2017 年 5 月 14 日），载《习近平谈治国理政》第 2 卷，外文出版社 2017 年版，第 508—513 页。

② 林毅夫：《一带一路与自贸区：中国新的对外开放倡议与举措》，《北京大学学报》（哲学社会科学）2017 年第 1 期，第 11—13 页。

③ 周文：《中国特色社会主义道路拓展了发展中国家走向现代化的途径》，《财经科学》2017 年第 12 期，第 8—13 页。

④ 张蕴岭：《百年大变局：变什么》（上），《世界知识》2019 年第 8 期，第 72 页。

⑤ 王毅：《坚持以习近平外交思想为指引　谱写中国特色大国外交新篇章》，《时事报告（党委中心组学习）》2019 年第 1 期，第 5—17 页。

展方向变化的世界"；^①"当今世界的变局百年未有，变革会催生新的机遇，但变革过程往往充满着风险挑战，人类又一次站在了十字路口"^②。他进一步强调，变局中危和机同生并存，给中华民族伟大复兴带来重大机遇。^③世界经济处于深度调整期，全球治理处于变革期，国际环境新变化蕴含着新机遇。无论是新技术革命的汹涌蓬勃、跨国公司的全球开拓还是发展中世界强烈的发展诉求，都是中国进一步发展的重要机遇，也都是中国推动全面开放的战略机遇。^④在逆全球化潮流汹涌之下，中国积极推动经济全球化的立场、通过自身努力创造战略机遇的作为得到世界的广泛认可，^⑤这是中国拥有新战略机遇的重要条件。世界处于百年未有之大变局，中国处于近代以来最好的时期，中华民族伟大复兴处于关键时期，三者互动必然蕴含并塑造新的战略机遇。另一方面，中国在继续拥有新的战略机遇的同时，也不可避免地迎来前所未有的风险与挑战。有鉴于此，新时代中国战略机遇的国内外条件和把控方式均发生重大变化，需要我们深入观察、密切把握、主动塑造。

第二，推动国家利益全球拓展，合作引领国际治理变革进程。中国构建融入—变革—塑造的和平发展战略框架，如何通过和平、发展、合作、共赢的方式塑造世界的未来，成为中国丰富和平发展、规划崛起之后的战略着眼点。人类命运共同体思想是一种崭新的国际秩序构想，秉承老

① 《坚持以新时代中国特色社会主义外交思想为指导　努力开创中国特色大国外交新局面》，《人民日报》2018年6月24日，第1版。
② 习近平：《同舟共济创造美好未来——在亚太经合组织工商领导人峰会上的主旨演讲》，《人民日报》2018年11月18日，第2版。
③ 《中央经济工作会议在北京举行》，《人民日报》2018年12月22日，第1版。
④ 隆国强主编：《构建开放型经济新体制》，广东经济出版社2018年版，第24—25页。
⑤ 张幼文：《新时代中国国际地位新特点和世界共同发展新动力》，《世界经济研究》2017年第12期，第24—28页。

子"以天下观天下"的世界认知，与世界命运与共的现实发展趋势相匹配，与马克思真正共同体的理想前景相契合。全球化正在催生全球治理变革，倡导一种民主的、公正的、透明的和平等的全球治理，是国际社会的道义力量所在。中国应积极参与全球治理，致力于发挥理念引领作用。当前，全球化发展进入新的阶段，国际规范和国际规则成为大国竞合的核心内容，面对全球化转型，出现了美国带领的西方和中国代表的发展中大国之争的苗头。[1] 全球化符合生产力发展要求，符合各方利益，是大势所趋，故而不存在全球化退场的可能，但面对全球化的双刃剑效应，各国选择的差异性、复杂性在扩大。[2] 有鉴于此，推进新型全球化，中国既要和世界诸大国协调合作，联合进行顶层设计，又要勇于承担推进新型全球化的历史使命，自觉高举新型全球化大旗，积极推动贸易自由化、投资自由化和服务便利化，以开放促改革，以改革谋发展，以发展赢繁荣。另一方面，致力于寻求共识，在应对国际恐怖主义、核武器及其他大规模杀伤性武器的扩散、气候变化等共同威胁上合作。

第三，专注于东亚战略拓展，打造地区新秩序。 英美两个世界大国形成的重要历史经验是，全球布局与地区聚焦并重，致力于夯实地区优势，而欧陆均势的打破是英国霸权销蚀的根本所在。从历史的角度看，没有一个真正的世界大国不是先从自己所在的地区事务中逐渐占主导地位而发展起来的。传统而言，大国地区战略以国家实力为基础，以获取地区主导地位为目标，而在经济全球化和地区一体化并行不悖的趋势之下，大国的地

---

[1]　门洪华：《新时代的中国对美方略》，《当代世界与社会主义》2019 年第 1 期，第 15—24 页。

[2]　黄仁伟：《从全球化、逆全球化到有选择的全球化》，《探索与争鸣》2017 年第 3 期，第 40—42 页。

区战略路径转而追求地区共同利益，将开放地区主义作为战略工具，将地区制度建设作为地区合作的主脉络，将地区秩序建设作为地区合作的愿景。① 中国正在从全球性大国迈向世界大国的征程之中，这一阶段最为关键的是如何确立所在地区的引领国地位，而东亚的关键性地位愈加突出。实际上，如何与周边国家建立命运共同体，应被视为中国国际战略的重中之重。东亚秩序建构与中国战略息息相关。② 进入 21 世纪，中国立足临近地区，致力于促成东亚全面合作的制度框架，加强地缘政治经济的塑造能力。中国促动的东亚合作机制代表了中国外交的新思路，即在自己利益攸关的地区培育和建立共同利益基础之上的平等、合作、互利、互助的地区秩序，在建设性的互动过程中消除长期积累起来的隔阂和积怨，探索并逐步确立国家间关系和国际关系的新准则。中国在地区合作中的积极进取，既促进了地区内国家对中国发展经验和成果的分享，也提高了中国的议程创设能力。中国在地区秩序建设中的努力为国际秩序变革提供了一种可堪借鉴的范式。展望未来，东亚秩序转换加速，地区内外各国均致力于促成有利于自己的东亚秩序架构，地区秩序走向竞争激烈，中国专注东亚战略拓展、完善中国的地区秩序战略框架恰逢其时。

第四，聚焦共建"一带一路"，重塑中国与世界的关系。 "一带一路"是中国面对国际秩序深度调整期的大战略谋划，是密切结合全球视野、地区重心、国家基石的战略构想。从某种角度上看，将"一带一路"与"二战"后美国建立世界霸权的"马歇尔计划"进行比较，确实能够体现出中

---

① 门洪华：《十八大以来中国国际战略布局的展开》，《社会科学》2017 年第 8 期，第 16—30 页。

② 肖晞：《冷战后东亚秩序的转型与中美两国的东亚战略》，《吉林大学社会科学学报》2010 年第 1 期，第 34—41 页。

美世界理想实现路径的不同。历史地看，美国依托其雄厚的经济基础和广阔的国内市场，从周边和地区拓展开始，通过对外贸易和投资，辅之以政治协调和安全手段，稳步推进，抓住机会进行制度建设，成为利益提供者、合作倡议者、规则制定者。马歇尔计划被视为美国霸权的经典之作，诸多学者将其与"一带一路"倡议相提并论，比较研究甚多。"一带一路"倡议即以亚洲为重心，尤以陆路和海路并行的方式进行周边合作的拓展，又将其触角延伸至欧洲和非洲，从而具有全球的视野，而美国从拉美到东亚和西欧的霸权之路显然有着重要的启示意义。政策研究界多把"一带一路"视为"中国版的马歇尔计划"。实际上，二者有着根本差别，"一带一路"以共同发展为根本属性，以平等互利为原则，以务实合作为导向，以共商共建共享为目标；马歇尔计划本质上是一项政治与安全战略，美国通过附加条件的援助，开始了与苏联的冷战进程。[①] 马歇尔计划可资借鉴的经验在于，中国可以根据沿线不同地区和国家的经济需要和特点，进行周密的筹划，制定符合其利益诉求和市场需求的计划和政策；根据条件成熟程度，有重点、分阶段地加以推进；在整体计划之下，争取建立双边合作机制以提高合作的成效，同时充分利用现有的多边合作机制和机构。[②] 当然，马歇尔计划通过制度安排、规则制定谋求欧洲事务的主导权，这一方案为欧洲精英所反感和抵制，激发了欧洲的联合自强，促成了日后的美欧战略竞争。与此相对照，中国坚持推进新型国际关系，以合作共赢为目标，积极促成命运共同体意识的落地生根。

---

① 金玲：《"一带一路"：中国的马歇尔计划？》，《国际问题研究》2015 年第 5 期，第 88—99 页。

② 洪邮生、孙灿：《"一带一路"倡议与现行国际体系的变革———一种与"马歇尔计划"比较的视角》，《南京大学学报》2016 年第 6 期，第 28—38 页。

从国际角度看，"一带一路"为中国加快形成陆海统筹、东西互济的全方位开放格局指明了方向，为所涉国家加强互利合作、实现共同发展、促进共同繁荣提供了机遇。"一带一路"倡议聚焦东南亚和中亚，贯通亚、欧、非三大洲，为中国开辟了走向更加广阔的国际市场的新路径。① "一带一路"倡议体现了中国对建构开放包容的地区合作机制的思考。"一带一路"倡议是以亚洲国家为重点，以构建陆上和海上经济合作走廊为形式，以运输通道为纽带，以互联互通为基础，以多元化合作机制为特征，以打造命运共同体为目标的区域合作安排。② 另一方面，它表明中国新的国际定位是全球性大国，不把自身利益局限于亚洲，而是寻求全球范围的区域制度化合作。故而，"一带一路"既是地区合作的表达，又体现了全球视野。"一带一路"倡议表明，中国致力于通过陆海构建对外经济合作、实现亚太地区经济一体化，是新时代中国应对国际变局、把握国际规则制定权、构建国际话语权体系的重要举措，与沿线国家共同探讨建立包括商品贸易、投资便利化、金融风险防范、经济发展互助、货币与汇率协调等方面在内的合作机制势在必然。③ "一带一路"倡议以各国政策与规划的对接实现发展的国际协同，以合作路径与方式的创新推进经济全球化，同时也推动中国开放型发展布局的历史性转型升级。④ 可以说，"一带一路"倡议超越了发展合作的传统范畴，上升到国内治理与全球治理的高

---

① 胡德坤、邢伟旌:《"一带一路"战略构想对世界历史发展的积极意义》,《武汉大学学报》(人文科学版) 2017 年第 1 期，第 20—23 页。

② 马学礼:《"一带一路"倡议的规则性风险研究》,《亚太经济》2015 年第 6 期，第 3—8 页。

③ 陈明宝、陈平:《国际公共产品供给视角下"一带一路"的合作机制构建》,《广东社会科学》2015 年第 5 期，第 5—15 页。

④ 张幼文:《"一带一路"建设：国际发展协同与全球治理创新》,《毛泽东邓小平理论研究》2017 年第 5 期，第 88—94 页。

度，^①是中国开放与地区合作、全球发展的有机结合，是中国实现新世界理想的关键抓手和核心路径。

第五，以经济手段作为主要战略对外拓展，致力于塑造开放型世界经济。中国秉持经济主义（economism）的理念。所谓经济主义，既包含以经济建设为中心的国内战略安排，亦表明以经济为主要对外手段拓展国家战略利益的国际战略设计。中国应积极参与经济全球化，大力拓展经济战略利益，而经济手段可能是通过与国际社会交往获得双赢局面最重要的手段。^②乔治·莫德尔斯基（George Modelski）指出，世界大国首先是世界经济主导国，即经济规模大、富裕程度高，而且在技术革新条件下主导性产业部门旺盛，积极参与世界经济，是世界经济的增长中心。^③由于经济全球化自身的内在逻辑缺陷，中国正生活在一个人类从未经历过的发展与不稳定并存的时代。在这样的时代，人类发展逻辑的优先点应该是自我实力的增强。国家实力的增强，不仅源于国内市场的发展和培育，还源于全球化条件下战略资源的获得。这就决定了中国必须立足国内、面向世界，在更大范围内获取更多的国际资源、国际资本、国际市场和国际技术，实现全球范围的资源优化配置。正是在此意义上，习近平深刻阐述了维护和发展开放型世界经济的战略思想。习近平指出，各国经济，相通则共进，相闭则各退，"我们要放眼长远，努力塑造各国发展创新、增长联动、利益融合的世界经济，坚持维护和发展开放型世界经济"。^④党的十九大报告

① 顾春光、翟崑：《"一带一路"贸易投资指数：进展、挑战与展望》，《当代亚太》2017年第6期，第4—23页。

② 门洪华：《构建中国大战略的框架：国家实力、战略观念与国际制度》，北京大学出版社2017年版，第300页。

③ George Modelski, "The Long Cycle of Global Politics and the Nation-state," *Comparative Studies in Society and History*, 1998, pp.214—235.

④ 《习近平谈治国理政》，外文出版社2014年版，第335—337页。

提出，"中国支持多边贸易体制，促进自由贸易区建设，推动建设开放型世界经济"，"要同舟共济，促进贸易和投资自由化便利化，推动经济全球化朝着更加开放、包容、普惠、平衡、共赢的方向发展"①。党的二十大报告强调，"不断以中国新发展为世界提供新机遇，推动建设开放型世界经济，更好惠及各国人民"，"坚持经济全球化正确方向，推动贸易和投资自由化便利化，推进双边、区域和多边合作，促进国际宏观经济政策协调，共同营造有利于发展的国际环境，共同培育全球发展新动能，反对保护主义，反对'筑墙设垒'、'脱钩断链'，反对单边制裁、极限施压"②。从开放型中国经济到开放型世界经济，中国积极承担世界责任，将其世界理想现实化，为其实现找到了重要共识和可行路径。

第六，强调文明互鉴的战略价值，积极落实全球文明倡议，夯实中国软实力。同样重要的是，国家实力的增强，不仅以硬实力的稳步上升为标志，也必须以软实力的增强为基础，中国需将提高软实力作为增强国力的核心之一。软实力建设事关中国如何统筹国内国际两个大局，在国际国内两个舞台上塑造、展示自己魅力，它不仅要求中国把自己的优秀文化、发展模式和外交理念传播到世界上，争取他国理解和接受，而且更强调中国如何在社会主流价值观的塑造、政府治理能力的提高、社会团体的培育等领域进行富有吸引力的建设与创新，而后者更是基础性的关键议题。习近平总书记关于全人类共同价值的理念为此开辟了道路。2015 年 9 月，习近平在联合国大会上呼吁世界各国以"和平、发展、公平、正义、民主、自

---

① 习近平：《决胜全面建设小康社会　夺取新时代中国特色社会主义伟大胜利——在中国共产党第十九次全国代表大会上的讲话》，人民出版社 2017 年版，第 59—60 页。

② 习近平：《高举中国特色社会主义伟大旗帜　为全面建设社会主义现代化国家而团结奋斗——在中国共产党第二十次全国代表大会上的报告》，人民出版社 2022 年版，第 61—62 页。

由"为核心价值，以开放包容的精神共同打造人类共同价值。① 党的二十大报告呼吁："世界各国弘扬和平、发展、公平、正义、民主、自由的全人类共同价值，促进各国人民相知相亲，尊重世界文明多样性，以文明交流超越文明隔阂、文明互鉴超越文明冲突、文明共存超越文明优越，共同应对各种全球性挑战。"2023 年 3 月 15 日，习近平出席中国共产党与世界政党高层对话会，提出以共同倡导尊重世界文明多样性、弘扬全人类共同价值、重视文明传承和创新、加强国际人文交流合作为核心的全球文明倡议，进一步深化全人类共同价值的认识。我们应积极挖掘人类不同文明发展进程中的各种优秀文明价值，特别是积极吸收各种文明的世界主义思想价值的有益成果，以打造人类命运共同体为政治指引，努力克服自身国家局限，有效应对 21 世纪人类面临的全球性危机与挑战。② 尤其是，要深刻认识到目前世界上很多的价值观主要服务于各国的狭隘利益和短期需求，具有浓厚的国家中心主义特征。人类命运共同体既尊重各国的差异性与世界多样性，又超越狭隘的国家利益冲突、意识形态纷争和地缘文明差异，展现了对世界大势的准确把握和对人类命运的深刻思考。作为推动全球治理体系变革的中国方案，人类命运共同体的价值意蕴实现了对资本主义经济全球化道路的历史超越、对全球治理体系霸权化道路的系统超越以及对西方文化中心主义的辩证超越。③ 有鉴于此，深刻理解人类命运共同体的文化内涵和文明互鉴的战略价值，积极推动中国软实力的提升，将为人类命运共同体的构建提供至为关键的文化基础。

---

① 习近平：《携手构建合作共赢新伙伴，同心打造人类命运共同体——在第七十届联合国大会一般性辩论时的讲话》，《人民日报》2015 年 9 月 29 日，第 2 版。

② 刘贞晔：《世界主义思想的基本内涵及其当代价值》，《国际政治研究》2018 年第 6 期，第 25—42 页。

③ 刘同舫：《人类命运共同体的价值超越》，《光明日报》2017 年 9 月 23 日，第 7 版。

第四章　外部环境激变与中国外交战略应对

　　随着百年变局深化演进和美国对华全面竞争的加剧，加上刚刚过去的新冠疫情全球蔓延，中国与世界的互动关系愈加紧密，如何维护和塑造中国和平发展的外部环境至为关键。2020 年 4 月 8 日，习近平总书记在中共中央政治局常务委员会会议上指出："面对严峻复杂的国际疫情和世界经济形势，我们要坚持底线思维，做好较长时间应对外部环境变化的思想准备和工作准备。"①2020 年 7 月 30 日，中共中央政治局召开会议指出："我们遇到的很多问题是中长期的，必须从持久战的角度加以认识。"②2022 年10 月 16 日，习近平在党的二十大报告中强调："我们必须增强忧患意识，坚持底线思维，做到居安思危、未雨绸缪，准备经受风高浪急甚至惊涛骇浪的重大考验。"上述战略判断与"百年未有之大变局"的认识一脉相承，构成我们进行战略调整和创新的基本逻辑。

　　1978 年至今的中国和平发展，营造良好而稳定的外部环境具有基础性意义。外部环境与国内建设密切相关，一个有利的外部环境能够减少与国际互动的成本，增强从外部获得促进国家实力增长的机会；一个敌对的外

---

　　① 《中共中央政治局常务委员会召开会议》，《人民日报》2020 年 4 月 9 日，第 1 版。
　　② 《中共中央政治局召开会议》，《人民日报》2020 年 7 月 31 日，第 1 版。

部环境则显著消耗本来能用于发展的资源，从而降低发展速度。[1] 有鉴于此，外部环境演变与国家战略调整之间存在着明晰的互动关系，中国领导人历来高度关注外部环境的营造，强调世界和平与中国发展的战略关联。例如，邓小平 1984 年 5 月指出："中国对外政策的目标是争取世界和平。在争取和平的前提下，一心一意搞现代化建设，发展自己的国家，建设具有中国特色的社会主义。"[2] 冷战结束以来，中国与世界的关系发生巨大变革，随着融入国际社会的加速，中国影响乃至塑造世界的能力和意愿在提升，中国崛起与世界转型相辅相成，推动国际关系新的展开。[3]2008 年是中国与世界关系变化的重要节点，爆发于资本主义中心的欧美债务危机和随后的全球金融危机严重冲击了既有的国际体系，中国作为世界经济增长引擎，为世界经济复苏作出的贡献全球瞩目。2018 年美国对华贸易战和随后对华战略竞争的深入展开，严重恶化了中国和平发展的外部环境。2020 年初暴发的新冠疫情席卷 200 多个国家和地区，导致对全球主义的强烈质疑和国家主义的强势回归，迫使我们认真思考国际关系的未来走向。可以说，进入 21 世纪的第二个十年以来，中国外部环境加速演变，我们必须慎重应对。

如何冷静认识、客观评估国家所处的外部环境，是一项具有重要价值的战略议题。从统筹国内国际两个大局的视角着眼，认识和评估外部环境，既要强调其消极因素，更要关注其积极方面，以及如何化危为机；既要强调其结构约束，更要关注其过程演进，以及如何运用观念创新；既

---

[1]　钟飞腾：《中国周边安全环境：分析框架、指标体系与评估》，《国际安全研究》2013 年第 4 期，第 64—82 页。

[2]　《邓小平文选》第 3 卷，人民出版社 1993 年版，第 57 页。

[3]　门洪华：《新时代中国国际战略研究与反思》，《学术月刊》2018 年第 11 期，第 68—76 页。

要强调其外在制约，更要关注其内生动力，以及如何主动谋划。党的十八大以来，习近平多次就中国外部环境变化进行分析判断，提出"百年变局"的命题，强调坚持战略定力和底线思维、加强顶层设计的必要性和迫切性，为我们认识和应对中国外部环境演变提供了思想指引和战略指向。鉴于中国外部环境发生巨大变化，我们有必要秉持统筹两个大局的战略思路，进行深入剖析，把握历史规律，推动战略创新，做好战略部署，提出应对方案。

第一节　外部环境激变与中国外交战略创新

进入 21 世纪，全球转型加速与中国崛起加速并行。2008 年起源于欧美的全球金融危机推动各国共克时艰，经历了一个短暂的蜜月阶段。随着全球金融危机应对的深入，各国实力对比发生巨大变化，世界进入国际环境变局丛生、大国战略博弈加剧而国际合作极其需要的时代。2010 年中国 GDP 超过日本位居世界第二，国家实力和国际影响力均加速提升。与之相对照的是，美国和少数国家对中国外部环境急遽变化起到了推波助澜的作用。

2008 年欧美债务危机以及由此引发的全球金融危机暴露了既有国际体系中的缺陷和不足，展现了全球化的双刃剑效应，加速了国际体系的转型和国家兴衰，促使国际格局经历冷战结束以来最深刻的演变。其基本体现是，发达国家 GDP 占世界比重下降，发展中国家群体性崛起，"全球南方"引人注目，东升西降的趋势有所呈现，全球化进程有所退潮、大国力量对比变化加速、国际战略格局深度调整、各国公共管理遭遇难题、不同社会思潮相互角力。① 在一定意义上，2016 年特朗普当选美国总统和英国脱欧堪称上述变动在欧美国家的集中体现，成为西方国家思潮激变的重要征兆。全球主要国家博弈者之间实力对比发生深刻变化，一些新兴经济体越来越成为解决国际问题的不可或缺者，通过全球治理来维护和拓展自身利益的意识不断增强。② 与此同时，国际体系转型不仅表现为权力转移的不平衡性，而且表现为一系列新的领域和新的规则创制，全球治理的重要性得到更大重视，国际体系转型与全球治理变革并行，国际体系转型中出现的全球性问题需要更有效的全球治理，转型后的权力格局呼唤新的全球治理安排。当时的国际转型不是非此即彼的体系更替或你死我活的体系革命，无论是旧体系的霸权维护者还是新兴大国都期望通过更多国际合作来实现自身目标，作为全球治理机制主导者的西方国家缺乏足够的变革意愿和胸怀气度，作为后来者的新兴大国尚需足够的实力和担当。③ "国际政治从来没有像今天这样复杂，系统效应日益突出，因果关系错综交织。"④

从国内角度看，中国经济总量位居世界第二，确立了中华民族伟大复兴战略目标并加速迈进。尤其是，进入新时代以来，"我们经过接续奋斗，实现了小康这个中华民族的千年梦想，我们的发展站到了更高的历史起点上"。与此同时，多年高速发展积淀了各类艰巨难题，可持续发展面临的

---

① 冯玉军：《国际形势新变化与中国的战略选择》，《现代国际关系》2017 年第 3 期，第 9—15 页。

② 张宇燕：《当前中国面临的国际战略环境》，《新金融评论》2017 年第 5 期，第 18—28 页。

③ 黄仁伟：《当代国际体系转型的特点和趋势》，《现代国际关系》2014 年第 7 期，第 10—11 页；吴志成、董柞壮：《国际体系转型与全球治理变革》，《南开学报》（哲学社会科学版）2018 年第 1 期，第 124—133 页。

④ 唐永胜、李冬伟：《国际体系变迁与中国国家安全战略筹划》，《世界经济与政治》2014 年第 12 期，第 27—38 页。

形势颇为严峻。从当前看，发展不平衡不充分问题仍然突出，推进高质量发展还有许多卡点瓶颈，科技创新能力还不强；确保粮食、能源、产业链供应链可靠安全和防范金融风险还须解决许多重大问题；重点领域改革还有不少硬骨头要啃。从外部环境看，总体上中国与主要大国、周边国家、发展中国家的关系取得进展，与世界的相互依赖加深，国际影响力不断提高，迎来与世界共同发展的新契机。另一方面，中国发展引起美国的疑虑和欧日诸大国的不适应。美国主导推动对华战略竞争，全力推行"印太战略"，通过加强军事同盟、深化安全合作、扩大经贸合作的制度化等途径进一步介入亚太事务，与亚太盟国和战略伙伴国密切捆绑，打造对华包围圈和遏制圈。美国战略调整的矛头直指中国，在热点问题上采取明显偏袒中国邻国的干预立场，对中国进行战略试探。① 美国的举措在一定程度上鼓励了日本的冒险。欧洲不少大国对中国迅速崛起不太适应，在人权、西藏等问题上频频对中国发难，导致中欧关系多有起伏。与之相关，"中国威胁论"和"中国责任论"相互交织，中国承担国际责任的意愿、能力与国际社会的期望存在着落差，国际社会对中国崛起的疑虑增加。发达国家加紧制定新的国际规则，围堵中国的意图明显。周边国家对实现与中国的共享发展充满兴趣，但对中国的战略走向多有疑虑。上述疑虑与美日战略调整相互影响，导致中国周边环境趋于复杂化，部分周边国家出于对中国崛起的疑虑与恐惧，加紧与美日联合。

习近平指出，当今世界是一个变革的世界，是一个新机遇新挑战层出不穷的世界，是一个国际体系和国际秩序深度调整的世界，是一个国际力量对比深刻变化并朝着有利于和平与发展方向变化的世界。我们看世

---

① 门洪华：《中国对美国的主流战略认知》，《国际观察》2014 年第 1 期，第 11—24 页。

界，不能被乱花迷眼，也不能被浮云遮眼，而要端起历史规律的望远镜去细心观望。①2017 年 10 月 18 日，他在党的十九大报告中指出，国际形势正在发生深刻复杂变化，前景十分光明，挑战也十分严峻。世界正处于大发展大变革大调整时期，和平发展大势不可逆转，同时世界面临的不稳定性不确定性突出。②2017 年 12 月 28 日，习近平在中国驻外使节工作会议上发表讲话时，站在人类历史演进的高度，深刻把握时代风云，作出了"百年未有之大变局"的战略判断。③

进入新时代，面对国内改革进入攻坚期和深水区、国际形势复杂多变的情势，中国进行了全新的战略设计和布局。习近平提出中华民族伟大复兴的中国梦和人类命运共同体的世界理想，号召决胜全面建设小康社会，创造性地复兴了中国的国家理想、社会理想和世界理想。面对世情、国情的巨大变化，中国积极推进经济建设、政治建设、文化建设、社会建设、生态文明建设"五位一体"的总体布局，积极推进全面建成小康社会、全面深化改革、全面依法治国、全面从严治党的"四个全面"战略布局，提出和落实创新、协调、绿色、开放、共享五大发展理念，指明破解经济新常态下各种问题的根本路径，在推动供给侧结构性改革和形成全面开放新布局的同时，大力推进国家治理体系和治理能力的现代化建设，推动中国特色社会主义建设进入新时代。

统筹国内国际两个大局，形成更大范围、更宽领域、更深层次对外开放格局，把中国发展与世界发展联系起来，是中国战略创新的根基所在。

---

① 《中央外事工作会议在京举行》，《人民日报》2014 年 11 月 30 日，第 1 版。

② 习近平：《决胜全面建成小康社会 夺取新时代中国特色社会主义伟大胜利——在中国共产党第十九次全国代表大会上的报告》，《人民日报》2017 年 10 月 28 日，第 1 版。

③ 王毅：《坚持以习近平外交思想为指引 谱写中国特色大国外交新篇章》，《时事报告（党委中心组学习）》2019 年第 1 期，第 5—17 页。

习近平指出，"加强战略思维，增强战略定力，更好统筹国内国际两个大局，坚持开放的发展、合作的发展、共赢的发展，通过争取和平国际环境发展自己，又以自身发展维护和促进世界和平，不断提高我国综合国力，不断让广大人民群众享受到和平发展带来的利益，不断夯实走和平发展道路的物质基础和社会基础"。[①] 中国直面国际挑战、抓住机遇实现国际影响力的全球拓展，构建起融入—变革—塑造（融入全球、变革自身、塑造世界）的和平发展战略框架。[②] 习近平呼吁："把世界的机遇转变为中国的机遇，把中国的机遇转变为世界的机遇，在中国与世界各国良性互动、互利共赢中开拓前进。"[③] 这一判断成为中国推进国际合作的重要标准。尽管不乏"外部环境是未来最大风险"的认识，[④] 中国继续秉持营造良好国际环境的传统目标和深化国际合作的战略路径，为中国和平发展创造有利的外部环境是高度共识。与此同时，中国积极提升塑造世界的意识和能力，尤其是积极参与和引领全球治理，积极推动由国际事务的参与者向积极引领者的历史性转变。

以此为指引，中国在继续融入国际体系的基础上，大力推动国际战略的全面创新，这具体表现在：第一，在洞察国际形势和世界格局演变趋势的基础上，对人类社会发展进步潮流进行前瞻性思考，提出构建"人类命运共同体"和"新型国际关系"的战略目标。第二，创新大国是关键、周边是首要、发展中国家是基础、多边是舞台的国际战略布局，提出构建新

[①] 《习近平谈治国理政》，外文出版社 2014 年版，第 247 页。

[②] 门洪华：《构建新型国际关系：中国的责任与担当》，《世界经济与政治》2016 年第 3 期，第 4—25 页。

[③] 《习近平谈治国理政》，外文出版社 2014 年版，第 248 页。

[④] 刘振冬：《外部环境是未来最大风险——经济形势展望之一》，《经济参考报》2013 年 4 月 9 日，第 1 版。

型大国关系的战略思考，进而发展为构建新型国际关系的宏大设计；提出亲诚惠容的周边战略新理念，积极推动与周边国家构建命运共同体；提出正确义利观和真实亲诚理念，创新与发展中国家的关系，夯实应对全球变局的政治基础；确立理念引领者、智慧贡献者、方案提供者和积极行动者的多边舞台新定位，积极推动全球治理走出困境、转型发展，实现国家战略利益的全球拓展。第三，在夯实国家发展基础、推动全球治理体系建设的同时，聚焦地区合作的创新，实现中国—东盟自由贸易区升级，使中国—东盟关系成为地区内和平、发展、合作、共赢的范例，稳妥处理地区领土领海争端，致力于中国—东盟命运共同体建设。第四，创造性提出共建"一带一路"倡议，针对经济增长乏力、合作动力不足双重困境，顺应各国要求加快发展的愿望，坚持共商共建共享的理念，从全球更大范围整合经济要素和发展资源，为破解发展难题、完善经济治理、实现可持续发展、推动全球化再平衡开辟了新路径。[1] 第五，积极落实自由贸易区战略，在国内积极推进自由贸易区试验区试点，为加入更高水准的自由贸易协定做准备，在加大双边自由贸易协定谈判的同时，分类推进区域全面经济伙伴关系协定（RCEP）、中日韩、海湾合作组织等多边谈判，为推进"一带一路"自由贸易区做好准备。[2] 第六，抓住既有国际金融秩序亟需重塑的机遇，大力构建战略伙伴关系网络延伸其国际影响力，深化金砖国家合作，主导创建亚投行、金砖国家新开发银行等，推动国际秩序重塑。以上述战略设计和布局为抓手，中国秉持融入—开放—塑造的战略路径，积极

---

① 王毅：《进入新时代的中国外交：开启新航程　展现新气象》，《国际问题研究》2018年第1期，第1—12页。

② 陈文玲：《TPP对中国的外部环境造成新的压力》，《中国外资》2016年第3期，第20—25页。

应对来自美国的挑战和中美关系的战略调整。

第二节 外部环境激变与中国外交战略调整

2017 年 10 月 18 日，习近平在党的十九大报告中指出，"中国特色社会主义进入了新时代，这是我国发展新的历史方位"，强调这是"我国日益走近世界舞台中央、不断为人类作出更大贡献的时代"。[①]2017 年 12 月 18 日，美国白宫发布《国家安全战略报告》，宣布"大国竞争时代业已回归"，把中国定位为排名第一的"战略竞争者"和"经济侵略者"，提出要运用美国力量威慑和制约企图构建与美国价值观和利益对立的世界的修正主义国家中国。[②]进入 2018 年，美国打响对华贸易战，围绕遏制中国进行全面战略调整，推动国际体系加速进入失序状态。2020 年新冠肺炎疫情集中暴发并蔓延全球，极大地冲击了世界经济和国际秩序，严重干扰了各国经济社会发展，美国变本加厉开展对华恶性竞争，导致国际风云突变，中国面临的风险挑战集中爆发，中国和平发展的外部环境发生激变。

中国外部环境的激变，与 2008 年以来的世界转型一脉相承，是权力转移和大国兴衰的延伸。当前，世界之变、时代之变、历史之变正在深化展开。世界之变体现在，国际力量对比发生深刻调整，大国博弈深入展开，东升西降态势继续发展。时代之变体现在，国家安全被所有大国都提

[①] 习近平：《决胜全面建成小康社会 夺取新时代中国特色社会主义伟大胜利——在中国共产党第十九次全国代表大会上的报告》，《人民日报》2017 年 10 月 28 日，第 1 版。

[②] The White House, *National Security Strategy of the United States*, Washington, D.C., the United States, Dec. 2017, p.25.

升到前所未有的战略高度，泛安全化、过度安全化成为全球的焦虑。历史之变体现在，"全球南方"（Global South）、"全球北方"、"全球东方"概念兴起，而中国集发展中国家、东方国家、后发国家、复兴国家等于一身，代表了历史之变的重要方向。新时代新征程，世界百年变局持续深化演进，世界走向依旧存在诸多不稳定，大国兴衰出现诸多新局面，大国竞争激烈但无序状态有所缓解，国际关系进入分裂和重组的新时期。在世界百年未有之大变局加速演进的大背景下，世界之变、时代之变、历史之变的特征更加明显。中国之问、世界之问、人民之问、时代之问考验着我们的战略智慧。

世界格局深度调整，国际环境复杂多变，主要大国积极调整对外战略，力争形成有利的战略环境，大国关系的竞争性日益突出。[①]美国持续推行其护持霸权战略，联合西方国家推行其价值观和制度构建，持续打压以中国为首的崛起大国，导致世界陷入大国竞争的巨大危险，也使得国际关系分裂和重组加速，大国实力和国际影响力的变化将导致这些国家的战略加速调整，国际关系出现新的排列组合。王毅指出："国际格局和力量对比正处于发展演变的重要关头，各种不稳定不确定因素日益增多，诸多新问题新挑战层出不穷。人类社会再一次走到历史的十字路口，是开放还是封闭，是合作还是对抗，是共赢还是零和？对这些问题，各方都在认真思索。"[②]习近平将其概括为"百年未有之大变局"，[③]认为"未

---

①　王灵桂：《聚焦当今世界大变局化解外部环境风险》，《旗帜》2019年第4期，第38—39页。

②　王毅：《进入新时代的中国外交：开启新航程　展现新气象》，《国际问题研究》2018年第1期，第1—12页。

③　《坚持以新时代中国特色社会主义外交思想为指导　努力开创中国特色大国外交新局面》，《人民日报》2018年6月24日，第1版。

来 10 年，将是世界经济新旧动能转换的关键 10 年，是国际格局和力量对比加速演变的 10 年，是全球治理体系深刻重塑的 10 年"，① 强调"世界大变局加速深刻演变，全球动荡源和风险点增多，我国外部环境复杂严峻"②。

美国"想当然地认为中国的战略另有图谋，甚至要取代其全球领导地位"，蓄意制造经贸摩擦，并扩大化、极限化。③ 美国发动对华贸易战、技术战、脱钩战，恶化中美关系，在国家统一、周边安全等核心议题上频频制造事端，成为中国外部环境激变的重要推手。美国全面开展对华竞争，谋求在高新技术和国防产业链上与中国脱钩，在经济、安全、外交等领域对华施压，④ 中美结构性矛盾、进程性冲突和观念性对立突出。与此同时，美国全面推行"印太战略"，在中国周边频频出手，力图组建施压中国、孤立中国的包围圈。美国的基本意图是，祭起意识形态的大旗，攻击和诋毁"共产主义的中国"，逼迫世界各国选边站队，拉建反华联盟，肆意挑拨各种关系，孤立中国；在中国国家统一和周边安全上制造麻烦、挑起争端，威胁中国；打造把中国排除在外的信息链、产业链、供应链、创新链，使得中美关系陷入建交以来最严重的挑战之中。

2020 年初暴发的新冠疫情席卷全球经济，迫使各国封锁边界，关闭企业，暂时性地阻止正常的货物、资本和人员流动，引发"去全球化"

① 《习近平出席金砖国家工商论坛并发表重要讲话》，《人民日报》2018 年 7 月 26 日，第 1 版。

② 《习近平在省部级主要领导干部坚持底线思维着力防范化解重大风险专题研讨班开班式上发表重要讲话强调 提高防控能力着力防范化解重大风险 保持经济持续健康发展社会大局稳定》，《人民日报》2019 年 1 月 22 日，第 1 版。

③ 曾培炎：《积极应对外部环境深刻变化》，《全球化》2019 年第 2 期，第 5—7 页。

④ 吴心伯：《竞争导向的美国对华政策与中美关系转型》，《国际问题研究》2019 年第 3 期，第 7—20 页。

进程，①全球市场面临萎缩之虞。受疫情影响，百年变局将在多个方面加速演进甚至裂变，中国与世界的关系因此走到新的十字路口。②肆虐的疫情加剧了全球或区域政治、经济、安全风险，③更让世界连成一体。应对好这一全球难题，需要深入思考国际关系，探究人类共存共荣之道。然而，全球性疫情、国家化应对的局面表明，④实现人类共存共荣并不容易，国家主义的回归、对全球主义的质疑和对地区合作的倚重的多元图景堪称佐证。新冠疫情冲击着以现实主义为主线的传统安全观，使得合作安全、共同安全受到更大关注，表明世界需要共克时艰，而不是同舟共挤。然而，国家的现实选择却并不与之契合。世界经济论坛主席克劳斯·施瓦布指出，"新冠危机影响到人类生活的方方面面，但悲剧并非其唯一遗产。相反，疫情也提供了绝无仅有的机会，来反思如何重塑我们的世界"。⑤

外部环境发生更为复杂的变化，使得中国面临关键性选择。今天的中国适逢中华民族伟大复兴的关键时刻，处于爬坡过坎的关键阶段，这是走向世界大国必经的痛苦时期。面对百年变局的全面深化和国际关系的波诡云谲，中国唯有不畏浮云遮望眼，秉持战略定力和底线思维，全面推进战略创新，才能实现战略突破，展现责任与担当，为实现中华民族伟大复兴铺就一条康健之道。

---

① 邓世专、林桂军：《新冠疫情全球蔓延对亚洲工厂的影响研究》，《国际贸易问题》2020 年第 7 期，第 32—44 页。

② 袁鹏：《新冠疫情与百年变局》，《现代国际关系》2020 年第 7 期，第 1—6 页。

③ 肖晞、宋国新：《共同利益、身份认同与国际合作：一个理论分析框架》，《社会科学研究》2020 年第 4 期，第 125—133 页。

④ 刘贞晔：《全球化"熔断"及其历史大转折》，《国际政治研究》2020 年第 3 期，第 138—146 页。

⑤ 《世界迈入"大重启时代"》，《参考消息》2020 年 6 月 8 日，第 10 版。

其一，冷静认识、稳健应对外部环境激变具有根本性意义。我们不需要把世界形势看成一团漆黑。20 世纪 80 年代末 90 年代初，国内外形势发生深刻变化，风云激荡。东欧剧变，苏联解体，两极格局终结，世界社会主义处于低潮。1989 年春夏之交，以美国为首的西方国家对中国实施制裁，大有"黑云压城城欲摧"之势。① 在重大的历史关头，邓小平高瞻远瞩，有针对性地提出"韬光养晦、有所作为"的战略方针。邓小平指出："对国际形势还要继续观察，有些问题不是一下子看得清楚，总之不能看成一片漆黑，不能认为形势恶化到多么严重的地步，不能把我们说成是处在多么不利的地位。实际上情况并不尽然。世界上矛盾多得很，大得很，一些深刻的矛盾刚刚暴露出来。我们可利用的矛盾存在着，对我们有利的条件存在着，机遇存在着，问题是要善于把握。"② 他强调："我们谁也不怕，但谁也不得罪，按和平共处五项原则办事，在原则立场上把握住。"③ 基于此，中国经受住了东欧剧变、苏联解体的冲击，稳住了阵脚，顶住了挑战，打破了以美国为首的西方国家的制裁和施压，使中国现代化建设得以顺利进行。相对而言，当前中国国内外情势要好得多。中国不仅国家实力强大，而且有着广泛而深入的国际影响，全面而积极地参与国际事务，大门越开越大，对我们有利的条件和机遇依旧存在。习近平指出："我国仍处于发展的重要战略机遇期，但面临的国际形势日趋错综复杂。我们要清醒认识国际国内各种不利因素的长期性、复杂性，妥善做好应对各种困难局面的准备。最重要的还是做好我们自己的事情，统筹研究部署，协同推进改革发

---

① 刘华秋：《邓小平与新时期的中国外交》，《党的文献》2004 年第 5 期，第 44—53 页。
② 《邓小平文选》第 3 卷，人民出版社 1993 年版，第 354 页。
③ 《邓小平文选》第 3 卷，人民出版社 1993 年版，第 363 页。

展稳定各项工作，谋定而后动，厚积而薄发。"① 他提出，我们要坚持底线思维，做好较长时间应对外部环境变化的思想准备和工作准备，要"统筹国内国际两个大局、发展安全两件大事，既聚焦重点、又统揽全局，有效防范各类风险连锁联动"②。当前世界尚处于百年变局的前期，面对中国外部环境的历史性巨变，我们在保持信心和发展动力的同时，要保持冷静观察，坚持底线思维，增强忧患意识，既要敢于斗争，又要善于斗争。

其二，坚持底线思维，做到居安思危、未雨绸缪。习近平一贯强调用底线思维、问题导向来思考工作。2019 年 1 月 21 日，习近平在省部级主要领导干部坚持底线思维着力防范化解重大风险专题研讨班开班式上强调，深刻认识和准确把握外部环境的深刻变化和我国改革发展稳定面临的新情况新问题新挑战，坚持底线思维，增强忧患意识，提高防控能力，着力防范化解重大风险，保持经济持续健康发展和社会大局稳定，为决胜全面建成小康社会、夺取新时代中国特色社会主义伟大胜利、实现中华民族伟大复兴的中国梦提供坚强保障。2019 年 3 月 19 日，习近平在中央全面深化改革委员会第七次会议上指出，要增强风险意识、强化底线思维，要把困难估计得更充分一些，把解决问题的措施想得更周全一些，把各项工作做得更扎实一些。2020 年 9 月 8 日，习近平在全国抗击新冠肺炎疫情表彰大会上指出，要坚持底线思维、增强忧患意识，有效防范和化解前进道路上的各种风险。团结一切可以团结的力量，调动一切积极因素，不断夺取具有许多新的历史特点的伟大斗争新胜利。2020 年 10 月 29 日发表的

① 《贯彻新发展理念推动高质量发展　奋力开创中部地区崛起新局面》，《人民日报》2019 年 5 月 23 日，第 1 版。

② 《习近平在省部级主要领导干部坚持底线思维着力防范化解重大风险专题研讨班开班式上发表重要讲话强调　提高防控能力着力防范化解重大风险　保持经济持续健康发展社会大局稳定》，《人民日报》2019 年 1 月 22 日，第 1 版。

《中国共产党第十九届中央委员会第五次全体会议公报》指出，深刻认识错综复杂的国际环境带来的新矛盾新挑战，增强机遇意识和风险意识，立足社会主义初级阶段基本国情，保持战略定力，办好自己的事，认识和把握发展规律，发扬斗争精神，树立底线思维，准确识变、科学应变、主动求变，善于在危机中育先机、于变局中开新局，抓住机遇，应对挑战，趋利避害，奋勇前进。2021 年 12 月 28 日，习近平在中共中央政治局召开党史学习教育专题民主生活会上强调，坚持底线思维，增强忧患意识，发扬斗争精神，掌握斗争策略，练就斗争本领，保持越是艰险越向前的大无畏气概，有效应对前进道路上各种可以预料和难以预料的风险挑战。2022 年 2 月 28 日，中央政治局委员、书记处书记，全国人大常委会、国务院、全国政协党组成员，最高人民法院、最高人民检察院党组书记向党中央和习近平总书记书面述职，习近平提出要坚持问题导向，坚持底线思维，以钉钉子精神做好各项工作。2022 年 10 月 16 日，习近平在党的二十大报告中强调："我们必须增强忧患意识，坚持底线思维，做到居安思危、未雨绸缪，准备经受风高浪急甚至惊涛骇浪的重大考验。"

坚持底线思维与忧患意识，从坏处思考与准备，积极争取最好结果，是中国共产党人用来应对各种风险、危机的重要思想韬略。对外底线思维以防范国际风险、维护中国国家利益为直接目标，以争取最好结果、实现中华民族伟大复兴为最终目标，为中国特色大国外交理论发展注入新内涵，为中国特色大国外交实践提供新思维、新方法。百年变局加速演变与国际风险的日益复杂多样，对外底线思维涉及的领域还在不断扩展和细化，对中国外交提出了很多新要求。中国外交在坚持底线思维的同时，要加强战略思想和顶层设计，站在战略的高度审视国内国际全局，实现维护本国利益和拓展各国共同利益的统一，更好地汇聚中华民族伟大复兴的合力。

　　其三，稳健应对来自美国的挑战。当前，美国对华竞争举世瞩目。对此，我们要前瞻性地认识美国所处的历史方位，尽管其世界第一的国家实力遥遥领先、世界大国的地位高高在上，但"任何评估都必须承认，美国的地区独霸时代正在接近尾声，这是权力转移进程中不可避免的现实"[①]。特朗普政府在全球层面盲目追求"美国优先"，频繁采取废约、退群之举，导致大量国际组织停摆、国际协定废止、国际合作弱化，使得国家间战略矛盾深化，在相当大程度上对美国的联盟体系造成实质性损害，美国全球领导力遭受普遍质疑。拜登上台后，极力恢复和发展同盟关系，调动各种资源与中国开展战略竞争，但力有不逮之处甚多。有鉴于此，我们一方面要深刻认识到自身实力、国际影响力与美国的差距不是短时间可以消除，中国应致力于稳健应对来自美国的战略挑战；另一方面也要深刻认识到百年变局对美国的冲击，积极处理好与其他既有大国和发展中大国的关系，致力于通过聚同化异、避免对抗、互利合作推动实现国际体系的和平转型，平衡和制衡美国的战略对冲。我们要慎重对待美国的战略敌意，深刻认识到美国对华竞争具有长期性、全面性、全局性的特征和影响，做好充分的心理准备和物质准备，全力避免陷入美国所设定的对华政策议程，管控好显在和潜在的风险，防止出现重大冲突并引发全面对抗。

　　其四，坚持自力更生，积极扩大对外开放，以自身发展的确定性应对外部环境的不确定性。面对外部环境激变，中国开启高水平开放新征程。2020 年 7 月 30 日，中共中央政治局召开会议指出，我们遇到的很多问题是中长期的，必须从持久战的角度加以认识，加快形成以国内大循环为主

---

　　① ［美］乔纳森·D.波拉克：《理解中美关系的裂痕》，《中央社会主义学院学报》2020年第 1 期，第 5—9 页。

体、国内国际双循环相互促进的新发展格局。① 双循环发展格局的提出，既是外部环境变化的必然结果，也是国内发展阶段转换的必经之路。以国内大循环为主体，意味着我们要立足自身深化改革，以开发国内市场、满足国内需求为出发点，积极推动结构改革和转型升级，大力实施创新驱动发展战略，着力加快建设实体经济、科技创新、现代金融、人力资源协同发展的产业体系，着力构建市场机制有效、微观主体有活力、宏观调控有度的经济体制。② 党的二十大报告强调坚持社会主义市场经济改革方向，坚持高水平对外开放，加快构建以国内大循环为主体、国内国际双循环相互促进的新发展格局。"双循环"战略布局是统筹国内国际两个大局思想在经济领域的体现，意味着中国继续推进全面开放，建立起新形势下有效应对挑战的国内外市场联动，有效应对"脱钩"中国的图谋，要利用一切积极因素建立国际经贸合作统一战线，有重点、有选择地积极应对、主动作为。③ 我们还要以扩大开放塑造外部环境，抓住国际经济格局调整带来的机遇，应对外部挑战，不断提升国际竞争力和全球分工地位，为我国顺利实现社会主义现代化强国、中华民族伟大复兴目标奠定坚实基础。④

其五，立足东亚和周边地区，积极推动双边协调和多边合作的创新结合，实现中国外部环境的稳步改善。中国外部环境的重心在东亚和周边，其重要性在大变动时刻愈发凸显。美西方把战略竞争的矛头和焦点集中在

---

① 《中共中央政治局召开会议》，《人民日报》2020 年 7 月 31 日，第 1 版。

② 门洪华：《推动中国对外开放进入新时代——党的十八大以来中国对外开放战略的总结与前瞻》，《社会科学》2019 年第 1 期，第 3—13 页。

③ 王跃生：《如何应对复杂的外部环境和形势变化》，《国企管理》2020 年第 13 期，第 27 页。

④ 隆国强等：《中国应对国际经济格局变化的战略选择》，《中国发展观察》2019 年第 2 期，第 9—12 页。

中国周边，中国与周边国家之间的关系也出现了新矛盾和新问题。有鉴于此，塑造周边环境已经成为中国外交战略的重中之重，我们必须巩固和重建与周边国家的友好合作关系，增强其对我国的信任度，消除战略疑虑，压缩美国挑拨离间的空间。我们应在运筹周边安全方面掌握战略主动，有效管控与美国在我周边和涉我海疆的冲突；妥善解决与周边国家的矛盾和分歧，进一步促成互利共赢关系；携手应对朝鲜半岛问题、阿富汗问题等周边地区热点问题，防止其演化成大规模的危机并威胁中国周边地区的总体稳定。[①] 中国应明确把东亚和周边视为未来 10—15 年中国国际战略的重中之重，全面落实亲诚惠容的理念，强调对话、协调、合作的路径选择，结合"一带一路"、亚投行等制度性安排，全面深化与周边国家的协调合作，致力于促成周边地区全面合作的制度框架，加强地缘政治经济的塑造能力，有效阻止美国等在周边捣乱、破坏中国和平发展大局的战略企图。要有效利用和发展中国与相关国家的伙伴关系，使之结成战略性伙伴关系网络，实现双边协调与多边合作的创新结合。党的二十大报告呼吁推进双边、区域和多边合作，促进国际宏观经济政策协调，共同营造有利于发展的国际环境，共同培育全球发展新动能。对中国而言，多边主义是融入国际社会之道，随着中国国际影响力的提升，中国应进一步强调多边主义的战略意义和道义价值，在坚持联合国权威的同时，积极参与和引领全球治理变革，创造条件与发达国家共同推动包容、公平、可持续的新型全球化，实现在多边条件下稳定和深化双边关系的战略目标，为实现中国在地区和全球两个层面战略利益的拓展奠定更好的基础条件。

---

① 邢广程：《中国周边国际环境再营造》，《亚太安全与海洋研究》2023 年第 2 期，第 1—17 页。

第三节 中国外部环境激变与国际战略学科发展

国际战略学是探究国际风云变幻规律的科学与艺术，自然与外部环境研究密切关联。作为国际关系研究的重要分支，国际战略学科发展深受中国与世界关系的影响。中国外部环境已发生天翻地覆的变化，中国国际关系研究得到全面发展，学科建制走向完善和成熟。随着中国与世界互动关系的愈加密切，实践需求、战略选择、外交作为都给中国国际关系研究提供了取用不竭的素材和营养，为其发展提供充足的动力，统筹国内国际两个大局的战略思路将国际关系研究与政治学发展密切关联，进一步推动跨学科交融发展，中国国际关系研究体现出越来越鲜明的时代特色，在国际战略等领域的研究已经超越国际同行，在其他领域也具备了与国际同行进行建设性对话的实力和底气。有鉴于对中国崛起过程中重大议题的关注，中国国际关系研究也带有鲜明的中国特色：密切关注中国与世界的关系，注重对全球趋势的研究和把握；随着中国在全球利益的拓展而愈加关注区域国别研究，从而在微观研究层面有所深入；从强调西方理论的引介和应用转向中国理论的创新，开始注重中国传统思想理论的汲取；随着中国发展前景的勾勒与顶层设计，中国战略传统得到更大重视，战略研究尤其是国际战略研究得以兴起和发展。

进入 21 世纪的第二个 10 年，世界转型与中国崛起的相辅相成，中国与世界的关系出现根本性变革，众多新的重大问题扎堆出现，引起决策者的高度关注，也刺激着学术界的兴趣，国家战略需求给中国国际战略学的发展插上了翅膀。在此基础上，有关国际战略学的理论著述日渐丰富和完善，学理探讨更加规范化和系统化，初步形成和建立了独立的国际战略学学科，专门的国际战略研究机构和学位教育也陆续建立并完善起来。① 在时代诉求的促动之下，国际战略研究的跨学科、交叉学科属性得到高度重视，国际战略学科建设水平有了稳步的提升，传统战略思想的挖掘、国外战略实践的借鉴、当代中国实践的总结、重大战略问题的对策研究、智库建设等成为推动中国国际战略研究发展的重要推动力。

中国外部环境激变为国际战略学科的发展提出了新要求、提供了新动力，创造了新机遇，推动着国际战略研究黄金时代的到来。当前，推动中国国际战略调整与创新，我们必须关注如下重要议题：如何评估全球趋势和百年变局的影响；如何吸取中国历史上应对外部环境挑战、塑造外部环境的经验教训；如何总结中国共产党 100 余年和中华人民共和国 70 余年的国际经验；如何对既有大国的崛起战略和崛起之后的战略重塑进行比较研究，以寻求中国可以吸取的经验教训；如何客观评估中国外部环境现状与走向，提出中国塑造外部环境的应对策略；如何应对中美关系的挑战，塑造中美关系的未来；如何塑造中国东亚和周边战略布局，实现中国地区战略的优化；等等。研究上述议题，不仅需要梳理历史、评估当前、谋划未来，还需要推动国际战略学科建设，尤其是深化跨学科研究、交叉学科研究，实现理论与实践的有机结合，推动国际战略理论创新和中国战略传统的复兴。

---

① 《当代中国的国际战略研究：进展与创新——唐永胜教授专访》，《国际政治研究》2015 年第 6 期，第 132—152 页。

第五章　应对全球治理危机变革的中国方略

　　全球治理由全球化所开启，它以相互依赖为基础，以人类整体论和共同利益论为价值导向，[①]以大国协调和国际合作为路径选择，是推动时代变迁的重要力量来源。尤其是，每一次全球治理危机的爆发与应对，都是国际秩序变革的契机，也往往是构建新型国际关系的契机。

　　进入 21 世纪，随着全球化双刃剑效应的进一步显现，大国兴衰进程加速，世界迎来一个新的全球治理发展与转型时代。尤以欧美金融和债务危机的应对为契机，全球治理变革成为世界各国高度关注的战略议题。这一波全球治理变革以危机应对为主线，不仅涉及国际权力、国际利益的再分配，也涉及国际责任的再分配，以及不同全球观念的折冲，大国竞争激烈。欧美发达国家与新兴大国实力对比出现重大变化，与此同时，全球治理由局部性向全局性扩展，加之新的全球性问题层出不穷，既有全球治理领域的国际规则和制度安排受到严峻挑战，新问题领域的治理则迫切需要制定规则和进行制度安排，全球治理危机与转型、发展并行，给各大国战略均带来巨大挑战与难得机遇。

---

　　① 蔡拓:《全球治理的中国视角与实践》,《中国社会科学》2004 年第 1 期, 第 94—106 页。

全球治理的危机、转型与发展，为中国全面融入国际社会、参与全球治理提供了难得的战略机遇，也是中国推动全面崛起、谋划崛起之后的重要国际条件。当前，中国与全球治理的关系日益深化，中国全面参与国际事务，积极推动国际合作创新，在全球性事务、地区性问题的解决上发挥着越来越重要的作用，中国思想、中国方案举世瞩目。另一方面，当前各国秉持的治理思想和治理模式偏好差距甚大且竞争激烈，应对危机的同舟共济堪为"同舟共挤"所替代，展望未来5到10年，我们仍处于不同治理模式激烈竞争的时期。[1] 正如联合国全球治理委员会（Commission on Global Governance）指出的，全球治理是一个广泛的、充满活力的、复杂的进程，"建立适当的治理机制是一件复杂的工作，因为它没有排他性，需要方方面面的参与。这种机制还必须具有足够的灵活性，以便能够应对新的问题以及对一些老问题作新的理解。它必须是一个大家一致赞同的全球性架构，以便在各相应的层次上采取行动和执行政策"[2]。基于此，中国全球治理战略的核心目标应是，抓住全球治理危机、转型与发展的契机，积极参与和推动全球治理体系建设，成为塑造未来全球治理体系的设计师，对新型治理范式的形成作出建设性的贡献，[3] 为中华民族伟大复兴塑造更好的国际环境。

---

[1] 何帆、冯维江、徐进：《全球治理机制面临的挑战及中国的对策》，《世界经济与政治》2013年第4期，第19—39页。

[2] ［瑞典］英瓦尔·卡尔松、［圭］什里达特·兰法尔主编：《天涯成比邻——全球治理委员会的报告》，中国对外翻译出版公司1995年版，第4—5页。

[3] 薛澜、俞晗之：《迈向公共管理范式的全球治理：基于"问题—主体—机制"框架的分析》，《中国社会科学》2015年第11期，第76—91页。

第一节　全球治理危机应对：历史与理论

联合国全球治理委员会指出，治理是个人和机构管理共同事务的诸多方式的总和，它是持续的过程，人们通过这样的过程可以调和冲突的或不同的利益，并且采取合作的行动，它包括有权迫使人们服从的正式机构和体制，也包含非正式的各种安排。基于此，全球治理是一种通过国际合作解决全球性问题的机制，为应对共同的问题与挑战、寻求共同利益而进行制度化合作，共克时艰，共享权益，共同管理、规范我们生存的世界。①全球治理天然与国际规范和国际机制联系在一起：惟有形成国际规范，才有可能约束各国意愿与行为，通过谈判和妥协达成合作；惟有建立国际机制，才能保证全球治理的制度化运行。由于国际社会缺乏统一的权威，全球治理从本质上不同于国内治理，它缺乏普遍承认的权威制定治理规则并进行有效执行。因此，全球治理一方面是一个多样性主体参与的多层次体系，另一方面又是以主权国家相互合作和竞争为主导的权力与权威框架。尽管如此，全球治理概念的提出依旧具有划时代意义，它堪称是对传统国际关系理论的直接挑战，因为全球治理把世界作为一个整体来看待，是全球化发展到一定阶段的产物。

全球治理由全球化所开启，人类历史上的第一波全球化浪潮肇端于资本主义大工业的产生和工业革命时期，正如马克思和恩格斯指出的，"大工业建立了世界市场……并使一切国家的生产和消费都成为世界性的了。

---

① 何亚非：《选择：中国与全球治理》，中国人民大学出版社 2015 年版，第 1 页。

过去那种地方的和民族的自给自足和闭关自守状态，被各民族的各方面的相互往来和各方面的相互依赖所代替了"①。资本开创世界历史进程后而兴起的全球治理则是为谋取最大的剩余价值服务的，以资本为工具和手段的全球治理是一种基于非道德价值取向的畸形秩序。②广义的全球治理伴随着资本开创世界历史进程以及由此产生跨国界、跨民族关系而出现，当今所说的全球治理存在着事实与价值的疏离，既处于一种事实上的资源贫困状态，也存在着价值上的严重亏空。③

　　全球治理伴随着全球化浪潮和全球治理危机应对而发展，前者催生了战争的全球化和国际体系从欧洲到全球的扩展，后者则催生了全球性的国际制度，尤其是第二次世界大战之后国际秩序的制度化安排，真正意义上的全球治理体系开始出现。然而，全球治理的开篇之作却是霸权政治，尤其是美苏争霸体系，这实际上为局部全球治理的形成奠定了基础，即只有部分国家参与全球治理，只有部分问题领域纳入全球治理，参与者和问题领域均受制于霸权政治，西方国家、霸权国家借此在规则制定、资源分配等方面占得先机。④20世纪60年代，西方殖民体系土崩瓦解，昔日的边缘地带纷纷走向独立，第三世界形成一股巨大的力量，改变了既有的两极霸权格局，也使得全球性问题激增。20世纪60年代末70年代初，鉴于美苏争霸限制了联合国作用的发挥，面对全球经济治理危机频发，国际事务

---

① 《马克思恩格斯选集》第1卷，人民出版社1995年版，第114页。

② 胡键：《资本的全球治理——马克思恩格斯国际政治经济学思想研究》，上海人民出版社2016年版，第48页。

③ 任剑涛：《在一致与歧见之间——全球治理的价值共识问题》，《厦门大学学报》（哲学社会科学版）2004年第4期，第5—12页。

④ 张茗：《全球公域：从"部分"治理到"全球"治理》，《世界经济与政治》2013年第11期，第57—77页。

的处理需要新的国际机制，七国集团应运而生。

冷战时期，七国集团受到两极体系的制约，一直以讨论经济问题、协调西方国家宏观经济政策以及联合对抗苏联为主要目标。它虽也关注全球问题，但影响主要局限于欧美资本主义国家。从 20 世纪 90 年代开始，七国集团逐渐从保持和受制于两极霸权结构，转变为推动和塑造国际体系新结构成形的角色，为弥补自身在面对各种国际挑战中的不足，七国集团通过成员扩大、议程增设和机制深化的方式进行制度改革，推动发达国家与发展中国家共商机制的建设，力求向有效的全球治理中心的定位转变。①与此同时，发展中大国的群体性崛起渐成气候，地区主义勃兴，国际格局酝酿巨大变革；联合国改革被推上日程，而伴随着 1997 年亚洲金融危机的爆发和应对，既有的国际制度已无法在日益全球化的世界中发挥有效作用，②国际金融体系的改革提上日程。这些变革为新的全球治理时代的到来准备了条件。

2008 年欧美债务危机以及由此引发的国际金融危机及其应对，是全球治理史上的标志性事件。2008 年国际金融危机充分证明，在世界政治、经济、外交、军事等格局发生深刻复杂变化的今天，现有国际体系和治理机制已无法适应全球化新形势，也无法破解全球化快速发展引发的新挑战和新问题。全球治理需要探索新思路、新路径。2008 年 11 月，在华盛顿举

---

① 1997 年俄罗斯正式被七国集团吸纳，扩员后的八国集团向推动形成和塑造新的国际体系角色转变的力度更大，朝着构建新权力中心方向迈进的步伐更快。随后，八国集团加强了与新兴发展中国家的对话，2005 年形成较为固定的"G8+5"对话机制，成为吸纳发展中国家参与国际事务的新形式。但"G8+5"机制并没有从实质上改变"发达国家为主、发展中国家从属"的不平等格局。参见何亚非：《选择：中国与全球治理》，中国人民大学出版社 2015 年版，第 30—32 页。

② ［加拿大］约翰·J. 柯顿：《二十国集团与全球治理》，郭树勇、徐谙律译，上海人民出版社 2015 年版，第 485—486 页。

行首次二十国集团峰会，开全球治理改革的先河。自此，中国等新兴大国进入全球治理核心决策圈，各国在全球发展合作、经济治理改革、促进全球经济增长和反对贸易保护主义等领域达成一些重要共识，进一步确立了其在全球经济治理中定规则、定重点、定风向的主要平台作用。以此为基础，全球治理危机应对取得重要进展，为全球治理转型发展奠定了重要基础。

另一方面，既有全球治理架构由美国领衔打造，由美国经营。但各国皆有其不满和修改完善的冲动，美国亦然。冷战结束以来，多极化进程加速，全球政治经济版图在重新绘制，尤其是拉美、俄罗斯、亚洲乃至发达国家的核心地区欧美相继爆发金融和经济危机，"华盛顿共识"受到普遍质疑，新自由主义造成全球动荡，全球治理的模式变革势在必行。随着昔日边缘地带的新兴大国群体性崛起并进入全球治理体系的核心决策机制，既有的以美欧主导为基础的传统治理机制难以为继，新型全球治理范式尚未形成，全球治理危机并未完全消除。

全球治理危机四伏的现状和新型治理模式的前景，给了我们反思既有理论解释、构建新理论模式的契机。首先，全球治理危机频发，尤其是美欧危机的爆发，促使我们重新解读霸权稳定论。霸权稳定论是查尔斯·金德尔伯格在分析自由贸易维持的条件和20世纪20—30年代的大萧条时提出来的，因而被视为世界经济发展动力的解释。[1]金德尔伯格指出，"要稳定世界经济，就需要稳定者，一个稳定者"[2]。他强调，霸权领

---

[1]　Isabelle Grunberg, "Exploring the Myth of Hegemonic Stability," *International Organization,* Vol.44, No.4, Autumn. 1990, pp.431—477.

[2]　Charles Kindleberger, *The World in Depression 1929—1939*, London: Allen Lane, The Penguin Press, 1973, p.305.

导国的无私和远见是确保世界利益的核心条件。① 霸权稳定论的基本主张是：霸权国家建立其自己的霸权体系，并制定该体系的基本原则、规则、规范和决策程序，霸权国家的实力与威望是其他国家接受这些国际制度的重要前提；霸权国家利用这些机制维持霸权体系，最大限度地获得自己的利益；为了维持该体系，它愿意向体系内的其他国家提供公共产品，容忍搭便车行为；霸权国家衰落或急剧变化导致该体系的国际制度发生相应变化。② 霸权国家首先为自由贸易提供稳定的国际制度，进而主导各问题领域之国际制度的建立，从而造就稳定的国际经济秩序，霸权的衰落必然导致全球不稳定。③ 霸权稳定理论主要基于权力的物质资源，未能解释更多的权力维度，故而经常受到批判。④ 传统的全球治理体系深受霸权政治的困扰，也常常为霸权国家所绑架，这是联合国全球治理地位弱化和全球治理机制碎片化的主要原因。2008 年金融危机爆发以来，美国更显霸权自私本性，提供公共产品的能力与意愿大大降低，对参与大国协调、共同应对挑战也表现得三心二意。霸权自身的不稳定影响全球的不稳定，这种情势困扰着既有的全球治理体系，成为全球治理难以摆脱

① Arthur A. Stein, "The Hegemon's Dilemma: Great Britain, the United States, and the International Economic Order," *International Organization*, Vol.38, No.2, Spring. 1984, pp.355—386.

② Andreas Hasenclever, Peter Mayer, and Volker Rittberger, *Theories of International Regimes*, London: Cambridge University Press, 1997, p.86.

③ Charles Kindleberger "Dominance and leadership in the International Economy: Exploitation, Public Goods, and Free Rides," *International Studies Quarterly*, Vol.25, 1981, pp.242—254; Duncan Snidal, "The Limits of Hegemonic Stability," *International Organization*, Vol.39, No.4, Autumn. 1985, pp.579—614.

④ G. John Ikenberry, "Rethinking the Origins of American Hegemony," *Political Science Quarterly*, Vol.104, Fall 1989, pp.375—400; Arthur A. Stein, "The Hegemon's Dilemma: Great Britain, the United States, and the International Economic Order," *International Organization*, Vol.38, No.2, Spring. 1984, pp.355—386.

彻底危机的核心根源之一。

其次，全球治理危机的爆发及其应对，凸显了以个体为中心的新自由主义的失败，彰显了大国协调的价值和国际制度重塑的必要。罗伯特·吉尔平指出，霸权衰落和新兴国家成长导致一场决定性的权力再分配。霸权国家可采取两种行动路线恢复体系平衡：寻求增加用于保持国际体系地位和承担义务所需要的资源；或减少现在承担的义务，以不致最终危害其国际地位。进一步说，为防止霸权转移，主导大国可以采取如下具体的战略：第一，也是最有吸引力的反应是消除产生这个问题的根源，即发动预防性战争消灭或削弱新兴的挑战者；第二，可以通过进一步扩张来寻求减少保持其地位的成本；第三，减少承担的外交义务，包括直接放弃承担的某些义务、与威胁性较小的国家结盟或寻求和睦关系、对新兴大国退让从而寻求对其野心进行绥靖等。① 他进一步提出霸权与大国政策协调（policy coordination）并存的理论，强调多边管理与政策协调的价值。② 新自由制度主义的代表人物罗伯特·基欧汉则对霸权稳定论进行颠覆性的批判，强调如果国际制度适应的话，合作并不需要一个霸权领导。后霸权合作也是可能的。③ 他提出国际制度稳定论的观点，认为国际制度拥有自己的独立生命，随着国际社会相互依赖程度的提高，国际制度将不断发展，其发展并不完全依赖霸权国家的意愿。④ 基欧汉深刻地认识到新自由主义的局

① ［美］罗伯特·吉尔平：《世界政治中的战争与变革》，武军、杜建平、松宁译，中国人民大学出版社 1994 年版，第 109、146、158—191 页。

② ［美］罗伯特·吉尔平：《国际关系政治经济学》，杨宇光等译，经济科学出版社 1994 年版，第 405—411 页。

③ Robert Keohane, *After Hegemony: Cooperation and Discord in the World Political Economy*, Princeton: Princeton University Press, 1984, p.10.

④ Robert Keohane, *International Institutions and State Power: Essays in International Relations Theory*, Boulder: Westview Press, 1989, pp.130—131.

限性，指出全球化有赖于有效治理，但有效治理并非必然的结果，局部全球化世界的有效治理需要更为广泛的国际制度，要防止全球化的停滞或逆转，就需要发展促进合作、有助于解决冲突的治理安排。他开出的药方是，将理性战略行为与信念和价值观相结合。①

最后，全球治理危机的应对呼唤新的理念和规则，为新理论的出现奠定了重要的实践基础。一方面，现有的全球治理规则严重滞后于全球化的现实，不能适应全球化的迅速发展和全球性问题的大量涌现；② 另一方面，新兴大国群体崛起并成为世界和平发展的核心动力，但在国际体系中尚未获得应有的地位与影响力。上述因素加上应对全球治理危机的经验积累，一种基于全新理念的国际合作理论呼之欲出。它建立在近年来国际协调和全球治理重塑的基础上，应进一步强调人类共同利益，强调风雨同舟的现实，强调各国一荣俱荣、一损俱损的命运与共，强调共克时艰、共享前景的可能。

第二节　21 世纪初全球治理危机及其应对

冷战结束迄今，世界转型主要体现为权力转移、问题转移和范式转移。权力转移（power shift）指的是国际关系中的行为体及其权力组成发生巨大变化，具体表现为：其一，大国兴衰、权力资源从西方向东方转移、从国家向非国家流散。权力转移最重要的表现是大国兴衰，即发展中

---

① Robert Keohane, "Governance in a Partially Globalized World," *American Political Science Review*, Mar. 2001, pp.1—13.

② 蔡拓:《全球治理的反思与展望》,《天津社会科学》2015 年第 1 期，第 108—113 页。

大国群体性崛起，中国崛起举世瞩目，美国主导力下降，欧洲重心作用淡化。其二，国家集团化既是权力转移的结果，也是权力转移的来源，欧盟、东盟通过联合影响世界格局和地区格局，成为大国战略设计必须纳入的核心要素。其三，国家的传统主导地位受到挑战，地区组织、全球组织和非国家行为体均力图分享部分权力。所谓问题转移（problem shift），即国家面对和关注的问题重点发生了变化，权力转移导致国家战略的必然调整，生存不再是国家唯一的关注核心，发展和繁荣在国家战略中的重要性进一步提升。意识形态竞争不再像冷战期间那么剧烈，而是退居幕后，表现在前台的主要因素是：全球性问题激增，国际议程愈加丰富，这些问题与各国利益相关，单边方式难以解决；安全趋于泛化，非传统安全上升为国际议程的主导因素之一；大国兴衰使得美国、中国的发展及其战略调整都成为举世关注的重心，中国研究的勃兴在一定程度上代表了这种趋势；国际制度的"民主赤字"（democratic deficit）进一步凸显。权力转移和问题转移进一步推动了世界转型，而中国崛起与这一波世界转型并行，推动世界进入到一个新的战略时代，中国的战略调整成为世界关注的重心，而中国高举和平、发展、合作、共赢的旗帜，进一步推动了国际关系范式转移（paradigm shift），这具体表现在国家间合作变得至关重要，这一基本诉求推动国际关系民主化的实质性增强，全球治理理念得到强化；与此相关，国家之间的权力关系不再完全是零和游戏，也会出现积极成效乃至共赢，而国家间基于共同利益的合作具有更基础性的作用。上述要素既是导致 2008 年以来全球治理危机的重要根源，也是应对全球治理危机、推动全球治理转型与发展的重要力量。

　　2008 年爆发于世界政治经济中心地区的全球治理危机由来有自。当前全球治理处于一个发展的关键期。种族冲突、传染性疾病、恐怖主义，以及新一轮的全球挑战正逐渐来到舞台中央的聚光灯下。① 地缘政治和文明冲突、金融和经济危机、粮食和水资源安全、能源安全、环境恶化、气候变化、全球移民等全球性挑战和问题更加突出、更加尖锐。全球性问题和全球风险的出现，也对国家中心的全球治理体系提出了挑战，② 全球治理体系日益体现出碎片化和多元中心的特征，全球治理的整体性方案难以确定和落到实处。③ 全球各种峰会、力量组合风起云涌，国际社会力求凝聚共识，共同寻找解决全球问题的办法，终因各国利益诉求不同，全球治理机制陈旧落后，不能适应全球化和多极化的迅猛发展势头，全球化积累起来的一系列问题甚至到了无法得到有效治理的地步。④ 各国都深刻认识到发达国家和新兴发展中大国的战略分野，如今深陷债务危机而难以自拔的，是那些掌握着国际储备货币发行权和国际规则制定权的发达经济体。⑤ 全球治理危机爆发以来，发达国家长期低迷、新兴大国持续高增长成为不可移转的长期趋势。这个此长彼消的历史进程带来了现行全球治理机构的合法性与有效性危机，意味着完全由发达国家主导的旧全球治理模式无法延续，这就是传统全球治理体系的结构性困境。另一方面，传统全球治理机制主要应对国家间维持和平稳定等传统治理议题，当今世界面临

---

① 美国国家情报委员会、欧盟安全问题研究所编：《全球治理 2025：关键的转折点》，《国外社会科学文摘》2011 年第 3 期，第 4—12 页。

② 杨雪冬、王浩主编：《全球治理》，中央编译出版社 2015 年版，导论第 7 页。

③ 何帆、冯维江、徐进：《全球治理机制面临的挑战及中国的对策》，《世界经济与政治》2013 年第 4 期，第 19—39 页；卢静：《当前全球治理的制度困境及其改革》，《外交评论》2014 年第 1 期，第 107—121 页。

④ 庞中英：《重建世界秩序：关于全球治理的理论与实践》，中国经济出版社 2015 年版，第 70 页；何亚非：《选择：中国与全球治理》，中国人民大学出版社 2015 年版，第 4 页。

⑤ 李扬、张晓晶：《失衡与再平衡——塑造全球治理新框架》，中国社会科学出版社 2013 年版，前言第 7—8 页。

的全球性问题越来越多，传统治理机制无法有效应对这些新问题，从而产生传统治理体系的进程性困境。其中，必然伴随着全球治理主体日益多元化和全球治理价值日益分散化，传统全球治理体系的观念性困境凸显。以此为指向，全球治理困境逐步钝化，既有国际规则体系不能有效管理全球事务，不能应对全球性挑战，致使全球问题不断产生和积累，出现世界秩序失调的状态。①

上述困境是导致全球治理危机的主要根源所在。应对 2008 年以来的欧美债务危机和全球金融危机，各国深刻地认识到变革的必要。金融危机的爆发使昔日居于全球霸主地位的美国正逐渐失去绝对优势地位。与此同时，全球治理理念得到前所未有地重视。此次金融危机和随后各国相继陷入紧急衰退和经济发展的困境，进一步暴露资本主义制度以及民族—国家体系与全球化之间的深刻矛盾，人们普遍认为解决这一内在矛盾的唯一途径只能是加强全球治理、推动国家层面的治理以及国际层面的协调和合作，这一共识来之不易。另一方面，各大国全球治理理念和方略上的竞争依旧异常激烈，在如何处理国际议程上不断增多的新的和长期的问题方面，不同的利益和观点导致世界政坛更加严重的分裂。② 美欧大国提供全球公共产品的能力和意愿大为降低，③ 并把全球治理体系改革的矛头指向以中国为首的发展中大国，认为后者从免费搭车中获益太多，尽管主动邀请新兴国家共同应对金融危机带来的损害和日益增多的全球性问题，进一

---

① 秦亚青：《全球治理失灵与秩序理念的重建》，《世界经济与政治》2013 年第 4 期，第 4—18 页。

② 朱立群、[意] 富里奥·塞鲁蒂、卢静主编：《全球治理：挑战与趋势》，社会科学文献出版社 2014 年版，代序第 1 页、第 25 页。

③ 黄仁伟：《新兴大国参与全球治理的利弊》，《现代国际关系》2009 年第 11 期，第 21—22 页。

步整合全球秩序，但对自身利益的关注越发成为其应对战略的出发点，从而使得传统大国继续维持全球治理现状和新兴大国试图促进全球治理发生变革的矛盾愈发凸显。①

既有发达国家深刻认识到共克时艰的必要，力图通过满足新兴大国在关键性全球机构中发挥更大作用的诉求来维持自身地位的合法性。为应对全球治理危机，主要国家展开一系列政策协调与合作努力，其中最为重要的就是召开由发达工业国家和新兴大国领导人共同参加的二十国集团（G20）峰会。G20 峰会的讨论主题从最初为应对紧迫的金融危机而相互协调经济刺激方案，发展到讨论中长期全球经济问题和设计国际经济组织改革方案，成为全球经济治理机制的核心，并在改革世界银行和国际货币基金组织上达成初步共识。②G20 的主要功用是，设置议程、建立共识、协调政策、交流知识及制定规范。③新兴大国在议程设置方面日益上升的影响力是 G20 治理取得的关键性成就，④也是其能够取得成功的关键要素。G20 不以意识形态划线，发达国家和发展中国家比例相对平衡，且以主要大国相互协调为核心功能，又有国际货币基金组织、世界银行、金融稳定论坛等国际经济金融机构作支撑，比较适应现阶段世界经济多元发展、发

---

① ［美］迈尔斯·凯勒：《新兴大国与全球治理的未来》，游腾飞编译，《学习与探索》2014 年第 10 期，第 48—53 页。

② 2010 年，国际货币基金组织通过将 6% 的份额向发展中国家和新兴市场转移的方案，2016 年 1 月新的份额分配正式生效，美国依旧保持超过 15% 的重大决策否决权，中国份额升至第三位，印度、俄罗斯和巴西份额都跻身前 10 位，标志着发展中大国在全球治理中的话语权有所上升。具体分析参见辛本健：《全球治理的中国贡献》，机械工业出版社 2016 年版，第 9 页。

③ ［美］约瑟夫·奈：《权力大未来》，王吉美译，中信出版社 2012 年版，第 297—298 页。

④ ［加拿大］约翰·J.柯顿：《二十国集团与全球治理》，郭树勇、徐谙律译，上海人民出版社 2015 年版，第 484 页。

展中国家力量上升的经济全球化新形势，① 发展为受到各成员国高度重视的俱乐部、全球治理网络的中心。②

另一方面，发达国家在危机初步得到缓解之后故态复萌。美国虽然受到实力相对衰落和提供公共产品能力下降等因素的制约，③ 但是通过重新制定规则和加强国际制度安排维系主导地位的战略意图未改，美国并未放弃在传统国际制度中的主导地位（如国际货币基金组织中 15% 以上份额所确定的否决权），奥巴马政府同时推动跨太平洋伙伴关系协定（TPP）和跨大西洋贸易与投资伙伴关系协定（TTIP）谈判，拜登政府推动"印太经济框架"（IPEF），均致力于将第二大经济体中国排除在新的制度建设之外。欧盟则倡导多边主义、尊重全球制度、承认文化多样性，促成合作性世界秩序，以确保欧盟在国际规则方面的主导性地位，并为发展中国家问题的解决或至少缓解提供可行选择。欧盟的方案有一定的可取之处，但其自身陷入的危机更深，而英国退出欧盟的决定在某种程度上是地区主义退潮的某种迹象，促使我们对地区治理机制的成效进行反思。

新兴大国应对全球治理危机做出了不同的战略选择。中国、印度等因为没有追随"华盛顿共识"议程而成为世界上最成功的发展中国家，"华盛顿共识"和市场原教旨主义的失败也为这些新兴大国寻求独有的路径提供了反例。④ 它们一方面积极参与 G20 治理，寻求自身影响力的扩大；另

① 何亚非：《选择：中国与全球治理》，中国人民大学出版社 2015 年版，第 37 页。

② ［加拿大］约翰·J. 柯顿：《二十国集团与全球治理》，郭树勇、徐谙律译，上海人民出版社 2015 年版，第 19 页。

③ ［美］斯图瓦特·帕特里克：《全球治理改革与美国的领导地位》，杨文静译，《现代国际关系》2010 年第 3 期，第 54—62 页；刘丰：《美国霸权与全球治理——美国在全球治理中的角色及其困境》，《南开学报》（哲学社会科学版）2012 年第 3 期，第 9—16 页。

④ ［英］戴维·赫尔德、凯文·扬：《有效全球治理的原则》，朱旭译，《南开学报》（哲学社会科学版）2012 年第 5 期，第 1—11 页。

一方面在金砖国家峰会和地区性合作联盟方面大显身手。① 金砖国家峰会没有地区特征，它走出亚洲、覆盖全球数个大洲，是真正的全球网络。与G20相比，金砖国家峰会议程不仅限于经济及相关事务，其未来的议程可以涉及全球治理的各方面，具有高度的灵活性，② 为全球和地区治理机制改革的顶层设计发挥了引领作用。

上述情势表明，在应对21世纪初全球治理危机的进程中，各大国既有深度合作，也存在着激烈的博弈。推动全球治理转型与发展，各国分歧甚多，方案不一，既有治理困境的根源并未拔除，并具体表现为全球治理代表性不足、责任性不高、包容性不强、有效性不够等方面。戴维·赫尔德指出："全球治理所存在的根本性困境就是参与的赤字和责任的赤字。就参与赤字来说，一方面现有的治理结构未能充分表达许多国家与非国家行为体的意见，许多行为体没有参与到全球治理中去的渠道；另一方面，许多行为体也没有参与到全球治理体系中的愿望。就责任赤字来说，在不存在任何超国家的实体来调节全球公共产品的供给和使用的情况下，对于诸多紧迫的问题，许多行为体往往采取免费搭车而不是寻求持久的集体解决的行为。"③ 此外，各国治理理念和治理价值之争激烈，由于全球治理在实践上具有不同于国家治理的历史性、具体性、复杂性和流变性，使得全球治理面临尚待解决的理论困境，④ 全球治理体系的包容性受到质疑。上

---

① ［美］迈尔斯·凯勒：《新兴大国与全球治理的未来》，游腾飞编译，《学习与探索》2014年第10期，第48—53页。

② 庞珣：《全球治理中的金砖国家外援合作》，世界知识出版社2016年版，第23页。

③ ［英］戴维·赫尔德：《驯服全球化：管理的新领域》，童新耕译，上海世纪出版集团2005年版，第125页。

④ 吴畏：《全球治理的理论困境》，《武汉大学学报》(哲学社会科学版) 2016年第3期，第16—22页。

述问题的存在会使得争取全球治理改革话语权成为各国的主要考虑，直接影响全球治理的效率。

第三节　中国应对全球治理危机的战略举措

中国是全球治理的积极参与者。中国的快速发展与全球治理转型发展同步，这既是中国融入全球治理体系的过程，也是中国影响全球治理体系变革的进程。20 世纪 90 年代亚洲治理危机的应对和 2008 年以来全球治理危机的应对，为中国在地区和全球事务中发挥建设性作用提供了难得的战略空间，积极参与全球治理被视为中国走向世界大国的必由之路。以全面建成小康社会的社会理想为基础条件，中国追求以中华民族伟大复兴为国家理想、以人类命运共同体为世界理想的战略目标，这一理想大国的前景与全球治理的未来休戚相关，而高举和平、发展、合作、共赢的旗帜，大力推进国际合作是中国应对全球治理危机与变革的必然战略选择，中国特色的国际合作理论呼之欲出。① 联合国工业发展组织前总干事卡洛斯·马格里诺斯就此指出："中国俨然已成为推进全球治理的负责任的贡献者，并成为拉动世界经济摆脱危机的积极主力。"②

---

① 中国的国际合作思想以变革自身为基础，以融入国际社会为路径，以渐进为核心方式，以内外兼修推动国际合作的展开与深入，体现出后来者应有的谨慎和大国应有的气度。中国国际合作理论以命运共同体为指向、以共同利益为前提、以共赢为目标、以积极承担大国责任为重要条件。中国崛起引起全球震动，中国申明走和平发展道路的坚定意愿，提出欢迎其他国家搭乘中国发展列车的倡议，致力于发展与世界各国发展友好合作关系，强调合作者的地位平等，并致力于分享发展红利，适当让渡非战略性利益，积极承担大国责任。

② ［阿根廷］卡洛斯·马格里诺斯：《G20 的未来以及中国在其中的角色》，《国外社会科学》2013 年第 6 期，第 23—27 页。

以习近平同志为核心的党中央不仅仅着眼于中国自身的发展，更将中国发展放到全球视野中，就世界和平发展的诸多议题提出一系列的"中国方案"。① "中国方案"，以完善全球治理机制为核心目标，以伙伴关系网络为全球视野，以东亚和中国周边为地区重点，以"一带一路"建设为核心抓手。"中国方案"深刻把握中国崛起与世界转型相辅相成造就的新格局，将发展问题置于全球宏观政策框架核心位置，为开辟新全球化时代贡献中国智慧，是构成人类命运共同体、塑造更美好世界的密钥。

（一）中国参与全球治理的时代背景

恩格斯指出："每一个时代的理论思维，……都是一种历史的产物，它在不同的时代具有完全不同的形式，同时具有完全不同的内容。"② 进入21 世纪，面对全球治理转型与发展，中国决策者锐意创新，提出治国理政的新理念新思想新战略并付诸实践，这是中国领导人立足国情、世情，预防可能的"中等收入陷阱"风险和"修昔底德陷阱"风险而进行的战略判断和积极筹划。一方面，中国发展取得巨大成功，中国自 2010 年以来成为世界第二大经济体，并成为世界最大的货物贸易进出口国，可以说中国从来没有像今天处在世界市场舞台的中心，从来没有像今天成为世界治理的重要成员，从来没有像今天更广泛深入地参与全球治理，中国也从来没有像今天这样引起关注。另一方面，中国在经济、社会、文化发展等诸方面仍体现着社会主义初级阶段的特征，必须清醒认识长期制约中国发展的深层次因素，以及现实所遇到的突出矛盾和问题，积极应对、妥善处

---

① 周文、包炜杰：《中国方案：一种对新自由主义理论的当代回应》，《经济社会体制比较》2017 年第 3 期，第 1—9 页。

② 《马克思恩格斯文集》第 9 卷，人民出版社 2009 年版，第 436 页。

理。与此同时，中国与世界的互动进入更加密切、更加敏感的时期。世界在加速转型，国际社会对中国崛起的战略走向更为敏感，随着中国新的大战略框架的逐步显现，金砖国家新开发银行、亚洲基础设施投资银行等新国际制度的构想与落实，"一带一路"倡议的提出和实施，被国际社会视为中国崛起的重要标尺。[1]随着中国进一步发展壮大，其面临的疑虑、担心、困难和挑战也有所增多。如何通过和平、发展、合作、共赢的方式参与塑造全球治理的未来，成为中国丰富和平发展、规划崛起之后的战略着眼点。[2]

中国崛起与世界转型并行，中国成为世界变革的重心。尤其是2008年全球金融危机以来，中国综合国力迅猛提升，中国从一超多强的格局中脱颖而出。党的十八大以来，习近平提出"实现中华民族伟大复兴的中国梦"，展现了中国的国家理想。随之，习近平提出打造"人类命运共同体"，展现出积极的世界理想情怀。中国一手抓全面深化改革，一手抓全球利益拓展，成长为世界强国的战略谋划已是国际社会尤其是主要大国的关注重心。[3]

（二）中国参与全球治理的战略思想与顶层设计

随着中国日益走近世界舞台的中心，美西方等国家对中国未来走向的各种疑虑也不断上升，甚至还夹杂着猜忌，如何正面解释和回答这些疑

---

[1] 门洪华：《中国崛起与国际秩序变革》，《国际政治科学》2016年第1期，第60—89页。

[2] 门洪华：《构建新型国际关系：中国的责任与担当》，《世界经济与政治》2016年第3期，第4—25页。

[3] 门洪华：《开启中国全面深化改革开放的新时代——兼论未来十年中国的大战略走向》，《学习与探索》2015年第8期，第60—65页。

虑和猜忌，减小我们发展的外部阻力，是必须面对的问题。与此同时，经济全球化快速发展，综合国力竞争更加激烈，国际形势复杂多变，中国要抓住机遇、迎接挑战，实现更大的发展。① 另一方面，世界正在发生巨大的变化。当今世界是一个变革的世界，是一个新机遇新挑战层出不穷的世界，是一个国际体系和国际秩序深度调整的世界，是一个国际力量对比深刻变化并朝着有利于和平与发展方向变化的世界；我们前所未有地靠近世界舞台中心，前所未有地接近实现中华民族伟大复兴的目标。中国同国际社会的互联互动已变得空前紧密。基于此，中国要高举和平、发展、合作、共赢的旗帜，统筹国内国际两个大局，统筹发展安全两件大事，牢牢把握坚持和平发展、促进民族复兴这条主线，维护国家主权、安全、发展利益，为和平发展营造更加有利的国际环境，为实现"两个一百年"奋斗目标、实现中华民族伟大复兴的中国梦提供有力保障。中国已经站在新的历史起点上。这个新起点，就是中国全面深化改革、增加经济社会发展新动力的新起点，就是中国适应经济发展新常态、转变经济发展方式的新起点，就是中国同世界深度互动、向世界深度开放的新起点。② 在这一中国迅猛崛起与世界快速转型并行的时刻，中国不仅要抓住当前和平、发展、合作、共赢的时代机遇进一步发展自己，同时也应当努力为世界和平与发展善尽义务、多作贡献，积极承担国际责任和义务，积极参与全球治理，为各国提供共同发展的机遇和空间。

中国高度重视全球治理议题。党的十八大报告明确指出，要加强参与全球治理能力建设，主动参与全球治理进程，深化新兴国家治理合作，

---

① 《习近平谈治国理政》，外文出版社 2014 年版，第 100 页。

② 习近平：《中国发展新起点全球增长新蓝图——在二十国集团工商峰会开幕式上的主旨演讲》，《人民日报》2016 年 9 月 4 日，第 1 版。

重视发挥区域治理作用。习近平高度关注全球治理，指出全球治理体制变革正处在历史转折点上，随着全球性挑战增多，加强全球治理、推进全球治理体制变革已是大势所趋，这不仅事关应对各种全球性挑战，而且事关给国际秩序和国际体系定规则、定方向；不仅事关对发展制高点的争夺，而且事关各国在国际秩序和国际体系长远制度性安排中的地位和作用。他明确提出中国参与推动全球治理体制变革的定位和责任，并提供了推动全球治理体制变革的"中国方案"。2015 年 10 月 12 日，习近平在主持十八届中央政治局第二十七次集体学习时讲话指出，全球治理体制变革离不开理念的引领，全球治理规则体现更加公正合理的要求离不开对人类各种优秀文明成果的吸收。要推动全球治理理念创新发展，积极发掘中华文化中积极的处世之道和治理理念同当今时代的共鸣点，继续丰富打造人类命运共同体等主张，弘扬共商共建共享的全球治理理念。2016 年 10 月 16 日，习近平在印度果阿金砖国家领导人第八次会晤时指出："继续做全球治理变革进程的参与者、推动者、引领者，推动国际秩序朝着更加公正合理的方向发展，继续提升新兴市场国家和发展中国家代表性和发言权。我们要继续做国际和平事业的捍卫者，……推动构建合作共赢的新型国际关系。"2017 年 5 月 14 日，习近平在"一带一路"国际合作高峰论坛开幕式上指出，治理赤字是摆在全人类面前的严峻挑战，他呼吁弘扬和平合作、开放包容、互学互鉴、互利共赢为核心的丝路精神，提出携手构建广泛的利益共同体的主张。①党的十九大报告指出，中国秉持共商共建共享的全球治理观，倡导国际关系民主化，坚持国家不分大小、强弱、贫富一律平等，支持联合国发挥积极作用，支

---

① 习近平：《携手推进"一带一路"建设——在"一带一路"国际合作高峰论坛开幕式上的演讲》，《人民日报》2017 年 5 月 15 日，第 3 版。

持扩大发展中国家在国际事务中的代表性和发言权。中国将继续发挥负责任大国作用，积极参与全球治理体系改革和建设，不断贡献中国智慧和力量。党的二十大报告强调，中国积极参与全球治理体系改革和建设，践行共商共建共享的全球治理观，坚持真正的多边主义，推进国际关系民主化，推动全球治理朝着更加公正合理的方向发展。以上述战略判断为基础，中国确立了推动全球治理走出困境、转型发展的基本定位：理念引领者、智慧贡献者、方案提供者和积极行动者。

新型国际关系是中国推动全球治理变革的重要标签。党的二十大报告强调推动构建新型国际关系，深化拓展平等、开放、合作的全球伙伴关系，致力于扩大同各国利益的汇合点。在世界处于转型之际，在中国崛起的关键时期，中国倡导建立新型国际关系，代表了中国对未来世界的理想与愿望，深刻体现了中国的责任与担当。可以说，构建新型国际关系代表着中国对自身与世界互动关系认识的新高度，是推动全球治理转型的密钥。

（三）中国应对全球治理危机的战略举措

大力推进国家治理体系和治理能力的现代化建设是中国应对全球治理危机的基础性举措。中国与世界密切互动，而全球治理与国家治理相辅相成、相互促进。中国国内治理本身就具有全球治理的价值和意义，其在全球治理中的角色相当程度上取决于国内治理。作为世界上最大的发展中国家，中国将占世界五分之一人口的国家治理好本身就是对全球治理的巨大贡献；另一方面，中国还可以把国内治理的成功经验介绍给世界，为其他国家提供借鉴。中国深刻认识到国情的巨大变化，大力推进国家治理体系和治理能力的现代化建设。

中国同时注重发达国家和发展中国家，[①] 致力于通过增进互信、聚同化异、避免对抗、互利合作维护国际体系的和平转型，超越新兴大国和守成大国必定冲突的历史宿命，避免并克服旧有大国关系中互不信任、相互敌视、相互排斥、相互为敌的消极因素，增强相互信任、相互尊重，追求合作共赢，建立合作共赢的新模式，健全风险管理机制，为国际关系发展注入正能量；与此同时，中国以正确义利观为引领创新发展中国家关系，坚定团结"全球南方"，同广大发展中国家同呼吸、共命运，[②] 致力于从世界和平与发展的大义出发，以更加积极的姿态参与国际事务。中国致力于弘扬共商共建共享的全球治理理念，提出新型国际关系的塑造，并通过打造全球伙伴关系网络和参与 G20 机制建设推动全球治理体系的优化。打造全球伙伴关系网络是中国构建新型国际关系的重要体现，也是新型国际关系得以持续发展的重要基础。[③] 中国伙伴关系战略不断深化完善，在全球、地区、双边和国家层面均取得积极成效。中国伙伴关系战略以和平共处五项原则作为战略基础，以维护国家利益和拓展国际影响作为战略方向，以政治互信、经济互赖、文化交融、社会互动和安全支撑作为战略手段，通过双边关系的改善带动全球战略的拓展。它以实现共同利益为基准，以促进互利共赢的目标，以国际合作为路径，代表了中国和平、合作、共赢的发展路径。中国伙伴关系战略最直观的全

---

① Caio Koch-Weser：《中国参与全球治理的七大建议》，《国际经济评论》2006 年第 4 期，第 38—39 页。

② 王毅：《自信自立、开放包容、公道正义、合作共赢——在 2023 年国际形势与中国外交研讨会上的演讲》（2024 年 1 月 9 日），载中华人民共和国外交部网站，2024 年 1 月 9 日。

③ 习近平在 2014 年 11 月 28 日的中央外事工作会议中指出："要在坚持不结盟原则的前提下广交朋友，形成遍布全球的伙伴关系网络。"参见《中央外事工作会议在京举行》，《人民日报》2014 年 11 月 30 日，第 1 版。

球意义在于，提供对话合作的战略框架，从而成为新型国际关系的典范。作为一项基于双边而遍及全球的战略部署，中国伙伴关系战略对维护国际战略平衡、促进世界和平发展、推动国际关系民主化和世界多极化进程都有着不可忽视的作用。中国与国际社会一道共克时艰，推动全球经济治理机制改革，坚定帮助欧洲应对主权债务危机，应邀向国际货币基金组织等增资，推动全球治理机制向着更加公正合理方向发展。中国和平发展道路需要必要的国际制度来保障，完善确保和平发展的国际制度，是中国外交重要的价值追求，中国在二十国集团的积极作为体现了上述意愿，"一带一路"倡议的付诸实施体现了中国塑造国际经济关系的制度化努力，并成为以地区为基础、以全球为视野的重要战略部署。中国强调，全球经济治理应该以平等为基础，更好反映世界经济格局新现实，增加新兴市场国家和发展中国家代表性和发言权，确保各国在国际经济合作中权利平等、机会平等、规则平等；全球经济治理应该以开放为导向，坚持理念、政策、机制开放，适应形势变化，广纳良言，充分听取社会各界建议和诉求，鼓励各方积极参与和融入，不搞排他性安排，防止治理机制封闭化和规则碎片化；全球经济治理应以合作为动力，各国要加强沟通和协调，照顾彼此利益关切，共商规则，共建机制，共迎挑战；全球经济治理应该以共享为目标，提倡所有人参与，所有人受益，寻求利益共享，实现共赢目标。

中国重视所在地区的治理对全球治理转型发展的基础性作用和示范性意义，致力于促进周边国家关系的改善，推动东亚地区秩序建设。中国崛起带来地区震动，中美日等大国竞争围绕东亚展开，地区治理出现"九龙治水"的博弈格局，对中国的深刻挑战不容小觑。中国积极推进与邻为善、以邻为伴，坚持睦邻、安邻、富邻，突出体现亲、诚、惠、容的理念。① 中国为进一步拓展周边外交制定宏伟蓝图，提出打造中国—东盟自贸区升级版、建立亚洲基础设施投资银行、共建"一带一路"倡议等，大力提升与周边国家的战略合作关系。在东亚秩序建设上，中国充分认识中国崛起的地区效应，完善东亚共同体的中国论述，推动地区制度建设的顶层设计，致力于以汇聚共同利益为基础开展开放的东亚共同体建设，通过制度性合作发展东亚利益共同体、责任共同体，大力促成东亚命运共同体，奉行开放地区主义，积极承担大国责任，坚持循序渐进的原则，抱持战略耐心。东亚地区治理历史渊源深厚，现实利益交织，大国博弈激烈，中国以建设性姿态维系其开放包容的态势颇为关键。

第四节　中国推动全球治理转型发展的战略取向

积极推动全球治理转型发展，符合中国的战略诉求。近年来，中国抓住应对全球治理危机的契机，大力推进国家战略体系建设和国家治理能力的提升，推动国际战略思想创新，在全球和地区两个层面加强国际合作，尤其是经济治理层面发挥着越来越重要的发动机作用，成为全球治理的积极推动者，在全球治理上的积极作为引起举世关注。

未来 10—15 年，是中国全面发展的关键时期，应秉持知行合一的思想，坚持理论与实践的密切结合，深化对新全球化和全球治理的研究，在全球治理理念、理论、战略设计等方面形成完整的"中国方案"，并在国家治理体系建设、东亚地区治理、全球治理和某些有优势的领域治理上重

---

① 《习近平谈治国理政》，外文出版社 2014 年版，第 297 页。

点发力，为中国成长为世界大国奠定更为坚实的基础。中国推动全球治理转型发展的主要战略取向是：

第一，深化对新型全球化的研究，强化中国的历史责任感和历史使命感。经济全球化是生产力发展的客观要求、科技进步的必然结果，也是人类社会前进的必由之路，更是不可逆转的时代潮流。[①] 当前，全球化的两面性均在彰显，逆全球化、反全球化的潮流体现出人们对既有全球化效应的深度忧虑。全球化符合生产力发展要求，符合各方利益，是大势所趋，故而不存在全球化退场的可能，但面对全球化的双刃剑效应，各国选择的差异性、复杂性在扩大。[②] 有鉴于此，推进新型全球化，中国既要和世界诸大国协调合作，联合进行顶层设计，又要勇于承担起推进新型全球化的历史使命，自觉高举新型全球化大旗，积极推动贸易自由化、投资自由化和服务便利化，以开放促改革，以改革谋发展，以发展赢繁荣。

第二，深入全球治理研究，将中国外交思想创新落到实处，落实以全球发展倡议、全球安全倡议和全球文明倡议为核心的"中国方案"。在推动全球治理的实践中，中国致力于推动战略思想创新，逐步形成了中国特色大国外交的理论体系框架，这就是：站在统筹国内国际两个大局的战略高度，以实现中华民族伟大复兴的中国梦为理想指引；以和平发展为战略选择，恪守和平发展的理念，创新和平发展的思想，夯实和平发展的基础；以塑造新型国际关系为战略目标，以打造人类命运共同体为世界理

---

① 王毅：《深入贯彻中央外事工作会议精神 不断开创中国特色大国外交新局面》，《求是》2024 年第 2 期，第 16—22 页。

② 黄仁伟：《从全球化、逆全球化到有选择的全球化》，《探索与争鸣》2017 年第 3 期，第 40—42 页。

想，以合作共赢为战略路径，强调发展和安全两手同时抓、两手都要硬，以和平共处、总体稳定、均衡发展为引领寻求新型大国关系的突破，以亲诚惠容和与邻为善、以邻为伴为引领重塑周边关系，以真实亲诚理念和正确义利观为引领创新发展中国家关系，以坚持真正的多边主义、深化拓展平等开放合作的全球伙伴关系、积极参与全球治理、倡导"一带一路"建设等为引领推动双边、区域和多边合作。上述外交思想创新可视为中国推动全球治理转型发展的路线图，将其落到实处，形成关乎全局的全球治理方案，需要深入研究。

第三，进一步加强国家治理体系建设，夯实中国全面而积极推动全球治理转型发展的基础。开放开启了中国国内的国际化进程，跨国合作全面开花。① 中国高度重视统筹国内国际两个大局，强调国家治理体系建设和治理能力提升是更好地参与全球治理进程的基础条件。中国以实现中华民族伟大复兴为主题，以坚持中国特色社会主义与和平发展道路为主线，全力推进中国式现代化建设，其战略布局是统筹推进经济建设、政治建设、文化建设、社会建设、生态文明建设"五位一体"总体布局、全面深化改革、全面依法治国、全面从严治党"四个全面"战略布局。上述国家发展战略思想的丰富和落实，为加强国家治理体系建设指明了方向、确定了核心内容。

第四，确定中国推进全球治理转型发展的全球战略定位，进一步提升全球治理能力。中国是全球治理的深度参与者和积极建设者，理念引领者、智慧贡献者、方案提供者和积极行动者。在此基础上，中国明确构建与其综合实力相适应、权力和责任基本对称、发展共同利益和促进本国利

---

① 蔡拓：《中国如何参与全球治理》，《国际观察》2014 年第 1 期，第 1—10 页。

益相结合的参与全球治理的战略框架,[①] 坚定维护以联合国为核心的国际体系、以国际法为基础的国际秩序、以联合国宪章宗旨和原则为基础的国际关系基本准则,确立与其他大国实现在全球治理议程上的合作共赢目标。中国在推进全球治理转型发展的进程中,要积极倚重联合国、二十国集团这两个全球治理平台,通过菜单式、议题式等合作方式积极构建在全球性问题上的统一战线。[②] 中国一方面要加强新型大国关系建设,明确落实相互尊重、不冲突、不对抗、互利共赢的目标管理,注重推进大国在全球治理议程上的协调合作,另一方面要加强与新兴大国的沟通与协调,共同推进全球治理体系变革,使全球治理体系朝着公正、均衡、有效的方向发展。

第五,稳定东亚诉求,稳步推进东亚经济治理和安全治理,提出东亚治理的中国主张和中国方案。中国相继提出 21 世纪"海上丝绸之路"、中国—东盟命运共同体、中国—东盟自由贸易区升级版、亚洲基础设施投资银行等东亚合作新倡议,致力于通过引导地区安排的方向,发展开放性全地区合作,缓解东亚疑虑,凝聚共同利益,深化地区认同。中国深刻认识到东亚开放性高、渗透性强的现实,以及经济、安全既有所分离又高度相关的矛盾存在,以经济合作为抓手推进地区治理的深化。中国深化对地区公共产品的认识,与各国一道确立地区和平发展的目标,评估地区国家的根本利益诉求,既做到雪中送炭,又实现共享繁荣,从而深化东亚命运共同体意识,实现东亚秩序的重塑。

第六,抓住重点,在中国熟悉、有优势的领域推动全球治理深化。全

---

① 广东国际战略研究院课题组:《中国参与全球经济治理的战略:未来 10—15 年》,《改革》2014 年第 5 期,第 51—67 页。

② 何亚非:《选择:中国与全球治理》,中国人民大学出版社 2015 年版,第 178 页。

球治理转型发展涉及方方面面的内容，中国全面推动其变革既不可能，又缺乏经验。基于此，中国应在自己熟悉和有优势的经济、金融等领域优先推进，大力推进二十国集团从危机应对的平台向长效治理的机制转移、从侧重短期政策向与中长期政策并重转型，确保中国在全球经济治理中的话语权、主动权和主导权。中国抓住国际金融秩序亟须重建的机遇，通过主导筹建亚投行来推动国际金融秩序变革，回应国际社会期望中国发挥更大作用、承担更大责任的诉求。中国在此领域继续深化耕耘，积累经验，推动全球金融治理机制的优化。

第六章　共建"一带一路"与中国—世界关系

　　中国与世界的互动是一个颇具特色的历史进程，是中国传统的"世界秩序"被打破，被强行纳入、历尽挣扎和逐步适应西方主导的国际体系的历史，也是中国融入并影响进而塑造世界的历史，这一互动加速了中国的变革，也促进了世界的转型。① 中国快速发展既是世界百年变局的重要组成部分，也是推动世界变革的主要动力之一。中国成为牵动世界变革的核心力量之一，逐渐位移到世界变革的中心。进入新时代，中国致力于为世界提供促进和平发展、构建人类命运共同体的思想、理念和文化，为世界发展提供新动能，推动世界的可持续发展，为和平发展提供公共产品，以中国智慧、中国方案推动构建平等、包容与合作的国际新关系和新秩序，② "一带一路"倡议就是推动中国与世界良性互动的关键抓手。

　　"一带一路"是习近平深刻思考人类前途命运以及中国和世界发展大势，推动中国和世界合作共赢、共同发展作出的重大决策，是我国今后相

---

　　① 门洪华：《中国崛起与国际秩序变革》，《国际政治科学》2016 年第 1 期，第 60—89 页。

　　② 张蕴岭：《中国对外关系 40 年：回顾与展望》，《世界经济与政治》2018 年第 1 期，第 5—26 页。

当长时期对外开放和对外合作的管总规划。[①]"一带一路"倡议以各国政策与规划的对接实现发展的国际协同，以合作路径与方式的创新推进经济全球化，同时也推动中国开放型发展布局的历史性转型升级。[②] 可以说，"一带一路"建设已超越发展合作的传统范畴，是中国开放与地区合作、全球发展的有机结合。

第一节　新时代中国与世界互动的新特征

中国与世界互动的模式深受关注。与古代的朝贡秩序、近现代的"冲击—回应模式"形成鲜明对比的是，当代中国与世界的关系发生了根本性、历史性的变革。进入新时代，中国对世界的全方位影响更加明显，"已成为更具国际影响力、创新引领力、道义感召力的负责任大国"，[③] 与此同时，中国与世界深度关联，中国发展面临的机遇和挑战同步增加，深入研究新时代中国与世界的互动有其必要性和迫切性。

以党的十一届三中全会为标志，中国进入社会主义建设新时期，这是中国现代化的历史性转折点，也是中国发展历程的重要界碑。中国积极参与经济全球化和地区一体化。中国崛起与世界转型相约而行，这种历史性重合给世界经济发展带来无限活力。中国加速与国际接轨的步伐，迅速

---

① 中共中央宣传部、中华人民共和国外交部编：《习近平外交思想学习纲要》，人民出版社、学习出版社 2021 年版，第 89 页。

② 张幼文：《"一带一路"建设：国际发展协同与全球治理创新》，《毛泽东邓小平理论研究》2017 年第 5 期，第 88—94 页。

③ 王毅：《深入贯彻中央外事工作会议精神　不断开创中国特色大国外交新局面》，《求是》2024 年第 2 期，第 16—22 页。

崛起为世界经济大国、贸易大国、开放大国，为世界和平发展作出重大贡献，中国理念、中国思想、中国智慧、中国方案为世界所高度关注，中国成长为一个合作性的、负责任的、建设性的、可预期的国际体系塑造者，对国际事务发挥重大乃至引领性影响。[①] 中国推动世界发生着前所未有的巨大变化。其中最大的变化就是世界各国相互联系越来越密切，相互依存越来越深入。在这个相互依存的世界里，面对各种各样的挑战，再强大的国家也不可能单打独斗，独善其身。同舟共济、合作共赢已不是一种选择，而是除此之外别无选择。

习近平指出，从历史维度看，人类社会正处在一个大发展大变革大调整时代。世界多极化、经济全球化、社会信息化、文化多样化深入发展，和平发展的大势日益强劲，变革创新的步伐持续向前。各国之间的联系从来没有像今天这样紧密，世界人民对美好生活的向往从来没有像今天这样强烈，人类战胜困难的手段从来没有像今天这样丰富。从现实维度看，我们正处在一个挑战频发的世界。世界经济增长需要新动力，发展需要更加普惠平衡，贫富差距鸿沟有待弥合。地区热点持续动荡，恐怖主义蔓延肆虐。和平赤字、发展赤字、治理赤字，是摆在全人类面前的严峻挑战。[②]人类正处在一个挑战层出不穷、风险日益增多的时代。世界经济增长乏力，金融危机阴云不散，发展鸿沟日益突出，兵戎相见时有发生，冷战思维和强权政治阴魂不散，恐怖主义、难民危机、重大传染性疾病、气候变

---

① 门洪华：《新时代的中国对美方略》，《当代世界与社会主义》2019 年第 1 期，第 15—24 页。

② 《携手推进"一带一路"建设》（2017 年 5 月 14 日），载《习近平谈治国理政》第 2 卷，外文出版社 2017 年版，第 508—513 页。

化等非传统安全威胁持续蔓延。① 我们一方面要看到各国相互联系、相互依赖，全球命运与共、休戚相关，和平力量的上升远远超过战争因素的增长，和平、发展、合作、共赢的时代潮流更加强劲，另一方面也要深刻认识到世界进入转轨时期，出现了严重的"逆全球化"的潮流，各国间宏观政策协调难度加大，为加快经济复苏，各国利益诉求和政策着力点的差异日益显现；各国保护主义抬头，贸易壁垒逐渐增加；有些国家和利益群体把利益分配不均、贫富分化加剧错误地归咎于全球化，成为反全球化的主要力量。② 正如习近平指出的，20 年前甚至 15 年前，经济全球化的主要推手是美国等西方国家，今天反而是我们被认为是世界上推动贸易和投资自由化便利化的最大旗手，积极主动同西方国家形形色色的保护主义作斗争。……我们今天开放发展的大环境总体上比以往任何时候都更为有利，同时面临的矛盾、风险、博弈也前所未有，稍不留神就可能掉入别人精心设置的陷阱。③ 当前，和平赤字、发展赤字、治理赤字，成为摆在全人类面前的严峻挑战。人类又走到一个发展的十字路口，面临着能否作出正确抉择的重要考验。④ 进入新时代，中国发展给世界带来广泛而深刻的影响，强烈的对比刺激着许多人的战略神经。一些国家在看到中国发展给世界带来巨大"红利"的同时，对于中国在世界的影响力不断扩大又充满着矛盾心理，甚至带有敌意，⑤ 对中国的疑虑、猜疑甚至不满

① 《共同构建人类命运共同体》(2017 年 1 月 18 日)，载《习近平谈治国理政》第 2 卷，外文出版社 2017 年版，第 538 页。
② 林毅夫：《一带一路与自贸区：中国新的对外开放倡议与举措》，《北京大学学报》(哲学社会科学) 2017 年第 1 期，第 11—13 页。
③ 《深入理解新发展理念》(2016 年 1 月 18 日)，载《习近平谈治国理政》第 2 卷，外文出版社 2017 年版，第 211—213 页。
④ 曲青山：《"一带一路"倡议的中国担当》，《人民论坛》2017 年第 23 期，第 6—9 页。
⑤ 杜正艾：《中国在国际格局中的战略新定位》，《当代世界》2014 年第 11 期，第 2—5 页。

也随之增加。[①]

　　世界转型对中国复兴的挑战显而易见。中国与世界的互动进入到更加敏感的时期。随着全球发展倡议、全球安全倡议、全球文明倡议等的陆续提出，中国新时代的大战略框架的逐步明晰化，金砖国家新开发银行、亚洲基础设施投资银行等新国际制度的构想与落实，"一带一路"倡议的提出和实施，中国是否正在试图改变既有国际秩序，成为既有国际秩序的塑造者乃至挑战者，被视为国际社会观察和看待中国崛起的重要标尺。[②] 当前，世界面对着一个快速崛起和更加自信、开放的中国，国际社会对中国崛起的疑虑增加。发达国家加紧制定新的国际规则，围堵中国的意图明显。中国周边环境趋于复杂化，部分周边国家出于对中国崛起的疑虑与恐惧，加紧与美国的合作。可以说，随着中国进一步发展壮大，其面临的疑虑、担心、困难和挑战也在增多。从地区角度看，经济复兴正在东亚地区展开，中国既是东亚经济复兴的领头羊，又有可能成为最大的获益者，东亚对中国未来发展的机遇与挑战均不可低估。从消极的方面来看，全球化可以迅速带来资本和技术，但不会迅速带来良好的经济制度和市场管理能力，反而会带来巨大的挑战。对依赖市场推动而不是制度推动的东亚一体化而言，整体性的制度框架短期之内仍难以建立起来，未来走向地区主义的制度化安排均有可能产生长期的负面影响。设若一味依赖对外开放而没有内在体制的深刻转型，没有国内一体化作为战略依托，则中国与全球接轨只是一种泡沫式开放。所谓全球化机遇的掌握必须通过国内体制的深

---

　　① 张蕴岭：《寻求崛起中国与世界的良性互动》，《国际经济评论》2013 年第 4 期，第 50—58 页。

　　② 门洪华：《中国崛起与国际秩序变革》，《国际政治科学》2016 年第 1 期，第 60—89 页。

层改革才能获致，这正是构建开放型经济新体制的要义所在。换言之，国家、地区和世界的互动推动着中国国家战略体系的优化。

今天，全球化走到了十字路口，何去何从，中国不能当旁观者、跟随者，而是要做参与者、引领者。[①]"一带一路"倡议以共商共建共享为原则，顺应并助推经济全球化、世界多极化、文化多样化与各国互联互通、包容互鉴、互利共赢的时代潮流，从中国自身发展经验出发，为解决世界发展难题贡献中国智慧，成为维护和推进全球化的一股清流。[②]与此同时，中国发展不平衡、不协调、不可持续的问题亟待解决，如何实现"请进来"与"走出去"的结合，建立全新的开放发展模式；如何在开放中坚持问题导向，用开放倒逼改革，善用国内国际两个市场、两种资源，在全球范围整合经济要素、配置发展资源，推动实现互利共赢和构建人类命运共同体，是摆在我们面前的重大任务。概言之，新时代的中国与世界，面临着如何确保并实现良性互动的核心议题。

第二节　共建"一带一路"塑造中国新的战略机遇

"一带一路"建设是中国塑造新战略机遇的关键抓手。习近平指出，"一带一路"倡议源于我对世界形势的观察和思考。……在各国彼此依存、全球性挑战此起彼伏的今天，仅凭单个国家的力量难以独善其身，也无

---

① 《加快实施自由贸易战略　加快构建开放型经济新体制》，《人民日报》2014年12月7日，第1版。

② 林毅夫：《一带一路与自贸区：中国新的对外开放倡议与举措》，《北京大学学报》(哲学社会科学) 2017年第1期，第11—13页。

法解决世界面临的问题。只有对接各国彼此政策，在全球更大范围内整合经济要素和发展资源，才能形成合力，促进世界和平安宁和共同发展。①党的二十大报告强调，共建"一带一路"成为深受欢迎的国际公共产品和国际合作平台，推动共建"一带一路"高质量发展事关新发展格局的构建。上述观点表明，"一带一路"倡议是统筹国内国际两个大局的核心抓手。

"一带一路"倡议是中国迈向新时代的顶层设计，攸关中国改革开放的成败，关系世界和平与发展的前景。"一带一路"倡议的提出和落实，是实施更加主动的对外开放战略的客观需要。作为中国全方位主动对外开放战略的新型国际经济合作平台，"一带一路"倡议把发展战略对接作为具体的实施目标，推动形成以中国为中心、以周边为腹地的开放型经济体系，体现了开放包容、灵活务实的东方智慧。②"一带一路"倡议是中国迈向新型世界大国的理想追求与现实路径。"一带一路"倡议强调中国开放、地区合作、全球发展的有机结合。中国呼吁共同推进构建人类命运共同体伟大进程，倡导新型国际关系建设。新型国际关系的基础是中国坚持和平发展道路选择，致力于成为新型大国，奉行具有中国特色的大国外交，并通过国际合作实现共赢，共同为一个更美好的世界而努力。

"一带一路"倡议是中国国际合作模式的探索。"一带一路"建设以沿线各国发展规划对接为基础，以经贸合作特别是互联互通建设为重点，以贸易和投资自由化、便利化为纽带，推动政府、企业、社会机构、民间

---

① 习近平：《开辟合作新起点　谋求发展新动力——在"一带一路"国际合作高峰论坛圆桌峰会上的开幕辞》，《人民日报》2017 年 5 月 16 日，第 3 版。

② 余晓葵：《"一带一路"：以东方智慧求解发展难题》，《光明日报》2015 年 2 月 28 日，第 4 版；金玲：《"一带一路"：中国的马歇尔计划？》，《国际问题研究》2015 年第 5 期，第 99 页。

团体开展形式多样的互利合作，构建多主体、全方位、跨领域的合作平台。①"一带一路"倡议体现了以共同发展为核心、以开放包容为特色、以宏观政策协调和市场驱动为两轮的发展思路，是一种新型的国际合作模式追求。认识到中国崛起引起的全球震动，中国反复阐明走和平发展道路的坚定意愿，提出欢迎其他国家搭乘中国发展列车的倡议，致力于同世界各国发展友好合作关系，强调合作者的地位平等，并致力于分享发展红利，适当让渡非战略性利益，积极承担大国责任，以实际行动诠释共商共建共享的合作共谋发展新理念。

上述战略定位表明，"一带一路"积极对接中国塑造新战略机遇的重大需求，成为推动中国对内改革深化、对外全面开放的关键抓手。"一带一路"首先要造就的是更加完善的市场经济体系和更具有塑造性的对外环境，致力于塑造一种全新的国际和平、发展、共赢的新秩序、新格局。②"一带一路"建设标志着中国从经济全球化的参与者转变为推动者，以中国实力和能力为推进经济全球化提供支持和活力，③并在提供更多公共产品、提供搭便车机会方面体现出积极的意愿。④正如习近平指出的，"一带一路"建设要以我国发展为契机，让更多国家搭上我国发展快车，帮助他们实现发展目标。我们要在发展自身利益的同时，更多考虑和照顾其他国家利益。要坚持正确义利观，以义为先、义利并举，不急功近利，

---

① 王亚军：《"一带一路"倡议的理论创新与典范价值》，《世界经济与政治》2017 年第 3 期，第 4—14 页。

② 林毅夫：《一带一路与自贸区：中国新的对外开放倡议与举措》，《北京大学学报》（哲学社会科学）2017 年第 1 期，第 11—13 页。

③ 谢鲁江：《中国成为经济全球化新的推动者——从"一带一路"建设看中国开放新格局》，《桂海论丛》2016 年第 1 期，第 62—66 页。

④ 刘阿明：《中国地区合作新理念——区域全面经济伙伴关系与"一带一路"倡议的视角》，《社会科学》2018 年第 9 期，第 30—39 页。

不搞短期行为。统筹我国同沿线国家的共同利益和具有差异性的利益关切，寻找更多利益交汇点，调动沿线国家积极性。①

"一带一路"建设表明，塑造中国新战略机遇的路径是，立足国内、面向全球、聚焦沿线国家，体现出统筹国家、地区和全球的战略视野。中国国家战略体系以国家战略与国际战略相互协调为基点，包括国家战略、地区战略和全球战略相辅相成的三个层面，其中国家战略是国家战略体系的基础，以基本国情为基础，以完善国内战略布局为核心目标；地区战略是国家战略体系的地缘依托，将地区制度建设作为地区合作的主脉络，将地区秩序建设作为地区合作的愿景；全球战略反映国家战略体系的宏观视野，以参与、分享为基本诉求，同时积极承担国际责任和义务。②

第三节　"一带一路"建设与中国国家发展布局

"一带一路"建设与区域协调发展、国家发展布局优化密切相连。"一带一路"建设的基础在国内市场，而国内市场的形成需要有效的开发，优先开发国内市场是中国"一带一路"倡议成功的重要基石。③ "一带一路"建设作为新时代我国构建开放型经济新格局的总抓手，覆盖东中西、南北方、省市县不同区域，承担着带动我国区域开放、改革和发展的历

---

① 《推进"一带一路"建设，努力拓展改革发展新空间》（2016年4月29日），载《习近平谈治国理政》第2卷，外文出版社2017年版，第500页。
② 门洪华：《中国国家战略体系的建构》，《教学与研究》2008年第5期，第13—20页。
③ 黄琪轩、李晨阳：《大国市场开拓的国际政治经济学——模式比较及对"一带一路"的启示》，《世界经济与政治》2016年第5期，第103—130页。

史重任。在今后较长时期内，全国各地不论是沿海发达地区还是内陆欠发达地区，不论是省级行政区还是市县级行政区，都要因地制宜、积极主动参与"一带一路"建设，提升自身开放型经济发展水平。"一带一路"建设给不同区域带来不同机遇，不同区域在推进"一带一路"建设中承担不同功能和任务。京津冀协同、长江经济带、粤港澳大湾区三大国家重大区域发展战略，战略目标和重点各不相同，承担着统筹东中西、协调南北方、发挥先行示范和辐射带动的重要功能。上述三者是促进我国区域协调发展的重大战略部署，推动它们与"一带一路"建设深度对接和融合互动，对于新时代我国全面扩大对外开放和促进区域协调发展意义重大。[1] 另一方面，"一带一路"赋予中国区域协调发展国际视野，极大地拓展了中国经济活动的回旋余地，为中国经济增长找到了新的引擎。[2] 与"一带一路"建设相对接，中国发展的一个重要内容就是打通西南部、西部与北部的对外通道，包括陆路通道与海上通道，使这些地区在地理上的劣势得以克服，进而为实现开放型发展创造条件。[3] "一带一路"建设推动我国向西陆地开放和向东海洋开放，助推内陆沿边地区成为对外开放的前沿，在推进中蒙俄、新亚欧大陆桥、中国—中亚—西亚、中国—中南半岛、中巴、孟中印缅等六大经济走廊的建设中，新疆、广西、云南、内蒙古等沿边省份成为新一轮对外开放的前沿和桥头堡群，这就使中国过去的内陆边缘成为新时代对外开放战略的重点、前沿和突

---

① 高国力等：《促进"一带一路"与三大区域发展战略对接》，《宏观经济管理》2018 年第 8 期，第 15—18 页。

② 张可云：《"一带一路"与中国发展战略》，《开发研究》2018 年第 4 期，第 1—13 页。

③ 张幼文：《"一带一路"建设：国际发展协同与全球治理创新》，《毛泽东邓小平理论研究》2017 年第 5 期，第 88—94 页。

破口。①

中国必须进一步强调依靠国内条件支撑其和平发展进程，努力实现国内国际协调发展，其中最重要的因素就是实现国内一体化。②中国国内一体化相对落后，既有深刻的历史原因，也有对外开放政策倾向的较大影响。邓小平指出："沿海地区要加快对外开放，使这个拥有两亿人口的广大地带较快地先发展起来，从而带动内地更好地发展，这是一个事关大局的问题。内地要顾全这个大局。反过来，发展到一定的时候，又要求沿海拿出更多的力量来帮助内地发展，这也是个大局，那时沿海也要服从这个大局。"③进入 21 世纪以来，中国大幅度优化区域协调发展战略。党的十九大报告提出："强化举措推进西部大开发形成新格局，深化改革加快东北等老工业基地振兴，发挥优势推动中部地区崛起，创新引领率先实现东部地区优化发展，建立更加有效的区域协调发展新机制。"党的二十大报告提出："深入实施区域协调发展战略、区域重大战略、主体功能区战略、新型城镇化战略，优化重大生产力布局，构建优势互补、高质量发展的区域经济布局和国土空间体系。推动西部大开发形成新格局，推动东北全面振兴取得新突破，促进中部地区加快崛起，鼓励东部地区加快推进现代化。"新时代的区域开放布局以"一带一路"为统领，与京津冀协同发展、长江经济带发展、粤港澳大湾区建设等国家战略对接，积极促进区域平衡发展和开放，推进形成陆海内外联动、东西双向互济的开放新格局。"一带一路"倡议的实施，将充分发挥我国国内各地区比较优势，实

---

① 陈文玲：《"一带一路"建设开启新全球化伟大进程》，《人民论坛·学术前沿》2017年第 8 期，第 6—16 页。

② 门洪华：《中国国家战略体系的建构》，《教学与研究》2008 年第 5 期，第 13—20 页。

③ 《邓小平文选》第 3 卷，人民出版社 1993 年版，第 277—278 页。

行更加积极主动的开放战略，加强东中西互动合作，全面提升开放型经济水平。开创全新开放模式，形成东西南北四个方向、陆海空网四位一体、"一带一路"链接各地、两个引擎多点开花的开放局面。[①] "一带一路"倡议致力于打造新疆、福建两个"核心区"，加强东、中、西互动合作，统筹西北、东北、西南、沿海开发，统筹港澳台与内陆地区的发展合作，是一个由国家主导推动、各地区各部门共同参与的宏大构想。"一带一路"是中央吸引地方参与最为成功的对外经济合作倡议，超过 20 个省份参与"一带一路"建设。

"一带一路"立足中国的资金、产能、技术优势，致力于促进东部转型、中西部发展，开创中国对外开放的新格局。"一带一路"开辟了我国开放发展新境界，随着"一带一路"建设的持续推进，中西部从开放边缘走向开放前沿。[②] 西部地区在经济总体发展水平和对外开放层次方面长期滞后于东部和中部地区，与后者的发展差距不断拉大，不利于中国经济社会的平稳可持续发展。"一带一路"倡议的实施，为西部开放型经济发展提供了重大历史契机。[③] 党的十九大报告把加大西部大开发力度作为优化区域布局的重中之重。[④] 中国与"一带一路"沿线国家一道积极规划并推进经济走廊建设，西部地区应根据"一带一路"建设总体布局安排，加快基础设施建设和互联互通，推进贸易投资便利化，建设好自由贸易试验

①　曲青山：《"一带一路"倡议的中国担当》，《人民论坛》2017 年第 23 期，第 6—9 页。

②　钟山：《深化经贸实合作　推动共建"一带一路"高质量发展》，《求是》2018 年第 19 期，第 20—22 页。

③　王永中：《"一带一路"建设与中国开放型经济的转型发展》，《学海》2016 年第 1 期，第 118—124 页。

④　习近平：《决胜全面建设小康社会　夺取新时代中国特色社会主义伟大胜利——在中国共产党第十九次全国代表大会上的报告》，人民出版社 2017 年版，第 35 页。

区、经济技术开发区、高新技术产业开发区、海关特殊监管区、边境经济合作区、跨境经济合作区等重点开发开放平台，积极培育特色优势外向型产业集群，不断提升对产业转移的承接能力，开拓外向型经济发展新空间。① 与之相关，中部地区位于东西部区域的中间地带，可以充分利用其地理位置优势实现进一步发展。

"一带一路"建设将有效推动西部、中部和东北地区同沿海地区的经济联系与合作，推动区域协调开放新格局的形成。它将使中国的国土空间开发更加重视向外的互联互通，在东部沿海开放的基础上，在南、北、西三个方向打通国际通道。"一带一路"建设将促进内陆地区形成若干个大都市经济区和内陆开放型经济高地，同时强化与"一带一路"国际大通道相对接的国内开发轴线的地位和作用，形成全方位对外开放的国土空间格局，在进一步提升沿海地区国际竞争力的同时，加快内陆沿边地区主要口岸和沿边城市的发展，形成沿边地区国土开发新空间，带动沿边地区的发展。② "一带一路"建设也将推动经济体制改革的深化和现代化经济体系的完善，有助于开放型经济新体制的形成。与此同时，各省区市以"一带一路"建设为契机，利用各自的区位、地缘等优势推动沿线区域经济发展，充分发挥其增长极的带动和示范功能，从而形成竞相发展的良好局面。

---

① 吴昊：《深入理解"全面开放新格局"的丰富内涵》，《东北亚论坛》2018 年第 3 期，第 3—7 页。

② 迟福林：《推动形成对外开放新格局下的区域开放布局与区域协调发展》，《北方经济》2018 年第 5 期，第 4—5 页。

第四节 "一带一路"建设与中国—全球互动关系

《道德经》曰:"以天下观天下。"习近平指出,"一带一路""这项倡议源于我对世界形势的观察和思考"。"'一带一路'建设跨越不同地域、不同发展阶段、不同文明,是一个开放包容的合作平台,是各方共同打造的全球公共产品。它以亚欧大陆为重点,向所有志同道合的朋友开放,不排除、也不针对任何一方。在"一带一路"建设国际合作框架内,各方秉持共商、共建、共享原则,携手应对世界经济面临的挑战,开创发展新机遇,谋求发展新动力,拓展发展新空间,实现优势互补、互利共赢,不断朝着人类命运共同体方向迈进。"①从多年来的运行效果看,"一带一路"建设实质性地促进了中国与全球的互动关系。

"一带一路"建设体现了中国的目标追求和思想创新。"一带一路"以人类命运共同体为理想指引,以新型国际关系为路径选择,以发展伙伴关系网络为抓手,以共赢主义为目标追求。人类命运共同体的内涵丰富,系统回答了在新时代建立一个什么样的世界的重大问题。习近平在党的十九大报告中指出:"各国人民同心协力,构建人类命运共同体,建设持久和平、普遍安全、共同繁荣、开放包容、清洁美丽的世界。"②人类命运共同体思想将中国的发展前景与世界的共同期待紧密联系在一起,为新型全球

---

① 习近平:《开辟合作新起点 谋求发展新动力——在"一带一路"国际合作高峰论坛圆桌峰会上的开幕辞》,《人民日报》2017年5月16日,第3版。

② 习近平:《决胜全面建设小康社会 夺取新时代中国特色社会主义伟大胜利——在中国共产党第十九次全国代表大会上的报告》,人民出版社2017年版,第58—59页。

化指明了方向，也为实现全人类的共同繁荣开辟了道路。中国倡导新型国际关系，致力于通过合作共赢打破大国崛起的困境，避免落入"修昔底德陷阱"。新型国际关系的基础是中国坚持和平发展道路选择，致力于成为新型大国，奉行具有中国特色的大国外交；其核心是合作共赢，即通过合作实现共赢，打造人类命运共同体，共同为一个更美好的世界而努力；其本质是顺应世界潮流，摒弃零和博弈思维，避免单边霸权行为，以开放包容的建设性路径促进国家目标的实现，以协调合作的建设性方式促进国际关系的优化。①中国强调积极拓展平等、开放、合作的全球伙伴关系，致力于扩大同各国利益的交汇点。迄今，中国与 121 个国家和国际组织建立了不同形式的伙伴关系，在全球、地区、双边和国家层面上均取得积极成效。中国伙伴关系战略以和平共处五项原则作为战略基础，以维护国家利益和拓展国际影响作为战略方向，以政治互信、经济互赖、文化交融、社会互动和安全支撑作为战略手段，通过双边关系的改善带动全球战略的拓展。中国伙伴关系战略最直观的全球意义在于，提供对话合作的战略框架，从而成为新型国际关系的典范。中国强调互利共赢的目标追求，深入贯彻互利共赢的开放战略，呼吁以合作取代对抗、以共赢取代独占，推动各国同舟共济、携手共进。强调互利共赢精神，倡导人类命运共同体意识，主张世界各国在追求本国利益时兼顾他国合理关切，在谋求本国发展中促进各国共同发展，呼吁建立更加平等均衡的新型全球发展伙伴关系，这些战略思想都体现出共赢主义的战略思想指向。上述理念创新伴随着"一带一路"建设实践，体现了中国传统的知行合一哲学。

---

① 门洪华：《构建新型国际关系：中国的责任与担当》，《世界经济与政治》2016 年第 3 期，第 4—25 页。

"一带一路"建设推动全球治理转型发展，成为引领新型全球化的重要力量。"一带一路"源于中国决策者对全球化进程和反全球化思潮的深入思考，具有对症下药的品质。"一带一路"吸取以往全球危机的治理经验，以和平方式突破全球经济发展的瓶颈，引领全球治理朝着更加公平合理的方向发展。① "一带一路"建设秉持以和平合作、开放包容、互学互鉴、互利共赢为核心的丝路精神，坚持共商共建共享原则，顺应了全球治理体系变革的内在要求，彰显了同舟共济、权责共担的命运共同体意识，是国际经济治理的合作版、经济全球化的共赢版、国际公共产品的中国版，为完善全球经济治理体系提供了新思路新方案。② "一带一路"秉持的多元治理主体、协商治理路径，以及构建人类命运共同体的治理目标，深刻体现了共商共建共享的新型全球治理思想。③ "一带一路"建设体现了中国塑造国际经济关系的制度化努力，并成为以地区为基础、以全球为视野的关键部署。

"一带一路"建设体现出务实的发展导向和对新型合作模式的探索，致力于促成发展中世界的新联合。"一带一路"建设将中国对外开放的合作对象从以发达国家为主拓展到同时注重广大发展中国家，致力于推动中国向发展中世界全面开放和推动南方国家相互开放，并以发展战略对接为主要抓手，这是中国国际战略优化的重要里程碑，是深入贯彻习近平"共同发展是持续发展的重要基础"战略构想的重要体现。④ 其中，第三方市

---

① 刘再起、王蔓莉：《"一带一路"战略与中国参与全球治理研究——以话语权和话语体系为视角》，《学习与实践》2016 年第 4 期，第 68—74 页。

② 钟山：《深化经贸务实合作　推动共建"一带一路"高质量发展》，《求是》2018 年第 19 期，第 20—22 页。

③ 秦亚青、魏玲：《新型全球治理观与"一带一路"合作实践》，《外交评论》2018 年第 2 期，第 1—14 页。

④ 《共同创造亚洲和世界的美好未来》（2013 年 3 月 27 日），载《习近平谈治国理政》，外文出版社 2014 年版，第 330—331 页。

场合作是中国推动国际经贸与治理合作的新尝试，是中国践行"一带一路"倡议的新探索。中国第三方市场合作与全球处于百年变局，世界面临着重大转型息息相关。世界面临着更多的不确定性与不稳定性，全球化与逆全球化竞相上演、单边主义与多边主义齐头并进、保护主义与开放主义不断碰撞，在不确定的国际前景下，国际合作显得弥足珍贵。① 中国在面临世界与自身双重转型的情况下，提出"第三方市场合作"，进行多边合作的新探索、新尝试，在外部社会的不确定性中寻找自身与国际发展的确定性。2015 年，中法开启第三方市场合作，拉开国际合作的新篇章。中国与法国、韩国、日本、加拿大、葡萄牙、澳大利亚、意大利、荷兰、比利时、西班牙、英国、奥地利、新加坡、瑞士等 14 个国家签署第三方市场合作的相关文件、建立相应的工作机制或合作平台，多边合作的版图正式铺开。第三方市场合作尚处于初级阶段，合作项目以市场开拓为导向，以基础设施建设、能源合作、人工智能、金融服务等产品为主要内容。以中国伙伴关系网络为指南，与法国、奥地利、比利时、加拿大、日本等发达国家携手共拓第三方市场。以"一带一路"为依托，在东南亚、中亚、中东欧、南太平洋等发展中国家（地区）开展具体的市场合作活动，市场合作地域广阔。中国的第三方市场合作并不局限于"国际经济合作"的概念，它在卫生、环保、文化、地区安全等多领域全面铺开，是以经济全球化为底色的全方位国际合作。

"一带一路"建设的主要合作对象是亚非地区的不发达经济体。"一带一路"贯穿欧亚大陆，东亚和欧洲之间的广大腹地国家资源丰富、经

---

① 门洪华：《百年变局与中国战略机遇期的塑造》，《同济大学学报》（社会科学版）2020年第 2 期，第 30—39 页；韩爱勇：《论当前中国发展的重要战略机遇期》，《中国战略报告》2018 年第 2 期，第 19—34 页。

济发展相对滞后，是中国拓展对外开放的重点、开拓国际市场的主要目的地、资源能源的重要来源地。"一带一路"将中国优质产能、技术和价格优势与广大亚、欧、非国家的市场、劳动力、发展转型需求等结合起来，通过各层面战略对接来构建利益共享的全球价值链，实现市场经济规律下生产要素在亚、欧、非国家间新的流动和分配，有助于形成以中国为核心的新型全球价值链。"一带一路"建设主要以双边或多边合作协议及亚洲基础设施投资银行等形式予以体现，同时推动各国政府、企业、社会机构、民间团体开展形式多样的互利合作，构建多主体、全方位、跨领域的合作平台，调动各主体自主参与意愿。① 有鉴于此，战略对接成为"一带一路"的核心手段与路径，战略对接的前提是各国自定的发展战略设计，其范畴则是发展战略协调，其途径则是政策沟通、设施联通、贸易畅通、资金融通、民心相通，深刻体现了共商共建共享的原则，具有深刻的战略创新价值。"一带一路"建设没有走"制度先行、承诺先行"的老路，而是通过平等协商、项目合作的方式推进，避免参与方在开放承诺上的压力，② 从而为实质性促成新的发展统一战线奠定坚实基础。"一带一路"建设实质性地促成中国与发展中世界的良性互动，带动欧亚非大陆一体化发展，正在重塑世界经济地理，③ 并为全球发展作出积极的贡献。

---

① 王亚军：《"一带一路"倡议的理论创新与典范价值》，《世界经济与政治》2017 年第 3 期，第 4—14 页。

② 秦亚青、魏玲：《新型全球治理观与"一带一路"合作实践》，《外交评论》2018 年第 2 期，第 1—14 页。

③ 陈曙光：《"一带一路"：中国与世界》，《教学与研究》2017 年第 11 期，第 23—30 页。

第五节 "一带一路"建设与中国—地区互动关系

纵观世界历史发展进程，没有一个真正的世界大国不是先从自己所在的地区事务中逐渐占主导地位而发展起来的。① 一般而言，不谋全局者不足谋一域。然而，在经济全球化和地区一体化的潮流之下，不谋一域者不能谋全局。当前，地区合作全面展开，经济与贸易、安全与政治都在地区化的架构内进行着重新组织，各国都在为促进本地区合作进行政策和战略调整。在经济全球化和地区一体化并行不悖的时代，各国的繁荣只有在其所属地区的整体共同繁荣中才能得到保障。②

一般意义上，由于历史承继的影响，中国习惯用周边来描述地区关系，而"一带一路"沿线国家可视为地区和周边的扩大。"一带一路"经过的国家，基本涵盖中国周边。"一带一路"沿线国家横跨亚欧非三大洲，从东北亚、东南亚延伸到中亚、南亚和西亚，直至中东欧和北非地区，幅员辽阔，资源丰富，发展空间巨大。另一方面，东南亚、南亚、中亚、西亚乃至中东欧都是大国角力的焦点区域。③ 中国既面临着与这些国家和地区加强经贸合作和政治关系的重大契机，也面临着严峻的地缘政治压力，面临着来自东西两个方向的双向挤压，突破地缘封锁，拓展发展合作空间已成为中国实现持续发展的当务之急。通过"一带一路"建设，实施

① 门洪华：《地区秩序建构的逻辑》，《世界经济与政治》2014年第7期，第4—23页。

② 李寿成：《希望形成东亚多边安全合作体制》，《日本学刊》2004年第6期，第44—47页。

③ 周强等：《中国"一带一路"地缘政治研究进展与展望》，《世界地理研究》2018年第3期，第1—9页。

向西、向南拓展，以对冲来自东向的挤压，缓解美西方孤立中国的战略图谋，海陆并举拓展发展空间，建设陆路国际通道和海上稳固的补给线，获取更多的战略支点，以突破美国的战略软遏制，为改善中国的整体国际环境奠定坚实基础。① 当然，我们更深刻地认识到东亚对中国的战略依托价值，在整个世界战略重心东移之际，中国当然要把战略重点放在这一地区。② "一带一路"倡议以提供地区公共产品为路径，致力于重构中国与欧亚大陆国家和周边海洋国家的地缘格局。

"一带一路"是以构建陆海经济合作走廊为形式、以运输通道为纽带、以互联互通为基础、以多元化合作机制为特征、以打造命运共同体为目标的地区合作安排。它以亚洲国家为重点，以东南亚和中亚为核心地带。正如习近平指出的，"一带一路"源于亚洲、依托亚洲。③ 鉴于东南亚和中亚在中国向西、向南拓展的主干线上，其地位之重要不言而喻。另一方面，鉴于"一带一路"范围广，需要少数地理枢轴执行空间上的承启、链接和辐射功能，发挥战略支点作用。在空间布局上，南海及周边区域是海上丝绸之路的战略基点，缅甸是海上丝绸之路的东部之锚，巴基斯坦是海上丝绸之路的西部之锚，中亚是陆上丝绸之路的商业咽喉，哈萨克斯坦位居焦点，俄罗斯则是陆上丝绸之路的桥梁。④ 从更广远的地域看，澳大利亚、德国、波兰、埃及、土耳其等都体现出战略支点的重要价值，值得我们倍

① 卢伟、李大伟：《"一带一路"背景下大国崛起的差异化发展策略》，《中国软科学》2016 年第 10 期，第 11—19 页。

② 俞正樑：《东亚秩序重组的特点及其挑战》，《国际展望》2012 年第 1 期，第 1—13 页。

③ 《"一带一路"和互联互通相融相近、相辅相成》（2014 年 11 月 8 日），载《习近平谈治国理政》第 2 卷，外文出版社 2017 年版，第 497 页。

④ 杜德斌、马亚华：《"一带一路"：中华民族复兴的地缘大战略》，《地理研究》2015 年第 6 期，第 1005—1014 页。

加关注。鉴于"一带一路"沿线的国家和地区的多样性，中国积极推动包容性合作，强调通过优势互补寻求共同发展。[①] 与之相辅相成的是，"一带一路"建设的创新价值在于提出地区各国协同发展的倡议，通过形成发展共识，共同创造发展的软硬条件，以实现共同发展。协同既不是对各国有约束力的承诺，也不是难以把握的外部条件，而是实实在在的、共同合作确定的各种措施与项目。[②]

"一带一路"建设拓展地区合作的空间，加快地区合作的进程，推动着地区内外互联，提升地区一体化水平。随着"一带一路"倡议的不断深入推进，在互联互通、共同发展基础上沿线国家的政策协调朝着制度化的方向发展，中国得到沿线各国的尊重与支持，一种新型的国际规则制定模式走向成型。

值得我们高度关注的是，"一带一路"建设引起美日印欧等的各种忧虑，欧亚非地缘竞争均有所升温。与之相关的是，周边国家对中国战略走向不乏忧虑之处，它们不仅希望得到收益，更需要时常感受到善意。鉴于"一带一路"沿线国家数量众多、社会经济发展水平差异较大，其建设非一朝一夕之功，应根据实际情况开展不同层次、不同领域的双边、次地区和地区合作，循序渐进进而寻求突破。

---

① 段晓华：《"一带一路"背景下中国参与全球经济治理的路径选择》，《改革与战略》2017年第12期，第70—73页。
② 张幼文：《"一带一路"建设：国际发展协同与全球治理创新》，《毛泽东邓小平理论研究》2017年第5期，第88—94页。

第七章　稳健应对美国全面竞争的中国外交

中美关系是世界上最重要的双边关系，也是最具挑战性的双边关系，并位移至世界变革的重心，其前景不仅决定着两国的福祉，也深刻影响并塑造着世界的未来。① 中美关系是左右国际关系大势、决定人类走向和平与否的核心要素，处理得好是世界之福，反之则是世界之祸。②2018 年以来，美国政府在经贸、投资、金融等领域强化与中国的竞争，中美关系站在决定双边乃至世界未来的十字路口。2010 年之前，中美之间的冲突摩擦领域相对单一、内容较为集中，而此番博弈则几乎涉及两国关系的方方面面，且时间密集，频度很高，各种问题环环相扣。如何管控好两国明显上升的战略摩擦，保持中美关系的稳定和建设性，是摆在中国面前的重大战略挑战。与之相关，中美关系也是美国外交的重中之重，只有处理好这一问题，才能维持稳定、维持全球经济的持续发展。③ 中美关系冷暖牵系世界，正如澳大利亚前总理陆克文指出的，"全球范围战略问题的重中之重，

---

① 门洪华：《中国对美国的主流战略认知》，《国际观察》2014 年第 1 期，第 11—24 页。

② 门洪华：《关键时刻：美国精英眼中的中国、美国与世界》，《中国社会科学》2012 年第 7 期，第 182—202 页。

③ ［美］威廉·科恩：《变化中的世界格局与中美关系》，《南开学报》（哲学社会科学版）2017 年第 3 期，第 1—7 页。

就是中美关系的未来"①。

聚焦于一个势均力敌的对手（peer competitor）展开战略布局，是美国护持霸权的惯性。将"二战"之后的苏联和当前的中国锁定为势均力敌的对手，均为美国的主动选择。1991 年苏联解体以来，美国一直在观察、思考中国的战略走向并做出主动应对，直至特朗普上台之后锁定中国为势均力敌的对手，开启对华战略竞争的新模式。拜登执政以来，美国对华战略竞争愈加激烈和全面，并主要通过竞争方式不断塑造中美关系，且其持久性愈加凸显。拜登明确宣布，美国与中国的竞争将是激烈的，美国必须做好与中国进行长期性、战略性竞争的准备。② 美国对华战略竞争的开启，是主客观条件变化使然。在世界进入百年变局之际，中美关系处在十字路口，新的战略共识亟待塑造。

有鉴于时代变迁和中国特色，中美关系不同于当年的苏美争霸关系。习近平指出："当今世界是一个变革的世界，是一个新机遇新挑战层出不穷的世界，是一个国际体系和国际秩序深度调整的世界，是一个国际力量对比深刻变化并朝着有利于和平与发展方向变化的世界。"③ 时任美国国家安全委员会"印太协调员"库尔特·坎贝尔认为："美中关系完全不同于美苏之间的黑白分明，而是一种染上了多重色彩的多元架构，因此以冷战的框架来思考美中关系是一种尤为糟糕的视角。"④ 在世界处于大变动之

---

① 陆克文：《习近平治下中美关系的可能未来》，《国际经济评论》2015 年第 3 期，第 155—158 页。

② The White House, "Remarks by President Biden at the 2021 Virtual Munich Security Conference," Feb. 19, 2021.

③ 《坚持以新时代中国特色社会主义外交思想为指导 努力开创中国特色大国外交新局面》，《人民日报》2018 年 6 月 24 日，第 1 版。

④ Kurt Campbell, "The Future of the Indo Pacific," *Policy Exchange*, Oct. 31, 2020.

际，中美关系必然存在可塑性。澳大利亚前总理陆克文撰文呼吁中美建立"可控的战略竞争关系"（managed strategic competition），设立防止灾难发生的"护栏"，避免战争。①

第一节　美国对华战略竞争的展开

国际关系史就是一部国家竞争史。② 大国是国际关系的主角，大国关系是决定国际结构、左右国际进程、促进思想创新的主要力量，③ 大国竞争贯穿世界历史进程。战略竞争是大国竞争的高级表现形式，竞争大国围绕不相容、难以解决和独特性的目标进行竞争，是实力之争、模式之争、文化之争和地位之争的结合，竞争带来的影响超出双边范围，对地区乃至全球格局和走向产生重大影响。④ 大国竞争的形态随着时代变迁而有所演变。迈克尔·马扎尔（Michael J. Mazarr）指出，17 世纪至 20 世纪初，大国竞争导致动荡的世界格局和激变的秩序架构，各国偶尔就调节行为规范

---

①　Kevin Rudd, "How to Keep U.S.-Chinese Confrontation from Ending in Calamity," *Foreign Affairs*, March/April, 2021.

②　唐永胜主编：《国家竞争战略》，时事出版社 2018 年版，第 75 页。

③　门洪华：《中国大国关系的历史演进（1949—2009 年）》，《江苏社会科学》2009 年第 6 期，第 11—17 页。

④　Goertz Gary, Paul F. Diehl, "Enduring rivalries: Theoretical Constructs and Empirical Patterns," *International Studies Quarterly,* Vol.37, No.2, 1993, pp.147—171；Hensel Paul R, "An Evolutionary Approach to the Study of Interstate Rivalry," *Conflict Management and Peace Science*, Vol.17, No.2, 1999, pp.175—206；Niall Ferguson, *The War of the World: Twentieth-Century Conflict and the Descent of the West*, New York and London: Penguin Books, 2006；Michael P. Colaresi, Karen Rasler, and William R. Thompson, *Strategic Rivalries in World Politics*, Cambridge University Press, 2008；门洪华：《百年变局与中国战略机遇期的塑造》，《同济大学学报》（社会科学版）2020 年第 2 期，第 30—39 页。

达成临时协议，但在大多数情况下国际秩序机制非常薄弱，军事因素起着决定性作用。[①] 随着时间的推移，全球化改变了大国竞争的周期性格局，对包括超级大国在内的所有行为者施加新的限制。[②] 当前，大国竞争以更全面、更激烈的形式卷土重来和宣告回归。但正如布兰兹·哈尔（Brands Hal）指出的，"大国竞争肯定会导致更加危险和无序的国际环境，但不一定会导致既有国际体系瓦解"。[③] 哈维尔·索拉纳（Javier Solana）认为，与以往大国竞争不同的是，竞争各国利益相互交织，彻底击败竞争对手不再是终极目标，国际社会可以利用多边主义来调和竞争烈度。[④]

自立国以来，美国就在大国竞争中扮演着重要角色，1898 年美西战争以来更是在大国竞争中发挥着核心作用。从美西战争至第二次世界大战，美国积累了丰富的大国竞争和大国对抗经验。"二战"之后，美国成为大国竞争的主角，在继承既有的霸权战略、制衡战略的同时，逐步形成联合地区二等强国对付一等强国、寻找势均力敌的对手等新的战略导向，并在与苏联的争霸中取得决定性胜利。美国不仅聚焦最核心的竞争对手，而且以霸权护持为核心目标应对各方竞争，曾先后把苏联、日本和欧盟锁定为主要竞争对手，并聚焦于苏联及其主要继承者俄罗斯进行战略布局。1991

① Michael J. Mazarr, "The Once and Future Order: What Comes After Hegemony," *Foreign Affairs,* Vol.96, No.1, 2017, pp.25—32.

② Robert G. Patman, Timothy G. Ferner, "Paul Kennedy's Conception of Great Power Rivalry and US-China Relations in the Obama Era," in Stefan Fröhlich, Howard Loewen Eds., *The Changing East Asian Security Landscape: Challenges, Actors and Governance*, Spring, 2018, pp.61—82.

③ Brands Hal, "Six Propositions about Great-Power Competition and Revisionism in the 21st Century," Future of the Global Order Colloquium, Philadelphia, PA. 2017.

④ Javier Solana, "Reconciling Great Power Competition with Multilateralism," *Journal of International Relations and Sustainable Development*, No.7, 2016, pp.58—65.

年苏联解体之前，美国最大的经济竞争对手是日本，因此20世纪八九十年代美国与日本的经济竞争也颇为激烈，直至1993年双方发表《关于日美新经济伙伴关系框架的共同声明》，美国迫使日本几乎接受其提出的所有要求。

冷战以东欧剧变、德国统一、苏联解体而告终，美国随即寻找新的势均力敌的对手，一开始就把中国作为主要候选者，并以带头制裁中国终结了共同对苏的"准同盟关系"，导致中美战略关系遭受严重冲击。尽管老布什总统提出"超越遏制战略"和建立世界新秩序的主张，试图将对华制裁限定在军事和社会交流范围，但美国国会坚持全面对华制裁，使得中美矛盾冲突遍及经贸、人权和地区安全事务等各领域，并以1995年李登辉以私人身份赴美为中美危机的顶点。①

此际，中国是否成为美国锁定的战略对手，成为世界的核心关注。1992年初邓小平南方谈话后，中国对外开放全面加速推进，随即党的十四大确立了建立社会主义市场经济的战略部署，中国发展潜力进一步展现。1993年上台的克林顿政府提出"参与与扩展"战略，致力于通过"接触战略"将中国拉进美国主导的国际体系，使中国成为体系内的支持性力量。② 当然，20世纪90年代上半期，美国始终以俄罗斯和中国为主要防范对象，尽管在海湾战争、朝核问题上有求于中国，但在贸易最惠国待遇、"复关"等一系列经济问题上不断为难中国。以1996年给予中国永久性正常贸易关系地位为标志，美国对华经济接触政策正式确定下来，并以

---

① 牛军：《轮回：中美关系与亚太秩序演变（1978—2018）》，《美国研究》2018年第6期，第9—25页。

② 达巍：《美国对华战略逻辑的演进与"特朗普冲击"》，《世界经济与政治》2017年第5期，第21—37页。

1999 年双方达成中国入世协议而定型，中美经贸关系的"压舱石"作用得以全面体现。①20 世纪 90 年代中后期，美国主要把俄罗斯和欧盟视为竞争对手，中美一度确立"致力于建设性战略伙伴关系"框架，美国在台湾问题上作出不支持"两个中国""一中一台"的主张、不支持台湾"独立"、不支持台湾加入联合国的表态。此时的美国可谓自信心满满，无意把中国界定为"挑战者"。

进入 21 世纪，中美关系演变为崛起大国与守成霸权的关系，两国关系的竞争性开始显现。小布什上台伊始，就把中国界定为"可与美国匹敌的战略竞争者"，为美国对华战略竞争拉响了引线。但随后"911 事件"带来的反恐合作与经贸合作并行，促使美国沿着建设性关系的轨道继续前行。美国锁定恐怖主义作为主要敌人达 10 年之久，无形中为中国迎来重要的战略机遇提供了国际条件。从 2001 年的"反恐盟友"到 2005 年的"利益攸关方"（stakeholder），美国的对华定位有了新突破，美国学术界甚至出现了"两国集团"（G2）的呼声。②与此同时，美国战略界对中国崛起的提防日重，"两面下注"逐步成为美国政府对华战略方向。2006 年公布的《美国国家安全战略》宣称美国"寻求鼓励中国作出正确的战略选择，同时也为其他可能性而两面下注"，这代表着"接触 + 防范"战略在美国对华政策中逐步占据上风。③

① 李巍：《从接触到竞争：美国对华经济战略的转型》，《外交评论》2019 年第 5 期，第 54—80 页；张一飞：《改革开放以来中美关系"压舱石"的演变进程、内在动力与未来走向》，《国际经济评论》2019 年第 2 期，第 75—97 页。

② 韩召颖、黄钊龙：《从"战略协调"到"战略竞争"：中美关系的演进逻辑》，《国际观察》2020 年第 2 期，第 66—91 页；陈文鑫：《战略竞争与中美关系的未来》，《美国问题研究》2020 年第 2 辑，第 72—86 页。

③ 达巍：《美国对华战略逻辑的演进与"特朗普冲击"》，《世界经济与政治》2017 年第 5 期，第 21—37 页。

2008 年欧美债务危机引发的全球治理危机及其应对，凸显中国在全球事务中的建设性作用，也引发美国对中国的战略疑虑。自此，中美关系进入新的转型时期。① 面对中国的经济强势和"海洋强国"等新战略的部署，美国对华战略基础开始动摇，尽管出现了"战略再保证""共同演进论""中美第四个公报"等新的协调构想，② 但中国崛起已经引起美国的强烈不安，尤其是 2010 年中国 GDP 超过日本跃居世界第二位，"修昔底德陷阱"的说法开始不胫而走。2012 年党的十八大以来，中国实力增长突飞猛进，新的战略构想迭出，复兴了国家理想（中华民族伟大复兴的中国梦）和世界理想（人类命运共同体），"中国制造 2025"、亚投行、"一带一路"等倡议付诸实践，中国走向奋发有为的新时代，美国感受到巨大的潜在威胁。③ 以 2010 年对中国实行咄咄逼人外交政策（assertive policy）的谴责为开端，美国对华战略判断出现重大变化，随后美国实施"亚太再平衡"战略。伴随着中美关系的急转直下，中国提出的新型大国关系框架始终无法得到奥巴马政府的全面回应。与此同时，美国国内进行了持续的对华政策辩论，这场辩论在 2015 年达到高潮，并一直延续到 2017 年底《美国国家安全战略报告》的出台。在辩论过程中，美国国内越来越明显的共识是，中国崛起对美国国家利益带来了史无前例的巨大压力和挑战，中国谋求用自己的"新时代"取代美国的"旧时代"。以此误判和歪曲为基准，美国对华战略出现严重倒退，为其推动对华战略竞争提供了舆论条

---

① 崔立如：《多极格局与中美关系的新平衡》，《国际关系研究》2017 年第 4 期，第 3—13 页。

② 袁鹏：《把握新阶段中美关系的特点和规律》，《现代国际关系》2018 年第 6 期，第 1—3 页。

③ 潘英丽、周兆平：《美国的全球化陷阱、贸易争端诉求与中国的战略应对》，《国际经济评论》2018 年第 6 期，第 85—97 页。

件。^① 奥巴马在第二任期内均将中国和俄罗斯视为可能的竞争对手，与中俄关系先后走向紧张。

特朗普上台执政之际，对华强硬正在成为美国新的战略共识，中美关系开始被视为世界上最具挑战性的双边关系。特朗普对美国大战略进行了天翻地覆的调整，提出"使美国再次伟大"的战略目标，遵从"美国优先"原则，推卸国际责任，推行平等贸易，调整地区战略优先顺序，聚焦中国与亚太，明确把中国视为其首要的、全面的、全球性的战略竞争者。2017 年末 2018 年初，特朗普政府先后发布《美国国家安全战略报告》《国防战略报告》和《核态势评估报告》三份安全文件，强调大国竞争时代的回归，锁定中国为"修正主义大国"、美国国家安全首要挑战和"战略竞争对手"。^②2018 年 3 月开始的中美贸易摩擦标志着美国对华经济接触战略的终结，构成中美关系转折的重要分水岭。以此为标志，美国对华战略竞争的大幕被猛力拉开，美国从政治、经济、技术、军事、人文交流等几乎所有维度对中国进行围堵和全面打压。美国咄咄逼人，中国不甘示弱，中美关系进入激烈博弈期。

在特朗普上台之前，美国对华竞争并未体现全面性。特朗普以极端和激进的方式开启了美国对华战略竞争。特朗普以"使美国再次伟大"为施政目标，在对外政策上主张"美国优先"，开启国际制度"退群"模式，

---

① 门洪华：《新时代的中国对美战略》，《当代世界与社会主义》2019 年第 1 期，第 15—24 页。

② The White House, *National Security Strategy of The United States of America*, Dec. 2017; The Department of Defense, *Summary of the 2018 National Defense Strategy of The United States of America*, Jan. 2018; Office of the Department of Defense, *Nuclear Posture Review*, Feb. 2018；王新影：《美国对中国战略角色认知的演变——基于对 17 份〈美国国家安全战略〉报告的比较分析》，《东北亚论坛》2020 年第 5 期，第 36—45 页。

推动美国国家安全战略从聚焦反恐转向大国竞争，以此为基础推动对华竞争全方位展开。特朗普谋求在高新技术和国防产业链上与中国脱钩，对中国机构和个人在美国的活动施加越来越严格的限制，在经济、安全、外交等领域对华施压，[①]突出中美之间的结构性矛盾、进程性冲突和观念性对立。与此同时，特朗普政府在中国周边频频出手，力图组建施压中国、孤立中国的"包围圈"，毒化了中国周边环境。特朗普政府出台印太战略，组建美日印澳四国联盟，提升台湾在其安全战略中的地位，多次派遣航母编队进入中国南海岛礁区域宣示航行自由权，肆意挑拨中国与周边邻国的关系，充分展现了衰落强权霸权国家的焦虑与难掩的窘境。

在此背景下上台的拜登政府面临着深入调整的战略难题。2020 年，拜登在《外交事务》杂志撰文强调回归以规则和制度为基础的国际秩序，重返《巴黎气候协定》和世界卫生组织，修补联盟体系，体现了其主要的政策倾向。[②]在对华关系上，拜登在维持既有强硬立场的同时，为中美关系走向稳定和一定条件下协调与合作的开展提供窗口。拜登面临的主要难题还是在美国国内，克服政治割据、弥合社会分裂面临着巨大的困难，国际上特朗普横行霸道导致的盟国关系紧张、气候变化问题都让拜登头疼不已。美国国内民调显示，民主党认为对美国国家利益存在威胁的前五位因素分别为新冠病毒流行、气候变化、国内种族不平等、外国干预选举以及国内经济失衡。[③]拜登对美国面临的危机有着清醒认识，其对外政策的重

---

① 吴心伯：《竞争导向的美国对华政策与中美关系转型》，《国际问题研究》2019 年第 3 期，第 7—20 页。

② Joseph R. Biden, Jr., "Why America Must Lead Again? Rescuing U.S. Foreign Policy After Trump," *Foreign Affairs*, Vol.99, No. 2, 2020, pp.64—76.

③ 金灿荣、刘丹阳：《拜登胜选后的中美关系走向》，《前线》2021 年第 1 期，第 40—43 页。

点体现在：第一，以"让美国重新领导世界"为目标，以恢复美盟国关系为抓手，重塑美国领导地位；第二，重回多边主义路线，努力恢复美国在联合国、世界银行、国际货币基金组织和世界贸易组织等多边机构的领导地位；第三，重拾意识形态路线，把价值观置于美国外交的中心，延续重视民主、人权等问题的民主党传统，致力于建立更加紧密的所谓"民主国家联合体"，通过举办民主峰会等形式积极应对全球范围出现的"民主衰退"，维系全球秩序和美国的主导；第四，继续视中国为竞争对手，同时在气候变化、新能源等领域与中国进行有条件的协调合作，组建对华遏制的国际统一战线。①

拜登对华政策的战略考虑是，继续进行战略竞争，更加注重中美竞争的长期性、战略性和手段的多元性，致力于避免与中国的短兵相接，更加强调组建民主国家同盟的方式形成一致对华政策。2021年2月4日，拜登在美国国务院发表就任以来首次外交政策演讲，将中国定义为"美国最严峻的竞争对手"（the most serious competitor），声言将直面经济、人权和知识产权等领域的"中国挑战"，同时提出在符合美国利益的情况下与中国开展合作。2月10日，拜登在美国国防部宣布组建中国问题特别工作组，在4个月内就美国对华军事战略、技术、军力结构和军力态势、与北京的联盟和双边防务关系进行评估。总体而言，拜登遵循民主党的传统，倡导民主同盟，针对中国的意味浓厚。其目的是致力于推进联手制华的局面，在涉台、涉疆、涉港、涉海、人权等问题上共同向中国施加压

---

① Kevin Rudd, "How to Keep U.S.-Chinese Confrontation from Ending in Calamity," *Foreign Affairs*, March/April, 2021；倪峰、傅梦孜、唐永胜、王勇：《拜登时期中美关系前瞻》，《国际经济评论》2021年第1期，第102—115页；冯绍雷：《从特朗普到拜登：美俄关系新变化》，《当代世界》2021年第2期，第12—17页。

力，^①使得美国对华战略竞争的局面更趋复杂和广泛。与此同时，拜登政府不会轻易放弃特朗普对华极限施压的既得成果，而是在回归理性的基础上推动形成新的对华竞争战略，对中国进行组合式制衡。^②

拜登政府对中国的战略定位决定了其对华全面战略竞争的必然性。2021年3月公布的拜登政府《临时国家安全战略指南》指出，中国已超越俄罗斯成为美国最大的竞争对手，中国是唯一有可能将其经济、外交、军事和技术力量结合起来、对稳定和开放的国际体系提出持续挑战的竞争对手。2022年10月12日，拜登政府《国家安全战略报告》公布，认为中国是美国最重要的地缘政治挑战，把中国界定为"唯一战略竞争对手"，该报告的中国元素更加突出，几乎贯穿整个报告的所有章节，堪称一份美国与中国展开全方位战略竞争的纲领性文件。迄今为止，拜登政府的对华战略竞争体现出增强自身实力与巩固和扩展同盟体系并行、直接竞争和间接竞争结合、区域竞争与全球竞争配合、竞争与合作并重的特征。具体地说，增强自身实力、巩固与扩展同盟体系是美国增强竞争实力的两条重要路径，拜登政府上台后，通过一系列国内施政方针提升其综合竞争实力，与此同时将同盟体系视为美国领导世界的基础性力量，积极修复与欧洲盟国关系，构建针对中国的跨大西洋阵线；通过组建澳英美联盟（AUKUS）和强化印太战略伙伴（包括盟国和战略伙伴）汇聚遏华力量。拜登政府对华战略竞争直接体现在经济、科技、国际规则、价值理念等方面，与此同时也通过频繁打"台湾牌"加大对华战略牵制力度。拜登政府致力于重新

---

① 达巍：《拜登上任后中国对美战略面临的三个挑战》，《现代国际关系》2020年第12期，第22—24页。

② 宋静、司乐如：《美国智库因素影响下的拜登政府对华政策走向》，《世界经济与政治论坛》2021年第1期，第56—79页。

领导世界，^①重回多边主义、重返国际组织，在疫情防控、气候问题等方面重塑美国影响力、恢复美国全球领导地位，积极构建美国主导的全球治理体系；与此同时又明确把亚太地区视为对华竞争的前沿阵地和遏制中国的重心所在，进行重点布局和经营。美国在强化对华战略竞争的同时，也并不放弃通过协调与合作攫取利益的路径，保留与中国合作的窗口。2021 年 2 月，习近平与拜登举行首次电话会谈，拜登指出美中"可以在气候变化等广泛领域开展合作，美方愿同中方本着相互尊重的精神，开展坦诚和建设性对话，增进相互理解，避免误解误判"。2021 年 11 月，习近平与拜登举行视频会晤，拜登指出美国愿"在美中两国利益一致的领域加强合作，共同应对新冠肺炎、气候变化等全球性挑战"。2022 年 11 月，习近平与拜登在巴厘岛举行会晤，拜登指出，美方致力于"就双方存在分歧的问题开展坦诚对话，为应对气候变化、粮食安全等重要全球性挑战加强必要合作"。综上所述，拜登与国务卿布林肯践行"正向竞争"模式，为中美合作提供了一定的可行性。^②应该说，在应对气候变化、全球公共卫生挑战上，中美之间比较容易展开合作探讨；在朝核问题、伊核问题等方面，中美之间存在合作的可能与必要；在国际组织改革和全球宏观经济稳定等方面，中美之间存在着协调空间。另一方面，中美之间的核心主题是战略竞争，双方在价值理念、发展模式、国际规则等方面的竞争可能更加激烈，双边关系的稳定、改善和发展有着相当大的局限。

---

① Joseph R. Biden, "Why America Must Lead Again: Rescuing U. S. Foreign Policy after Trump," *Foreign Affairs*, Vol. 99, No. 2, 2020, pp. 64—76.

② 达巍、周武华：《回到未来：2020 年美国大选与中美关系的机遇》,《美国研究》2020 年第 6 期，第 32—44 页。

第二节　美国对华战略竞争的特征

当前，百年变局加速演进。百年变局的突出表现是，全球政治经济秩序加速变革，多极化加速演变，新兴经济体和发展中国家群体性崛起，西方国家主导国际事务的局面正在发生根本性改变，未来拉动世界经济增长的增量部分主要来自发展中国家群体，这是世界发展史上的重大转变。[①]随着百年变局深化演进，发展中国家的集体发声颇有振聋发聩之感，"全球南方"的概念横空出世，其战略价值为世界诸大国所高度关注，深刻影响着各大国战略博弈的布局与态势。"全球南方"被视为全球战略博弈和全球格局重塑的重要动力，成为百年变局深化演进的重要标示。[②]有鉴于此，单一国家独霸世界、强权政治主宰世界、集团势力割裂世界、多数国家被排除在外的历史远去，[③]这必然导致国际形势加速深刻演变，不确定性不稳定性凸显。正如党的二十大报告指出："世界之变、时代之变、历史之变正以前所未有的方式展开。""恃强凌弱、巧取豪夺、零和博弈等霸权霸道霸凌行径危害深重，和平赤字、发展赤字、安全赤字、治理赤字加重，人类社会面临前所未有的挑战。世界又一次站在历史的十字路口。"在这一过程中，既有的欧美大国出现严重的逆全球化思潮，新冠肺炎疫情使得世界多边体系更趋碎片化，英国脱欧、欧洲民粹主义、美国贸易保护

---

① 张蕴岭：《对"百年之大变局"的分析与思考》，《山东大学学报》（哲学社会科学版）2019 年第 5 期，第 1—15 页。

② 门洪华：《"全球南方"的兴起与国际博弈的新图景——兼论中国的战略应对》，《教学与研究》2024 年第 1 期，第 104—113 页。

③ 裘援平：《全球化的时代逻辑与中国》，载南京大学网站，2020 年 12 月 6 日。

主义彰显，大国竞争加剧，各种争端与摩擦此起彼伏、相互交织，[①] 并推动资本主义与社会主义两种制度展开深度博弈。[②]

在百年变局的背景之下，大国力量对比进入极速变动期。在国际体系变革面临关键时刻、世界经济前行站在十字路口之际，面对各国出现的分歧、迷茫和忧虑，中国顺应时代发展的潮流，积极推动构建人类命运共同体和新型国际关系，推动全球治理体系朝着更加公正合理的方向发展，成为世界乱象中的中流砥柱。[③] 新一轮科技产业革命给中国赶超带来重大机遇，世界多极化发展和经济治理架构改革拓展中国发展的空间、有利于其国际影响力的提升。[④] 另一方面，国际关系演变处在"去美国霸权中心"的进程之中，[⑤] 纵然美国依旧是世界上最强大的国家，但没有其他国家的帮助无法实现它想要的结局，在处理任何一个全球性问题上都无法只凭自身力量，而且美国地区独霸的时代正在接近尾声，其不再有能力单方面为地区做出安排。[⑥] 由于内在的焦虑或缺乏自信，美国对中国的一系列政策和倡议产生误解误判，想当然地认为中国的战略另有图谋，甚至认为中国

① 刘万侠：《当前国际战略形势及中国的战略选择》，《前线》2020年第4期，第15—18页。

② 李拓：《"百年未有之大变局"中的中国特色社会主义》，《科学社会主义》2019年第3期，第23—31页。

③ 王毅：《2018中国外交：乘风破浪砥砺前行》，《国际问题研究》2019年第1期，第1—10页。

④ 张宇燕：《当前中国面临的国际战略环境》，《新金融评论》2017年第5期，第18—28页；隆国强等：《中国应对国际经济格局变化的战略选择》，《中国发展观察》2019年第2期，第9—12页。

⑤ 崔立如：《多极格局与中美关系的新平衡》，《国际关系研究》2017年第4期，第3—13页。

⑥ 门洪华：《中国对美国的主流战略认知》，《国际观察》2014年第1期，第11—24页；[美]乔纳森·D.波拉克：《理解中美关系的裂痕》，《中央社会主义学院学报》2020年第1期，第5—9页。

要取代其全球领导地位。^①可以说，中国迅速崛起，美国相对衰落，是推动美国发动对华战略竞争的深层次结构性因素。^②

当前，对华战略竞争已成为美国政策主导方向和突出特征。从横向上看，这是世界百年未有之大变局背景下大国博弈的重要体现；从纵向上看，这是中美关系发展到一定历史阶段的产物。美国对华战略竞争呈现全面性、全局性特征。其中，政治和外交是最短兵相接的领域，外交领域口水战不断；经贸和科技是最激烈的领域，以贸易战为开端的中美冲突迅速延伸到科技领域，"脱钩断链"之说不断做实，美国在科技领域的对华打击堪称不遗余力；安全是最危险的领域，美国全面实施"印太战略"，组织美英澳安全同盟和美日印澳四国同盟，着力打造将中国孤立在外的海洋秩序，聚焦中国周边以及台海、东海等几个安全"火药桶"给中国制造麻烦，尤其在台湾、香港、新疆问题上挑战中国的底线；国际制度是最敏感的领域，美国不仅迫使 WTO 争端解决机制停摆，更在各主要国际组织不停责难中国；美国对华竞争进而延伸到人文教育领域，导致"新冷战"之说不胫而走。美国对华竞争不仅体现在两国之间，更体现在地区竞争的加剧上，不仅在东亚、亚太地区有深刻的表现，甚至还延伸到欧洲和非洲。概言之，美国对华竞争体现出全面性的特征，对国际格局演变和世界秩序塑造将产生巨大影响。

另一方面，美国对华全面竞争并未彻底改变双边关系竞争与合作并存的态势，中国也保持了必要的战略审慎。基辛格指出："美国和中国之所以认为彼此需要，是因为两国都太大，不可能被别人主导；太特殊，不可

---

① 曾培炎：《积极应对外部环境深刻变化》，《全球化》2019 年第 2 期，第 5—7 页。

② 温娟、李海东：《理性认识美国外交转型与中美战略竞争》，《湘潭大学学报》（哲学社会科学版）2021 年第 1 期，第 157—163 页。

能被转化；太相互依赖，承受不起彼此孤立"①。有美国学者认为，中美关系的复杂性就体现为"美国在某些问题上需要与中国紧密合作，但同时又需要在其他领域与中国相抗衡。所以，对于美国而言，中国同时是合作伙伴、竞争对手和挑战者"②。有中国学者指出，"中美在双边和多边层面的共同利益并未消失，为维护和促进这些共同利益而开展合作的必要性依然存在"③。尽管来自美国的战略压力不断上升，中国深知制衡不是可行的战略选择，更未考虑通过与东亚自助国家结盟甚至提供安全保护的方式化解压力，即使自 2018 年以来美国的对华政策对抗性逐步增强，中国仍然反复强调要理性应对，不随之起舞，尽力避免中美战略对抗。④ 中方始终强调按照习近平主席提出的相互尊重、和平共处、合作共赢的原则致力于推动中美关系健康稳定发展。

第三节　应对美国对华竞争的中国方略

经过多年美国对华战略竞争的淬炼，中国对美政策更趋稳健成熟。中国与世界的互动关系进入深刻调整期，在加速走近世界舞台中央的同时，中国也加速接近国际舞台的中心，成为全球关注的核心力量。美国对华战略竞争是中国崛起和百年变局的产物，有一定的历史必然性，也将是未来

---

① ［美］亨利·基辛格：《论中国》，胡利平等译，中信出版社 2012 年版，第 477 页。

② David Dollar and Ryan Hass, "Getting the China Challenge Right," *Brookings Institution*, Jan. 2021.

③ 吴心伯：《论中美战略竞争》，《世界经济与政治》2020 年第 5 期，第 96—130 页。

④ 刘若楠、孙学峰：《局部等级视角下的东亚安全秩序与中美战略竞争》，《东北亚论坛》2021 年第 1 期，第 43—61 页。

一段时期中美大国关系的新常态。

习近平外交思想对处理中美关系有着重要指引作用。习近平高度关注中美关系，尤其是分歧和敏感问题的处理，始终强调把握双方战略意图的重要性。他强调，要以建设性方式管控分歧和敏感问题，推动中美关系始终沿着正确轨道向前发展。①2016年6月6日，习近平出席第八轮中美战略与经济对话和第七轮中美人文交流高层磋商联合开幕式并致辞指出，中美双方存在一些分歧是正常的，双方要努力解决或以务实和建设性的态度加以管控，宽广的太平洋不应该成为各国博弈的竞技场，而应该成为大家包容合作的大平台。②2017年1月17日，习近平在达沃斯会见美国副总统拜登，指出"两国人民和世界人民的根本利益需要中美两国共同努力，构建长期稳定的合作关系"。③美国对华战略竞争的启动是中国不愿意看到的。2019年2月15日，习近平在会见美国贸易代表莱特希泽和财政部部长姆努钦时指出："中美两国谁也离不开谁，合则两利，斗则俱伤，合作是最好的选择。对于双方经贸分歧和摩擦问题，我们愿意采取合作的方式加以解决，推动达成双方都能接受的协议。"2019年11月22日，习近平会见美国前国务卿基辛格时指出：中美双方应该就战略性问题加强沟通，避免误解误判，增进相互了解。基辛格表示："美中关系的重要性更加突出，双方应该加强战略沟通，努力找到妥善解决分歧的办法，继续开展各领域交流与合作，这对两国和世界都至关重要。"④2020年11月25

① 《习近平同美国总统奥巴马举行会谈》，《人民日报》2015年9月26日，第1版。

② 习近平：《为构建中美新型大国关系而不懈努力——在第八轮中美战略与经济对话和第七轮中美人文交流高层磋商联合开幕式上的讲话》，《人民日报》2016年6月7日，第2版。

③ 《习近平会见美国副总统拜登》，《人民日报》2017年1月18日，第2版。

④ 《习近平会见美国前国务卿基辛格》，《人民日报》2019年11月23日，第1版。

日，习近平致电祝贺拜登当选美国总统时指出："希望双方秉持不冲突不对抗、相互尊重、合作共赢的精神，聚焦合作，管控分歧，推动中美关系健康稳定向前发展，同各国和国际社会携手推进世界和平与发展的崇高事业。"①2021 年 2 月 11 日，习近平同美国总统拜登通电话时强调："两国外交部门可就双边关系中的广泛问题以及重大国际和地区问题深入沟通，两国经济、金融、执法、军队等部门也可以多开展一些接触；中美双方应该重新建立各种对话机制，准确了解彼此的政策意图，避免误解误判。要分清哪些是分歧，要很好管控，哪些有合作意义，共同推动走上合作轨道；台湾、涉港、涉疆等问题是中国内政，事关中国主权和领土完整，美方应该尊重中国的核心利益，慎重行事。"②2021 年 9 月 10 日，习近平同美国总统拜登通电话，郑重指出："中美能否处理好彼此关系，攸关世界前途命运，是两国必须回答好的世纪之问。……中美关系不是一道是否搞好的选择题，而是一道如何搞好的必答题。……中美应该展现大格局、肩负大担当，坚持向前看、往前走，拿出战略胆识和政治魄力，推动中美关系尽快回到稳定发展的正确轨道。"③2021 年 11 月 16 日，习近平与拜登举行视频峰会，强调："过去 50 年，国际关系中一个最重要的事件就是中美关系恢复和发展，造福了两国和世界。未来 50 年，国际关系中最重要的事情是中美必须找到正确的相处之道。"他提出新时期中美相处应该坚持相互尊重、和平共处、合作共赢三原则，强调中美关系应该着力推动四个方面的优先事项：一是展现大国的担当，引领国际社会合作应对突出挑战；二是本着平等互利精神，推进各层级各领域交往，为中美关系注入更多正能

---

① 《习近平致电祝贺拜登当选美国总统》，《人民日报》2020 年 11 月 26 日，第 1 版。
② 《习近平同拜登除夕通电话》，《人民日报》(海外版)2021 年 2 月 18 日，第 1 版。
③ 《习近平同美国总统拜登通电话》，《人民日报》2021 年 9 月 11 日，第 1 版。

量；三是以建设性方式管控分歧和敏感问题，防止中美关系脱轨失控；四是加强在重大国际和地区热点问题上的协调和合作，为世界提供更多公共产品。① 2022 年 3 月 18 日，习近平与拜登视频通话，习近平提出："我们不仅要引领中美关系沿着正确轨道向前发展，而且要承担应尽的国际责任，为世界的和平与安宁作出努力。"② 2022 年 11 月 14 日，习近平与拜登在巴厘岛举行会晤，习近平指出："中美不冲突、不对抗、和平共处，这是两国最基本的共同利益。中美两国经济深度融合，面临新的发展任务，需要从对方发展中获益，这也是共同利益。全球经济疫后复苏、应对气候变化、解决地区热点问题也离不开中美协调合作，这还是共同利益。双方应该相互尊重，互惠互利，着眼大局，为双方合作提供好的氛围和稳定的关系。"③ 2023 年 11 月 15 日，习近平在美国旧金山斐洛里庄园与美国总统拜登举行中美元首会晤时指出，相互尊重、和平共处、合作共赢既是从 50 年中美关系历程中提炼出的经验，也是历史上大国冲突带来的启示，应该是中美共同努力的方向。这次旧金山会晤，中美应该有新的愿景，共同努力浇筑中美关系的五根支柱：一是共同树立正确认知；二是共同有效管控分歧；三是共同推进互利合作；四是共同承担大国责任；五是共同促进人文交流。④ 同日，习近平在美国旧金山出席美国友好团体联合举行的欢迎宴会上发表演讲指出："我一直在思考，如何让中美关系这艘巨轮避开暗礁浅滩、穿越狂风巨浪，不偏航、不失速、不碰撞？首先要回答的是，中美到底是对手，还是伙伴。这是一个根本的、也是管总的问题。道理很简

---

① 《习近平同美国总统拜登举行视频会晤》，《人民日报》2021 年 11 月 17 日，第 1 版。

② 《习近平同美国总统拜登视频通话》，《人民日报》2022 年 3 月 19 日，第 1 版。

③ 《习近平同美国总统拜登在巴厘岛举行会晤》，《人民日报》2022 年 11 月 15 日，第 1 版。

④ 《习近平同美国总统拜登举行中美元首会晤》，载新华网，2023 年 11 月 16 日。

单，如果把对方视为最主要竞争对手、最重大地缘政治挑战和步步紧逼的威胁，必然导致错误的政策、采取错误的行动、产生错误的结果。中国愿意同美国做伙伴、做朋友。我们处理中美关系的根本遵循就是相互尊重、和平共处、合作共赢。"① 习近平对中美关系的认识和分析为应对美国对华竞争提供了思想指引和战略方向。

中美关系处于十字路口，搭建新的战略框架，梳理制定关于中美合作、对话、管控分歧的清单，② 重建尊重、信任和正常关系，③ 推动双边关系回到健康稳定发展的正确轨道，④ 需要智慧、耐心与努力。中美关系需要面向未来和创建未来，需要回到对话、协商、交流的轨道上。为此，中国应秉持的战略方向是：

首先，中国要做好自己的事情，确保中国持续崛起，推动中国与世界关系的良性互动，为应对美国对华竞争提供坚实的国家基础。我们要以习近平新时代中国特色社会主义思想为指引，坚持"四个自信"，将压力变成动力，以"我"为主，致力于激发中国特色社会主义的活力。⑤ 我们必须准备付出更为艰巨、更为艰苦的努力，坚定信心、锐意进取，主动识变应变求变，主动防范化解风险，不断夺取全面建设社会主义现代化国家

---

① 习近平：《汇聚两国人民力量 推进中美友好事业——在美国友好团体联合欢迎宴会上的演讲》，载新华网，2023 年 11 月 16 日。

② 时任国务委员兼外长王毅 2020 年 8 月 5 日接受新华社专访建议，可以梳理制定关于中美合作、对话、管控分歧的三个清单，并为下一步交流确定路线图。

③ 中国驻美大使崔天凯 2021 年 1 月 27 日参加"中美接触 42 年：过去的成就，未来的调整"在线对话会并发表主旨演讲指出："中美两国必须紧密相连，重建尊重、信任和正常关系，……希望正直、坦诚、尊重和远见能够回归美国对华政策。"

④ 《杨洁篪同美中关系全国委员会举行视频对话》，《人民日报》2021 年 2 月 3 日，第 3 版。

⑤ 袁征：《中美博弈影响下的中国战略机遇期》，《人民论坛》2019 年第 17 期，第 23 页。

新胜利。① 面对美国的战略挑战和策略制约，中国要有巨大的战略定力，构建中国特色的自主创新体系，促进经济高质量发展模式的转变，从而全力打造维持中国经济中高速增长的内生动力，② 立足国内，磨砺自身，以不变应万变。③ 当前，中国正在全面落实构建双循环的新发展格局，在深化国内改革、繁荣国内市场、畅通国内大循环的同时进一步推动高水平开放，积极推进国际循环，在国际变革中发挥引领性影响，通过全面参与多边合作带动中国与世界关系的良性循环。

其次，秉持底线思维，积极应对"脱钩断链"风险，实施"挂钩"战略。有鉴于美国政府肆意挑战中国战略底线。我们必须为中美关系未来划定底线，要求美国恪守一个中国原则，停止武装台湾，停止干涉中国内政，停止通过干涉中国内政来牵制阻挠中国发展。同时，我们还要看到美国在科技、经贸等领域与中国脱钩断链的长期风险，善于以挂钩战略来应对脱钩图谋。与苏美关系不同，中美两国在全球供应链和价值链上已经深度交融和相互依赖，并且已经形成广泛的社会联系。积极运用中国在气候变化等全球性问题上提供全球公共产品的优势，深化与各大国的战略协调合作并以此平衡、制衡美国的战略，在诸多低政治领域继续深化合作，将不同领域的战略关系进行创新组合，致力于推动中美关系走向动态稳定和可预期。

第三，积极寻机推动中美合作的展开。近年来，中美关系尽管遇到种

---

① 习近平：《高举中国特色社会主义伟大旗帜 为全面建设社会主义现代化国家而团结奋斗——在中国共产党第二十次全国代表大会上的报告》，人民出版社 2022 年版，第 28 页。

② 张杰：《中美经济竞争的战略内涵、多重博弈特征与应对策略》，《世界经济与政治论坛》2018 年第 3 期，第 1—22 页。

③ 贾文山、赵立敏：《美国特朗普政府的亚太战略走向及中国的应对之策》，《新疆师范大学学报》（哲学社会科学版）2017 年第 6 期，第 48—54 页。

种困难，但各领域交流合作仍持续推进。2022年9月22日，王毅在美国亚洲协会演讲时指出："中美社会联系之密，利益交融之深，在大国中首屈一指。……作为最大的发展中国家和最大的发达国家，中美具有高度互补性，无论经贸、能源、科技、教育、人文等诸多领域，都存在广泛合作空间，在抗击疫情、恢复经济、应对气变、反恐、防扩散、解决地区热点等全球性议题上承担着重大责任。双方还曾携手打击恐怖主义、应对金融危机、阻击埃博拉病毒、引领达成气候变化《巴黎协定》，合作办成了一件件造福世界的大事好事。合则两利，斗则俱伤，这是中美打交道一条颠扑不破的真理。合作始终是中美两国的最好选择。"[①]2023年11月15日中美元首旧金山会晤的重要成果是，两国元首认可双方外交团队自巴厘岛会晤以来为讨论中美关系指导原则所做的努力以及取得的共识，强调要相互尊重、和平共处、保持沟通、防止冲突，恪守《联合国宪章》，在有共同利益领域开展合作，负责任管控双边关系中的竞争因素。双方决定加强高层交往，推进并启动在商业、经济、金融、出口管制、亚太事务、海洋、军控和防扩散、外交政策规划、联合工作组、残疾人等各领域的机制性磋商。双方同意启动续签《中美科技合作协定》磋商，重启中美农业联委会；同意2024年早些时候大幅增加两国间直航航班，就中美教育合作达成一致，鼓励扩大留学生规模，加强文化、体育、青年、工商界交流；强调当前中美应加快努力应对气候危机，启动中美"强化气候行动工作组"，同意建立人工智能政府间对话机制；同意在平等和尊重基础上恢复两军高层沟通，恢复中美国防部工作会晤、中美海上军事安全磋商机制会议，开展中美两军战区领导通话，双方宣布成立中美禁毒合作工作组并开展禁毒

[①] 王毅：《中美新时代正确相处之道》，《国际问题研究》2022年第5期，第1—10页。

合作。[①] 这些重要共识和成果为中美合作的展开奠定基础。中美合作内容丰富，关键在于战略取舍。我们要积极推动中美关系在战略竞争中寻求新的平衡点与合作方向，通过双边合作与多边合作改变相互认知、加深相互理解、促进相互信任。

最后，推动构建应对美国对华竞争为焦点的国际统一战线。我们要做好与美国打持久战的战略准备，深刻认识到广交朋友的重要性。在经济贸易领域，中国致力于构建以共同发展为导向、以合作共赢为核心的国际发展统一战线；在地区安全问题上，深刻理解所涉各国的种种顾虑，避免美国组建针对中国的议题联盟，团结一切可以团结的力量制衡美国；在事关气候变化、全球宏观经济稳定等众多全球性问题上，推动建立全球性合作框架，推动在全球性议题上中美战略协调，共同促成全球化的回潮；加强与美国国内理性力量的对话交流，力争形成中美关系大局稳定的新战略框架。

---

① 《王毅就中美元首旧金山会晤向媒体介绍情况并答问》，参见中华人民共和国外交部网站，2023 年 11 月 16 日。

第八章　推动构筑新时代中国国际统一战线

作为颇具中国特色的联合战略，统一战线在中国内政外交中发挥着关键性作用。毛泽东把统一战线视为中国共产党战胜敌人、取得胜利的重要法宝。① 邓小平指出："没有统一战线工作，任何一件事情都是办不好的。只要有敌人，有朋友，就得团结朋友，孤立和打击敌人，就还得有统战工作。"② 习近平在 2015 年中央统战工作会议上指出："统战工作的本质要求是大团结大联合，解决的就是人心和力量问题。这是我们党治国理政必须花大心思、下大气力解决好的重大战略问题。"③ 他进一步强调"统战工作是全党的工作，必须全党重视，大家共同来做"④。党的十九大报告载明："统一战线是党的事业取得胜利的重要法宝，必须长期坚持。要高举爱国主义、社会主义旗帜，牢牢把握大团结大联合的主题，坚持一致性和多样性统一，找到最大公约数，画出最大同心

---

① 1939 年 10 月，毛泽东在《〈共产党人〉发刊词》中提出："统一战线，武装斗争，党的建设，是中国共产党在中国革命中战胜敌人的三个法宝，三个主要的法宝。"参见《毛泽东选集》第 2 卷，人民出版社 1991 年版，第 606 页。

② 《邓小平文选》第 1 卷，人民出版社 1994 年版，第 186—187 页。

③ 《十八大以来重要文献选编》(中)，中央文献出版社 2016 年版，第 556 页。

④ 中共中央统战部编著：《巩固发展最广泛的爱国统一战线：中央统战工作会议精神、中国共产党统一战线工作条例（试行）解答》，华文出版社 2015 年版，第 39 页。

圆。"① 党的二十大报告强调："统一战线是凝聚人心、汇聚力量的强大法宝。完善大统战工作格局，坚持大团结大联合，动员全体中华儿女围绕实现中华民族伟大复兴中国梦一起来想、一起来干。"② 长期在统一战线领域工作的刘延东指出，从新中国成立以来党的历史来看，"凡是统战工作搞得好的时候，也就是党的事业和国家建设取得成功和胜利的时候。由此可见，党的统一战线的成败，直接关系到革命的进退、人民的祸福和国家的盛衰"。③ 可以说，越到关键时刻，统一战线的重要性就愈加凸显。

国际统一战线是统一战线基本原理在对外工作中的拓展，主旨是调动国际上的一切积极因素，克服消极因素，为中国的发展创造有利条件。④ 国际统一战线历来在党的对外工作中占据重要地位，巩固和壮大国际统一战线是中国特色社会主义事业的重要方面。⑤ 与国内统一战线相比，国际统一战线团结和联合的范围更广，追求的目标更高。⑥ 习近平提出人类命运共同体的世界理想和构建新型国际关系的核心路径，秉

---

① 习近平：《决胜全面建成小康社会　夺取新时代中国特色社会主义伟大胜利——在中国共产党第十九次全国代表大会上的报告》，人民出版社 2017 年版，第 39—40 页。

② 习近平：《高举中国特色社会主义伟大旗帜　为全面建设社会主义现代化国家而团结奋斗——在中国共产党第二十次全国代表大会上的报告》，人民出版社 2022 年版，第 1、21、39 页。

③ 刘延东：《新中国统一战线五十年》，《中央社会主义学院学报》1999 年第 10 期，第 9—14 页。

④ 冉绵惠、周黎：《论邓小平、江泽民同志对毛泽东统一战线思想的继承和发展》，《毛泽东思想研究》2001 年第 1 期，第 65—67 页。

⑤ 亢升、范秀娟：《"一带一路"战略与中国国际统战工作新进路》，《云南行政学院学报》2016 年第 6 期，第 160—165 页。

⑥ 莫岳云：《习近平总书记关于加强统一战线工作重要论述的精髓要义》，《马克思主义研究》2019 年第 12 期，第 45—53 页。

持合作共赢的战略思路，落实正确义利观的新时代价值理念，实现了国际统一战线理论与实践的创新发展。

当前，世界百年变局加速演进，国际风云呈现大分化、新组合的鲜明时代特征，各国着眼于未来竞争加速战略调整，世界不确定性、不稳定性异常突出。站在统筹国内国际两个大局的战略高度，面对外部环境激变和美国对华战略竞争的展开，构建新时代国际统一战线，进一步完善国际统一战线的全球布局，在稳步提升国家硬实力的同时着重塑造国家软实力，具有极其关键的战略价值。

第一节　构建国际统一战线的战略考量

统一战线是指不同政治力量在一定历史条件下为实现特定共同目标、在某些共同利益基础上组成的政治联盟。有鉴于此，统一战线可视为一种联合战略，其根本目的在于团结尽可能多的力量，包括利用敌人内部矛盾、在敌人的营垒内部寻找朋友，最大限度地孤立主要敌人。[1] 国际统一战线则指在国际范围内由不同社会政治力量在某些共同利益基础上为实现特定共同目标而结成的团体、政治联盟或联合行动组织。[2] 与同盟（alliance）相比，国际统一战线有其明确的非正式性和更多的灵活性，同冷战结束以来兴起的议题联盟（issue coalition）或菜单式同盟

---

① 伍绍勤：《毛泽东统一战线思想与"三个世界"划分的理论渊源》，《新疆社会科学》2012 年第 1 期，第 9—12 页。

② 谭来兴、亢升：《胡锦涛国际统一战线思想研究》，《人民论坛》2014 年第 19 期，第 209—211 页。

（alliance a la carte）有一定相似性。^①中国素有构建国际统一战线的战略传统，春秋的"尊王攘夷"、战国的"合纵连横"、汉初的"南郑对"与三国的"隆中对"均为经典案例，其包含的团结竞争对手的对立面、使其陷入孤立的战略思想堪称国际统一战线的精髓所在，而化解不同力量之间的矛盾冲突、协调各方利益关系与形成有利于己方的联合阵线是其主要路径。

国际统一战线战略是基于反对共同敌人、追求共同利益的需要形成和发展起来的，^②其针对性颇为明确。在统一战线从革命策略转变为治国方略的背景下，中国国际统一战线从过去侧重于分清敌友向大团结、大联合方向发展，营造良好的外部环境成为中国国际统一战线的核心考虑。冷战结束以来，中国积极扮演负责任大国的角色，其国际统一战线逐步界定为以共同发展、共享繁荣为导向的发展联合阵线，共同利益、共赢主义成为国际统一战线的核心价值追求。党的十八大以来，一方面，中国高度重视构建国际统一战线，提出人类命运共同体的新世界理想，并以构建新型国际关系、落实正确义利观、共建"一带一路"和拓展伙伴关系网络建设为重要抓手，推动形成中国国际合作的全球新布局；另一方面，身处百年未有之大变局，中国国际统一战线面临着严峻挑战。尤其是美国对华竞争成为国际社会关注的焦点，引致中国外部环境激变，国际力量大分化新组合加速进行。在继续塑造有利外部环境的同时，中国必须把制衡美国对华竞争、反制美国建立遏华同盟作为国际统一战线的核心目标，为实现新时代

---

①　Charles Krauthammer, "The Unipolar Moment Revisited," *The National Interest*, No.70, 2002/2003, pp.5—17; Joseph S. Nye, Jr., "U.S. Power and Strategy after Iraq," *Foreign Affairs*, Vol.82, No.4, 2003, pp.60—73.

②　刘晓楠：《统战文化在国际争端中的作用》，《人民论坛》2012年第7期，第176—178页。

新征程战略目标创造良好的国际条件。

恩格斯指出："没有共同的利益，也就不会有统一的目的，更谈不上统一的行动。"① 习近平指出，做好统一战线工作必须尊重包容差异，尽可能通过耐心细致的工作找到最大公约数。② 检视国际统一战线的演进，共同利益、共同目标与合作共赢是其核心要素和本质诉求。共同利益是国际统一战线形成的基础，是维系统一战线中不同社会政治力量团结合作的纽带，③ 也是巩固和发展国际统一战线的主要动力。基于共同利益确定共同目标是构建国际统一战线的基础条件。第二次世界大战期间，基于打败法西斯主义国家的共同目标，数十个国家组建反法西斯同盟。毛泽东就此指出："凡属反对法西斯德意日，援助苏联与中国者，都是好的，有益的，正义的。凡属援助德意日、反对苏联与中国者，都是坏的，有害的，非正义的。"④ 他强调，"凡是愿意参加这个共同战线的，都将作为友好国家受到我们的欢迎"。⑤ 建立国际统一战线，必须确定参与各方的共同目标。例如，中国长期把反对霸权主义和强权政治、促进世界和平发展作为构建国际统一战线的重要目标和抓手，⑥ 人类命运共同体作为新时代中国构建国际统一战线的核心目标得到国际社会的积极认同。合作共赢是国际统一

① 《马克思恩格斯选集》第 1 卷，人民出版社 1995 年版，第 490 页。

② 参见中共中央文献研究室编：《习近平关于全面深化改革论述摘编》，中央文献出版社 2014 年版，第 31 页。

③ 罗振建、张成明：《论合作共赢是统一战线的本质》，《理论月刊》2017 年第 2 期，第 61—68 页。

④ 《建党以来重要文献选编》第 18 册，中央文献出版社 2011 年版，第 496 页。

⑤ 唐正芒、李国亮：《毛泽东关于建立反法西斯国际统一战线的策略思想》，《党的文献》2019 年第 6 期，第 67—74 页。

⑥ 王少普：《试论新时期国际统一战线与我国国际统一战线政策》，《社会科学》2002 年第 6 期，第 25—29 页。

战线的本质追求，实现共赢才能保证国际统一战线长期持续，合作则是实现共赢的必要手段，是建立、巩固和发展国际统一战线的根本要求和标志。①

统一战线的基本要义是基于共同利益团结大多数，推进共同目标的实现。邓小平强调统一战线的广泛性，提出统战工作宜宽不宜窄的原则，"凡是可以团结、可以争取使其中立的，都要加以团结、加以争取，这也就是孤立了敌人"②。习近平指出："做好新形势下统战工作，必须善于联谊交友。"③应该说，国际统一战线各参与方既有共同利益的基础，亦有自身利益的诉求，还存在着发展水平、文化根基、社会制度和意识形态等方面的差异，唯有协调好各方利益诉求，才能巩固和发展国际统一战线。因此，弥合差异、协调利益、化解矛盾和实现共赢是国际统一战线得以建立的条件，也是其巩固和持续存在的基础。鉴于各方利益考虑不同，在建立、维护和扩大国际统一战线的过程中，既要广泛联合又要区别对待，还要以必要的斗争求必需的团结，这就要求我们在坚持原则的同时讲究灵活性和策略变通。④与此同时，国际统一战线天然具有尊重差异、开放包容的特征，在构建新时代中国国际统一战线的过程中应积极寻求价值理念的最大公约数，为深入落实中国特色大国外交的新理念创造实践条件。

---

① 罗振建、张成明：《论合作共赢是统一战线的本质》，《理论月刊》2017 年第 2 期，第 61—68 页。

② 《邓小平文选》第 1 卷，人民出版社 1994 年版，第 187 页。

③ 《十八大以来重要文献选编》(中)，中央文献出版社 2016 年版，第 562 页。

④ 唐正芒、李国亮：《毛泽东关于建立反法西斯国际统一战线的策略思想》，《党的文献》2019 年第 6 期，第 67—74 页。

第二节　构建国际统一战线的中国探索

马克思、恩格斯是无产阶级统一战线思想的奠基者。他们在《共产党宣言》中号召"全世界无产者联合起来",并于 1864 年领导成立了第一国际。列宁创制了统一战线这个概念,提出"全世界无产者和被压迫民族联合起来"的口号,致力于组建工人阶级统一战线和反帝统一战线,进一步夯实了统一战线的国际性质。第二次世界大战期间,斯大林利用帝国主义之间的矛盾,与英美等国建立国际反法西斯统一战线,扩展了统一战线的内涵。作为马克思主义与中国革命实践相结合的产物,统一战线是中国共产党在长期革命和建设实践中坚持的光荣传统。[①] 创建之初,中国共产党就深刻认识到,要战胜强大的敌人,必须团结一切可以团结的力量,建立革命的统一战线,国内统一战线与国际统一战线相结合成为中国共产党统一战线思想和实践的突出特征。中国共产党国内统一战线的基本特征就是分清敌友,领导工人阶级、农民阶级、小资产阶级和民族资产阶级结成革命联盟,结成最广泛的人民民主统一战线,推翻帝国主义、封建主义和官僚资本主义三座大山,取得新民主主义革命胜利,并在新中国成立之后实现从阶级联盟向非阶级联盟的转变,从划分敌友向大团结大联合的转变,从革命策略向治国方略的转变。[②] 与此同时,中国共产党在领导中国革命、

[①]　蔡宇宏、李俊:《论统一战线主题内容的发展演变》,《马克思主义与现实》2010 年第 5 期,第 90—94 页;李照修:《统一战线与群众路线内在逻辑的四重维度》,《求实》2014 年第 12 期,第 20—25 页。

[②]　路璐:《马克思主义统一战线概念的内涵及其演进》,《当代世界社会主义问题》2018 年第 12 期,第 63—74 页。

建设、改革和新时代的过程中，注重构建国际统一战线，积累了丰富的经验。

　　毛泽东是构建国际统一战线的伟大战略家，也是国内统一战线和国际统一战线有机结合的先行者。1935 年 12 月，中共中央政治局会议在瓦窑堡召开，提出抗日民族统一战线的策略。随后，在党的活动分子会议上，毛泽东作了《论反对日本帝国主义的策略》的报告。1936 年 5 月，中国共产党提出"停止内战，一致抗日"的主张，并随后建议国共两党重新合作。中国共产党在领导抗日民族统一战线中，始终坚持共同对日抗战这个最大的"同"，最大限度地包容阶级立场、政治主张、思想观念、利益诉求等各方面的"异"，维护了统一战线的团结。[①]1937 年 5 月，毛泽东在中国共产党全国代表会议（当时称"苏区代表会议"）上提出"中国的抗日民族统一战线和世界的和平阵线相结合"的任务。[②]中国共产党倡议建立东方国际反法西斯统一战线，1941 年 10 月在延安组织召开"东方各民族反法西斯代表大会"，领导建立起"东方各民族反法西斯联盟"。[③]毛泽东将抗日民族统一战线与反法西斯国际统一战线结合起来，灵活运用国际统一战线来维护抗日民族统一战线，秉持又联合又斗争的原则，以必要的斗争求必需的团结，实现打败日本侵略者的战略目标。[④]他提出的"发展进步势力，争取中间势力，孤立顽固势力"的策略方针，"利用矛盾、争

---

　　① 《弘扬抗日民族统一战线优良传统　为实现中华民族伟大复兴中国梦凝心聚力》，《人民日报》2015 年 9 月 2 日。

　　② 《毛泽东选集》第 1 卷，人民出版社 1991 年版，第 253 页。

　　③ 姜廷玉：《中国共产党与国际反法西斯统一战线》，《军事历史》2015 年第 6 期，第 42—48 页。

　　④ 唐正芒、李国亮：《毛泽东关于建立反法西斯国际统一战线的策略思想》，《党的文献》2019 年第 6 期，第 67—74 页。

取多数、反对少数、各个击破"和"有理、有利、有节"的对敌斗争策略，以及把原则的坚定性和策略的灵活性结合起来的工作方法，在党的国际统一战线发展史上发挥着不可替代的作用。①

1946 年，毛泽东提出"中间地带"观点。② 新中国成立后，中国在"倒向以苏联为首的社会主义阵营"的同时，强调推动亚非拉新独立国家的联合，推动和平共处五项原则在全球的实践。20 世纪 60 年代，毛泽东密切关注世界的动荡分化和重组，提出两个"中间地带"理论，即亚非拉是一个中间地带，欧洲、北美加拿大、大洋洲是第二个中间地带，在继续发展与亚非拉国家关系的同时，重视建立和改善与西方国家的关系。③ 随后，毛泽东利用美国急切需要，推动中美关系走向缓和。在此基础上，毛泽东 1974 年提出著名的"三个世界"理论，致力于通过"一条线、一大片"的策略联美抗苏，推动形成国际反霸统一战线。④ "三个世界"理论确定了第三世界在中国国际统一战线中的基础地位，并将第二世界纳入其中，扩大了中国国际统一战线的范围，20 世纪 70 年代，中国在反对霸权主义和强权政治的主线中侧重于反苏，最大限度地团结国际社会一切可以团结的力量共同反对苏联霸权主义。这为中国走出外交困境、捍卫国家独立与主权完整进而推动改革开放打下了坚实的基础。邓小平就此指出："毛泽东同志在他晚年为我们制定的关于划分三个世界的战略，关于中国

---

① 李照修：《统一战线与群众路线内在逻辑的四重维度》，《求实》2014 年第 12 期，第 20—25 页。

② 《毛泽东选集》第 4 卷，人民出版社 1991 年版，第 1193—1194 页。

③ 官力：《毛泽东的国际战略视野与新中国大国地位的确立》，《当代世界与社会主义》2010 年第 3 期，第 90—94 页。

④ 伍绍勤：《毛泽东统一战线思想与"三个世界"划分的理论渊源》，《新疆社会科学》2012 年第 1 期，第 9—12 页；洪源：《"三个世界划分"理论是毛泽东对外交理论创新的杰出贡献》，《人民论坛》2019 年第 34 期，第 83—85 页。

站在第三世界一边，加强同第三世界的团结，争取第二世界国家共同反霸，并且同美国、日本建立正常外交关系的决策，是多么英明，多么富有远见。这一国际战略原则，对于团结世界人民反对霸权主义，改变世界政治力量对比，对于打破苏联霸权主义企图在国际上孤立我们的狂妄计划，改善我们的国际环境，提高我们的国际威望，起了不可估量的作用。"[①]

邓小平高度强调国际统一战线的重要性，提出和平发展的时代主题下中国的主要任务是加紧社会主义现代化建设，争取实现祖国统一，反对霸权主义、维护世界和平，开启了中国特色社会主义建设的时代。他强调指出："统一战线仍然是一个重要法宝，不是可以削弱，而是应该加强，不是可以缩小，而是应该扩大……新时期统一战线的任务，就是要调动一切积极因素，团结一切可以团结的力量，为在本世纪内把我国建设成为现代化的社会主义强国而共同奋斗，还要为促进台湾归回祖国，完成祖国统一大业而共同努力。"[②] 邓小平国际统一战线思想的总出发点是致力于为国家经济建设创造一个良好的外部环境。[③] 他高度重视国内统一战线和国际统一战线的结合，强调社会主义现代化建设的中心地位，认为新时期统一战线已经扩张为两个范围的联盟：一是大陆范围内以爱国主义和社会主义为政治基础的团结全体劳动者和全体爱国者的联盟；二是大陆范围以外以爱国和维护祖国统一为政治基础的团结台湾同胞、港澳同胞和海外侨胞的联盟。[④] 为此，他提出"一国两制"解决港澳台问题、实现国家统一的战略思路。邓小平高度关注世界动向，把反对霸权主义和强权政治、推动政治

---

① 《邓小平文选》第 2 卷，人民出版社 1993 年版，第 160 页。

② 《邓小平文选》第 2 卷，人民出版社 1993 年版，第 203 页。

③ 参见《邓小平文选》第 3 卷，人民出版社 1994 年版，第 82 页。

④ 段治文、钟学敏：《目前我国统一战线发展的一些新现象新特点》，《理论探讨》2002年第 3 期，第 79—82 页。

经济新秩序建设作为构建改革开放时代国际统一战线的重要抓手。邓小平发展了"三个世界"理论，提出了"东西南北"问题："现在世界上真正大的问题，带全球性的战略问题，一个是和平问题，一个是经济问题或者说发展问题。和平问题是东西关系问题，发展问题是南北关系问题。概括起来，就是东西南北四个字。"① 基于此，邓小平倡导南北对话和南南合作，推动形成以发展为指向的国际合作框架。随着国际形势的发展和中国实力的增强，建立国际政治经济新秩序成为邓小平关注的战略重点。1988 年，邓小平提出国际新秩序建设应当用和平共处五项原则作为指导准则。②1990 年 12 月 24 日，邓小平在同中央负责同志的谈话中指出，"在国际问题上无所作为不可能，还是要有所作为。作什么？我看要积极推动建立国际政治经济新秩序"。③ 建立国际政治经济新秩序成为推动构建冷战后时代反霸统一战线的重要抓手。

面对冷战后急剧变革的国际形势，江泽民进一步强调国内统一战线与国际统一战线的结合，并把爱国统一战线作为重要关节点。江泽民在 1990 年 6 月全国统战工作会议上讲话指出："要建设有中国特色的社会主义，要实现统一祖国、振兴中华的大业，要挫败国内外敌对势力的颠覆、渗透与和平演变图谋，没有一个包括中华民族绝大多数人在内的最广泛的爱国统一战线，也是不可能的。"④ 在此基础上，面对经济全球化的蓬勃汹涌和冷战后各国聚焦经济发展的强烈愿望，江泽民积极推动中国构建新的以大国伙伴关系为重心的国际统一战线，致力于形成以共同发展为指向的合作

---

① 《邓小平文选》第 3 卷，第 105 页。
② 《邓小平文选》第 3 卷，第 283 页。
③ 《邓小平文选》第 3 卷，第 363 页。
④ 《十三大以来重要文献选编》(中)，人民出版社 1991 年版，第 1124 页。

伙伴体系。^①面对美国的围堵和孤立，江泽民积极推动同各国朝野政党、民间团体和政治组织的友好往来，利用各国共产党和左翼政党为中国内政外交进行客观宣传，以冲淡西方主流媒体妖魔化中国的伎俩。^②面对"中国威胁论"的泛起，江泽民积极主张将"负责任大国"作为中国国际地位的标识，推动中国国际战略由内向性转为外向性，成为国际社会的全面参与者。随着亚洲尤其是东亚的重要性愈加突出，江泽民抓住亚洲金融危机的应对契机，推动东亚地区东盟与中日韩（"10+3"）合作机制建设，夯实了中国地区合作的基础。

胡锦涛进一步推动统一战线由"中国向度"向"世界向度"转变，^③在国际统一战线的建设上着墨甚多。胡锦涛强调国际统一战线的国内基础和华人华侨的重要性，要求认真做好"三胞"及其眷属、海外留学人员的工作，加强联系、广泛联谊，引导他们为社会主义现代化建设和祖国统一大业作出更大贡献。^④在中国积极参与国际反恐统一战线的背景下，中美关系实现了积极发展，中国大力推动中国国家利益在全球的拓展。胡锦涛认为："在人类漫长的发展史上，各国人民命运从未像今天这样紧密相连、休戚与共。共同的目标把我们联系在一起，共同的挑战需要我们团结在一起。"^⑤在上述理念的指引下，中国明确和平发展的道路选择，提出推动国

---

① 门洪华、刘笑阳：《中国伙伴关系战略评估与展望》，《世界经济与政治》2015年第2期，第65—95页。

② 杜俊华：《论抗战时期马克思主义国际统战理论的中国化——简论马克思主义国际统一战线理论》，《马克思主义研究》2013年第9期，第42—47页。

③ 刘新庚、肖瑞建、刘邦捷：《论统一战线思想的历史变革与现代创新》，《思想教育研究》2016年第8期，第47—52页。

④ 谭来兴、亢升：《胡锦涛国际统一战线思想研究》，《人民论坛》2014年第19期，第209—211页。

⑤ 《胡锦涛文选》第2卷，人民出版社2016年版，第356页。

际秩序朝着更加公正合理方向发展的新主张。与此相关，胡锦涛提出和谐社会的新理念，并将这一理想引申到国际问题的处理上，提出和谐世界、和谐亚洲、和谐地区的理念，强调和谐社会与和谐世界互为条件。将和谐世界作为结合对内和谐、对外合作的战略中间点。如果说和谐世界是一种理念表达，现实配合的战略路径就是共同利益和互利共赢的追求。2005 年10 月党的十六届五中全会提出实施互利共赢的开放战略。以此为基础，中国进一步扩大伙伴关系建设，着手自由贸易协定在全球的布局，致力于促成以共促发展、共享繁荣为导向的国际发展统一战线。

党的十八大以来，中国发展处于由大国迈向强国的关节点上，中国战略构想与动向举世瞩目。2013 年 1 月，习近平提出"把世界的机遇转变为中国的机遇，把中国的机遇转变为世界的机遇，在中国与世界各国良性互动、互利共赢中开拓前进"的战略构想。[①] 在世界各国普遍陷入迷茫之际，中国紧紧抓住时代发展的脉搏，积极推动构建新型国际关系和人类命运共同体，推动全球治理体系朝着更加公正合理的方向发展，成为世界乱象中的中流砥柱。[②] 中国的快速发展带动发展中大国的群体崛起和发展中世界的深入合作，成为推动百年变局向战略合作与良性竞争发展的引领性力量。中国国际统一战线迎来创新发展。习近平强调"统一战线是党领导的统一战线"，[③] 要牢牢把握统一战线的领导权。他指出，做好统战工作必须"充分发扬民主、尊重包容差异……尽可能通过耐心细致的工作找到

---

① 《习近平在中共中央政治局第三次集体学习时强调　更好统筹国内国际两个大局　夯实走和平发展道路的基础》，《人民日报》2013 年 1 月 30 日。

② 王毅：《2018 中国外交：乘风破浪砥砺前行》，《国际问题研究》2019 年第 1 期，第1—10 页。

③ 《十八大以来重要文献选编》(中)，中央文献出版社 2016 年版，第 561 页。

最大公约数"①。习近平提出人类命运共同体、新型国际关系、正确义利观等一系列创新理念，为新时代中国国际统一战线的构建提供了思想理论和实践指引。习近平对人类命运共同体的深刻论述体现了推动中国与世界良性互动的哲学思考，展现了新时代中国国际统一战线的哲学高度。在实践上，习近平作出百年变局的重大判断，高举构建人类命运共同体旗帜，倡导推进"一带一路"建设行稳致远、构建总体稳定和均衡发展的大国关系框架、积极参与全球治理，团结海外华侨同胞共同实现中国梦，开创新时代中国国际统一战线新局面。

第三节　百年变局与国际力量分化组合

进入 21 世纪以来，全球转型与中国的快速发展并行，两者相互促进、相互影响，大发展大变革大调整，推动世界迎来百年变局。中国处于近代以来最好的发展时期，中华民族伟大复兴迎来关键时刻。迈入 21 世纪第三个 10 年，百年变局与中国"两个一百年"战略目标这三个"百年"深刻交集。百年变局对中国有着深刻而广远的影响，不仅给中国和平发展带来难得的机遇，也必然带来严峻的挑战。2018 年 3 月以来，美国对华竞争加剧，2020 年初开始的新冠疫情在全球蔓延，推动中国—世界互动关系激烈演进，重新构建国际统一战线、维护中国和平发展外部环境成为中国外交的核心议程。

百年变局是世界新旧力量博弈的演进过程，其变革广度与深度前所

---

① 《十八大以来重要文献选编》(中)，中央文献出版社 2016 年版，第 562 页。

未有。现在的变局是从西方中心到非西方中心，或者是西方中心和非西方并列的大变局，目前正处于全球化发展调整期、世界权力结构转移期和科学革命发展孕育期叠加出现的阶段，这个变局刚刚开始，还要很长时间才能完成。^① 与之相关，百年变局最深刻的体现是世界充满不确定性。^② 面对世界大变局，各主要力量加紧内外战略调整，抢占战略制高点，力争在博弈中占据优势，^③ 导致国际形势加速深刻演变，不确定性不稳定性凸显。由于国家实力对比的显著变化，美国及其他西方国家"逆全球化"民粹思潮蔓延，新一轮贸易保护主义、逆全球化思潮乃至新孤立主义在美国这一世界"中心国家"兴起，^④ 大国战略竞争趋于激烈，世界主要力量的大分化新组合势在难免。

在百年变局的冲击之下，国际关系中各种矛盾错综交织，各种力量分化组合加快，大发展大分化大组合，分化有诸多新表现，推动多极时代的到来。其一，全球化进程促成国家政治经济发展的分化，导致"失败国家"频现和大国内部分裂的加剧。颇具典型和代表意义的是美国国内的政治社会分裂。政治极化成为美国政治最显著的新特征，美国外交被深深打上党派烙印。其二，西方分裂严重，特朗普时代美国假借欧盟力量分化组合之际大搞分化活动，支持英国脱欧，削弱欧盟力量，造成欧洲的新裂痕。美欧裂痕因特朗普政府的一意孤行而加大，随后的乌克兰危机带来欧

① 黄仁伟：《如何认识百年未有之大变局》，《东亚评论》2019 年第 1 辑，第 4—5 页。
② 王毅：《坚持以习近平外交思想为指引　谱写中国特色大国外交新篇章》，《时事报告（党组中心学习）》2019 年第 1 期，第 5—17 页。
③ 中国现代国际关系研究院课题组：《世界大变局深刻复杂》，《现代国际关系》2019 年第 1 期，第 1—6、21 页。
④ 权衡：《"百年未有之大变局"：表现、机理与中国之战略应对》，《科学社会主义》2019 年第 3 期，第 9—13 页。

美与俄罗斯的鸿沟，尽管拜登重启同盟深化之路，但美欧裂痕的深化也将势在难免。其三，发展中国家呈现加速分化的态势。一方面，我们看到了"全球南方"的兴起。迄今，新兴市场和发展中国家经济总量占全球 GDP的比重已接近 40%，对世界经济增长的贡献率已达 80%，成为全球经济增长的主要动力，[1]南方国家不再是贫穷和落后的代名词。尤其是，中国、印度、巴西、印度尼西亚等发展中大国在世界舞台上扮演积极、建设性角色，致力于发挥引领性作用，有了金砖国家峰会、联合国南南合作金融中心、七十七国集团等核心平台的支撑，在二十国集团峰会等全球平台的地位愈发突出，东盟、非洲联盟、上海合作组织、拉共体等区域性国际组织在全球舞台发挥重要作用，其所依托的国际平台愈加多元和稳固。另一方面，大多数南方国家尚未实现经济赶超目标，经济增长、政治稳定乃至国家安全的挑战巨大、任务繁重。[2]"全球南方"地域范围宽广、国家和地区众多，其中既有中国、印度、巴西这样的大国强国，更有 46 个世界上最不发达的国家，各国发展水平不等，发展和安全面临的问题各异，文明多样性、多元化突出，缺乏稳固的立场协调机制和强有力的支持性机构，实现团结、协调与合作殊为不易。作为整体的南方国家政治力量依然薄弱，容易受到冲突的影响而产生分歧和分裂，也难以避免相互的纷争。[3]其四，发达国家与发展中国家的矛盾更趋严重，发展中国家进一步反思其发展战略和国际关系，在加强南南合作和进一步依赖地区合作的同时对发达

---

① 马汉智：《"全球南方"视域下的日本对非洲政策》，《国际问题研究》2023 年第 3 期，第 117—137 页。

② 秦北辰、胡舒蕾：《新自由主义与全球南方国家的过早去工业化》，《文化纵横》2023年第 2 期，第 28—37 页。

③ Branislav Gosovic：《南方国家重整旗鼓与全球南北关系的重塑》，张泽忠译，《国际经济法学刊》2015 年第 3 期，第 238—261 页。

国家推动的金融开放等目标充满警惕。① 其五，大分化也蔓延到了地区合作内部，促成新的权力组合。例如，欧元区经济两极分化加剧，欧盟内的东西矛盾上升，各国在欧元区改革、欧盟未来发展方向上冲突明显。英国脱欧堪称欧盟加速分化的重要标志，促使疑欧主义甚至反欧情绪潜滋暗长。② 中国、美国、日本和东盟四股战略力量在东亚地区的博弈深化，美国肆意挑拨周边国家与中国的关系，美日印澳等国推动所谓"印太战略"落地，分化地区国家与中国关系的图谋凸显。中国必须深入研究西方制造分裂的策略，审慎思考构建针对性的国际统一战线。

与此同时，国际主要力量出现了值得密切关注的新组合，议题联盟渐成新态势，堪称国际统一战线重新组合的重要信号。这些新组合主要在既有大国之间发生，凸显了大国的战略主动性和国际影响力；中国是某些新组合的重要促成力量，但另一些新组合也对中国的战略利益构成了制约和挑战。例如，中国主导推进的"一带一路"建设促成沿线国家的发展合作；中国主导推动的金砖国家峰会机制形成"金砖国家+"的新合作模式，促成以发展中大国合作为主体的跨区域合作拓展。中国在气候合作领域的主动角色得到国际社会积极认可，提升了中国的国际影响力。与此同时，有些新组合颇具针对中国的色彩，但中国仍采取了合作姿态。例如，世界贸易组织（WTO）改革引起各方密切关注，欧盟、美国、日本、加拿大、澳大利亚等发达经济体与中国、印度、南非等发展中大国围绕"发展中国家特殊与差别待遇"问题逐渐形成两大阵营。美国希望在 WTO 改革

---

① 孙伊然：《全球化进程的正反方、分野及其转化》，《南京社会科学》2012 年第 4 期，第 24—30 页。

② 张健：《欧盟发展态势及战略动向》，《现代国际关系》2017 年第 12 期，第 14—16 页。

上与欧盟和日本形成统一战线，① 然而，因反对美国采取的贸易保护措施，欧盟推动争端机制改革的努力并没有解决美国的核心关切。欧盟将重心放在动员日本、加拿大、澳大利亚等发达成员就特殊与差别待遇议题结成统一战线上。② 日本和欧盟联手推出 WTO 改革议案，对中美都构成挑战和制约。中欧推动建立 WTO 改革副部级联合工作组，开启 WTO 改革合作机制。有些新组合则彰显围堵中国意图，中国采取了鲜明的反对立场。例如，美日澳积极推动的所谓"印太战略"落地，王毅 2020 年 10 月 13 日访问马来西亚指出，"印太战略"以美日印澳四国机制（QUAD）为依托，企图构建"印太版北约"，推行集团对抗和地缘博弈，这一战略本身就是巨大的安全隐患，如果强行推进，不仅是历史的倒退，也将是危险的开端。③2022 年 9 月 22 日，王毅在美国亚洲协会发表主旨演讲时指出，"美国有些人希望模仿当年对苏联的遏制来打压中国，希望通过'印太战略'等地缘游戏来围堵中国，这注定是徒劳的。因为，中国不是苏联，世界也不是以前的世界"。④

上述世界主要力量分化组合以中美关系为牵引，⑤ 以美国对华竞争为矛盾焦点，长期看中国战略空间更为广阔，短期内对华压力也颇为显眼。为自己衰落而焦虑的美国对华战略发生逆转，蓄意制造经贸摩

---

① 柯静：《新一轮世贸组织体制市场导向之争及其前景》，《国际关系研究》2020 年第 3 期，第 89—112 页。

② 刘玮、徐秀军：《发达成员在世界贸易组织改革中的议程设置分析》，《当代世界与社会主义》2019 年第 2 期，第 164—172 页。

③ 《王毅：美"印太战略"损害东亚和平与发展前景》，载中华人民共和国外交部网站，2020 年 10 月 13 日。

④ 王毅：《中美新时代正确相处之道》，《国际问题研究》2022 年第 5 期，第 1—10 页。

⑤ 袁鹏：《新冠疫情与百年变局》，《现代国际关系》2020 年第 5 期，第 1—6 页。

擦，并扩大化、极限化。^①特朗普以极端和激进的方式开启了美国对华战略竞争，使得中美之间的结构性矛盾、进程性冲突和观念性对立凸显。与此同时，特朗普政府在中国周边频频出手，力图组建施压中国、孤立中国的包围圈。拜登上台以来，强调以恢复美国盟友关系为核心抓手，重塑美国领导地位，把中国视为"唯一有能力将其经济、外交、军事和科技力量结合起来并持续挑战国际体系的竞争对手"，继续在各领域与中国竞争。与此同时，世界主要大国都在积极调整对外战略，力争形成有利于己的战略环境，大国关系的竞争性日益突出。^②2020年初暴发的新冠疫情在全球肆虐3年之久，促成了国家主义的回归、对全球主义的质疑和对地区合作的倚重，预示着国际力量组合新时期正在到来。

第四节　构建新时代中国国际统一战线的格局与方向

拜登政府推动美国战略调整，中美关系走向何方自然引起各方瞩目。拜登政府对外政策的重点体现在四个方面。第一，以"让美国重新领导世界"为目标，以恢复美盟国关系为抓手，重塑美国领导地位。第二，重回多边主义路线，努力恢复美国在联合国、世界银行、国际货币基金组织和世界贸易组织等多边机构的领导地位。第三，重拾意识形态路线，把价值观置于美国外交的中心，延续重视民主、人权等问题的民主党传统，致力于建立更加紧密的所谓"民主国家联合体"，维系全球秩序和美国的主导

---

① 曾培炎：《积极应对外部环境深刻变化》，《全球化》2019年第2期，第5—7页。
② 曾培炎：《积极应对外部环境深刻变化》，《全球化》2019年第2期，第5—7页。

地位。第四，继续视中国为战略竞争对手，同时在气候变化等领域与中国进行有条件的合作。组建对华遏制的国际"联合阵线"是拜登政府对华政策的核心目标。① 拜登政府对华政策的战略考虑是继续对华战略竞争，更加注重中美竞争的长期性、战略性和手段的多元性，更加强调组建所谓"民主国家同盟"形成一致对华政策。拜登政府致力于推进联手制华的局面，在涉台、涉疆、涉港、涉海和人权等问题上全面向中国施加压力。拜登政府的上述举动体现了其核心战略思路，为我们构建更具针对性的国际统一战线提供了新的国际背景和战略依据。构建新形势下以稳健应对美国对华竞争为焦点、以合作共赢为核心的新时代中国国际统一战线，实属当务之急。

（一）构建新时代中国国际统一战线的指导原则

首先，新时代中国国际统一战线的构建着眼长远而立足当下。党的十八大以来，面对国内改革进入攻坚期和深水区、国际形势复杂多变的情势，中国进行了全新的战略设计和布局。习近平提出中华民族伟大复兴的新国家理想和人类命运共同体的新世界理想，号召以中国式现代化全面推进中华民族伟大复兴。面对世情、国情的巨大变化，中国积极推进"五位一体"的总体布局，积极推进"四个全面"战略布局，致力于以国内大循环为主体、国内国际双循环相互促进的新发展格局建设，推进中国式现代化建设。面向未来，中国国家建设布局稳健，目标宏远。2021 年 3 月 11日，十三届全国人大四次会议通过的《国民经济和社会发展第十四个五年规划和 2035 年远景目标纲要》载明，进入新发展阶段，中国将用三个五

---

① Kevin Rudd, "Short of War: How to Keep U.S.-Chinese Confrontation from Ending in Calamity," *Foreign Affairs*, Vol.100, No.2, 2021, pp.58—72.

年规划期到 2035 年基本实现社会主义现代化，再用三个五年规划期建成富强民主文明和谐美丽的社会主义现代化强国。党的二十大报告提出全面建成社会主义现代化强国的总体战略安排：从 2020 年到 2035 年基本实现社会主义现代化；从 2035 年到本世纪中叶把我国建设成为综合国力和国际影响力领先的社会主义现代化强国。与此同时，中国在国际事务上扮演着更为积极、建设性和引领性的角色。在世界经济站在十字路口之际，中国大力推动全球治理体系朝着更加公正合理的方向发展，积极推进和平共处、总体稳定、均衡发展的大国关系建设，佐以金砖国家的制度化合作，形成平衡和制衡美国战略的态势，积极应对美国对华竞争。在此基础上，中国致力于维护世界和平和总体稳定，积极维护和发展开放型世界经济，推动形成以共同发展为导向、以合作共赢为核心的新时代中国国际统一战线，其战略主动性和创造性凸显。

当前，构建新时代中国国际统一战线的条件和时机正走向成熟。中国和平发展的战略效应是构建中国国际统一战线的基础，美国推动全面对华战略为加快构建国际统一战线提供了压力与动力。党的十八大以来，中国在成为世界经济增长的主要动力源和稳定器的同时，以负责任大国的姿态积极参与国际事务的解决，国际影响力遍布全球。中国提出人类命运共同体的世界理想，确定理念引领者、智慧贡献者、方案提供者和积极行动者的新定位，以构建新型国际关系为主要路径，以落实正确义利观为价值共识，以实现互利共赢为核心，其新时代国际合作理论正在形成。中国国际合作理论以命运共同体为指向，以共同利益为基础，以共赢为目标，以积极承担大国责任为重要条件。中国强调合作者的地位平等，致力于分享发展红利，适当让渡非战略性利益，积极承担大国责任。中国国际合作理论为构建新时代中国国际统一战线奠定了坚实思想基础，中国经济实力则为构建新时代中国国际统一战线提供了物质条件，[①] 以共同发展为导向的国际合作布局（包括共建"一带一路"）等为构建新时代中国国际统一战线提供了可行路径。中国高度重视国际统一战线的构建，倡导寻求利益契合点和合作最大公约数，不仅强调国际统一战线对化解国际压力的重要性，更关注其推进中国国家利益拓展的战略价值。

其次，适应复杂多变的环境、联合多元共存的力量、采取灵活有效的方法是新时代统一战线实践的新要求。[②] 在百年变局的背景下，国际形势更趋复杂，各国战略显著调整，构建国际统一战线要充分利用各国利益交错、相互借重的特征，淡化意识形态和阵营色彩，强调复合相互依赖的现实性与合作共赢的重要性。与此同时，还要抓住主要矛盾和矛盾的主要方面，以应对美国对华竞争为焦点。其一，积极落实人类命运共同体、新型国际关系与正确义利观等理念，强调合作互利共赢作为核心原则的重要性，"把合作共赢理念体现到政治、经济、安全、文化等对外合作的方方面面"。[③] 其二，继续强调反对霸权主义和强权政治，尤其是在美国对华竞争的背景下，这一政治主张有了强化自我约束的含义，更易引起国际社会的共鸣。其三，致力于原则性与灵活性的结合，把"寻求最大公约数"作为主要策略，[④] 积极适应国际形势的变化，扩大团结面，凝聚正能

---

① 乔治·赫林认为，统一战线建立的重要动力是有一个能为其盟友提供经济援助的主导国。参见 George C. Herring, *Aid to Russia, 1941—1946: Strategy, Diplomacy, the Origins of the Cold War*, New York: Columbia University Press, 1973, pp.9—10。

② 丁凌、方雷：《中华优秀传统文化与新时代统一战线创新发展》，《理论学刊》2019 年第 2 期，第 103—110 页。

③ 《习近平谈治国理政》第 2 卷，外文出版社 2017 年版，第 443 页。

④ 莫岳云：《习近平总书记关于加强统一战线工作重要论述的精髓要义》，《马克思主义研究》2019 年第 12 期，第 45—53 页。

量。① 其四，重视提升软实力，积极塑造建设性、可预期、负责任、敢担当的大国形象。国际统一战线是一个国家软实力在国际事务上的延伸和体现，搭建合作共赢的平台和渠道，加强相互沟通与协作，实践中国共赢主义的创新理念，既是构建新时代中国国际统一战线的重要目标，也是提升中国软实力的核心路径。

第三，坚持统筹国内国际两个大局，实现爱国统一战线和国际统一战线的相互支撑。在全球化遭遇挫折之际，地区合作的价值得到更大重视，国际统一战线不仅强调全球视野，也要关注地区重心。有鉴于此，构建新时代中国国际统一战线，可在全球统一战线和地区统一战线两条线上探索前进。具体而言，以爱国统一战线为基础。依托中华民族血脉相连的优势，准确把握港澳台统一战线工作的发展，切实调动海外华人华侨的爱国积极性，最大限度地争取各方人士为国家发展和民族复兴共同努力。华人华侨广布世界各地，同国内保持着千丝万缕的联系，有着深厚的中国情结和爱国热情，是新时代中国国际统一战线必须紧紧依靠的力量。② 中国高度重视全球统一战线的构建，强调在政治经济两方面发挥关键性作用，即在政治上构建以反对霸权主义和强权政治为核心的国际和平统一战线，在经济上构建以共同发展为导向、以合作共赢为核心的国际发展统一战线。构建全球统一战线需要密切关注国际秩序、全球治理、宏观经济稳定与跨地区合作等重大议题，致力于确保全球动态稳定的总体局面，中国的全球伙伴关系网络建设在其中发挥着重要作用。构建地区统一战线则是冷战结

---

① 参见中共中央文献研究室编：《习近平关于社会主义政治建设论述摘编》，中央文献出版社 2017 年版，第 128 页。

② 朱新光、张文潮：《中国统一战线的国际化路径》，《云南社会科学》2011 年第 5 期，第 29—33 页。

束以来中国着力甚多的领域。鉴于中国周边海陆邻国甚多，诸多历史遗留问题尚未解决，现实利益考虑颇为复杂，保持地区合作大局对中国具有重要的战略意义。当前，东亚成为最重要的全球经济增长极，各主要大国的高度关注和深度介入使得该地区渗透性更强，东亚成为中美两国博弈的核心地域，地区分化的风险持续存在。面对外部环境的演变和内部分化的可能，中国如何护持地区和平发展是全球关注的焦点问题。

（二）新时代中国国际统一战线的领域布局

从领域分布来看，新时代中国国际统一战线主要体现在政治、经济以及低政治和非传统安全等领域。

首先，在政治领域，中国致力于构建维护全球和平稳定的国际和平统一战线，最大限度地联合国际和平力量，反对霸权主义和强权政治，加强战略自我约束，为世界和平贡献中国方案、提供中国智慧。习近平提出的构建人类命运共同体重大倡议以反思近代以来的现代化过程为前提，强调在新的时代条件下克服过去的征服型文明，建构相互合作的新文明，[①] 这是超越霸权的世界理想，与美国的霸权诉求形成鲜明对照。人类命运共同体思想一方面顺应"历史"向"世界历史"转变过程中世界市场不断扩大的趋势，另一方面超越世界市场形成过程中侵略扩张和霸权战争此起彼伏的现状和局限，集中反映了中国积极寻求全人类共同利益和共同价值的重大理论与实践创新，是构建新时代中国国际统一战线的政治武器，其蕴含的文明互鉴价值有利于提升中国软实力。

与此同时，中国主导推动构建新型国际关系，大力推动全球治理体

---

① 李淑梅：《建构人类命运共同体的时代要求和路径》，《学术研究》2019 年第 9 期，第 1—6 页。

系朝着更加公正合理的方向发展，致力于稳定国际体系变革的方向。全球化转型的方向之争已经将矛头指向中国，① 中国致力于寻求共识，在应对国际恐怖主义、核武器扩散和气候变化等共同威胁上开放合作，与发达国家共同协商推进新型全球化，实现共同进化，防止形成战略对抗的局面。② 在这一进程中，中国致力于为世界提供新的战略机遇，让中国机遇、中国贡献为世界所共享，以共商共建共享为主线推动实现国际合作的新境界。有鉴于此，中国要充分利用国际资源，加强政党交往包括同世界各国社会主义政党的密切合作，推进伙伴关系网络化，强化与重点国家的互动，延伸国际影响力。

其次，在经济领域，中国致力于构建以共同发展为导向、以合作共赢为核心的国际发展统一战线。中国是经济全球化的积极参与者和坚定支持者，也是重要建设者和主要受益者，③ 已成为全球推动贸易和投资自由化便利化的最大旗手，正在引领世界发展潮流。中国积极落实以国内大循环为主体、国内国际双循环相互促进的新发展格局，继续推进全面开放，建立起新形势下有效应对挑战的国内外市场联动，有效应对同中国"脱钩"的图谋，利用一切积极因素建立国际经贸合作统一战线，有重点、有选择地积极应对、主动作为。④ 在此基础上，中国秉持共商共建共享原则积极参与全球经济治理，维护和发展开放型世界经济。习近平指出："各国经

---

① 徐坚：《美国对华政策调整与中美关系的三大风险》，《国际问题研究》2018 年第 4 期，第 1—18 页。

② 门洪华：《新时代的中国对美方略》，《当代世界与社会主义》2019 年第 1 期，第 15—24 页。

③ 《习近平谈治国理政》第 2 卷，外文出版社 2017 年版，第 100 页。

④ 王跃生：《如何应对复杂的外部环境和形势变化》，《国企管理》2020 年第 13 期，第 27 页。

济，相通则共进，相闭则各退。"① 因此，"我们要放眼长远，努力塑造各国发展创新、增长联动、利益融合的世界经济，坚持维护和发展开放型世界经济"。② 党的二十大报告强调："不断以中国新发展为世界提供新机遇，推动建设开放型世界经济，更好惠及各国人民。"

第三，在低政治领域和非传统安全领域，应基于共同利益团结更多国家和更广泛的国际力量，积极搭建议题联盟，为构建和扩大国际统一战线提供基础。当前，全球性问题激增，国际议程愈加丰富，安全趋于泛化，非传统安全上升为国际议程的主导因素之一，国际恐怖主义、难民危机、重大传染性疾病和气候变化等非传统安全威胁持续蔓延，这些问题与各国利益相关，难以通过单边方式解决。这些情况要求国际合作和大国决断，为构建新时代中国国际统一战线提供了难得的机遇和空间。

（三）新时代中国国际统一战线的战略聚焦

从战略针对性看，应对美国对华竞争的挑战是当前和未来一段时间构建新时代中国国际统一战线的焦点。尽管美国世界第一的国家实力仍遥遥领先，但"任何评估都必须承认，美国的地区独霸时代正在接近尾声，这是权力转移进程中不可避免的现实"。③ 一方面深刻认识自身实力、国际影响力与美国的差距依旧存在，努力维系和斗相兼、斗而不破的基本局面，稳健应对来自美国的战略挑战；另一方面利用百年变局对美国的冲击，积极处理好与其他大国的关系，致力于通过增进互信、聚同化异、避免对抗

---

① 《习近平谈治国理政》，外文出版社 2014 年版，第 337 页。
② 《习近平谈治国理政》，外文出版社 2014 年版，第 335 页。
③ ［美］乔纳森·D.波拉克：《理解中美关系的裂痕》，《中央社会主义学院学报》2020年第 1 期，第 5—9 页。

和互利合作推动国际体系的和平转型，建立合作共赢的新模式，平衡和制衡美国的战略对冲。与此同时，调动世界范围的积极因素，力争实现中美关系的动态稳定和有限合作。

构建国际统一战线，明确统战对象，深入研究不同国家的立场与选择，区分可以团结、需要分化与努力争取的国际力量，在地区、跨地区和全球等诸范围和政治、经济、安全等诸领域深入布局，其侧重点主要有四个方面：

首先，夯实东亚和周边战略依托，积极推动双边协调和多边合作的创新结合。美国对华竞争的焦点在东亚和中国周边地区。中国外部环境的重心在东亚和周边，其重要性在百年变局的背景下更加凸显。当前，美国在事关中国领土主权和统一大业的涉台、涉疆、涉港等问题上肆意挑起争端，在南海问题上蓄意挑起地区国家间冲突，在中国周边制造事端的恶意彰显。东亚和周边是未来10—15年国际战略的重中之重，把周边放在第一位，[①]全面落实亲诚惠容理念，强调对话、协调与合作的路径选择，结合"一带一路"、亚投行等制度性安排深化与周边国家的协调合作，构建起周边地区全面合作的制度框架，加强地缘政治经济的塑造能力，有效阻止美国等在周边挑起事端、破坏中国和平发展大局的战略企图。在国际体系转型、地区组织分化组合、各种力量此消彼长的大变局下，中国继续对地区主义的前景抱有信心，[②]加大地区经济合作的力度，加快落实《区域全面经济伙伴关系协定》（RCEP）各项事务，进一步发展中巴、中蒙俄、孟中印缅等跨境经

---

① 张沱生：《中美关系已进入一个摩擦高发期》，《经济导刊》2018年第12期，第51—53页。

② 孙德刚：《合而治之：论新时代中国的整体外交》，《世界经济与政治》2020年第4期，第53—80页。

济走廊，稳固以共同发展、共享繁荣与稳定为导向的地区合作统一战线。

与此同时，中国深刻认识到美国给东亚和周边国家施加的选边站队压力，应努力通过共建"一带一路"、地区机制建设与安全合作等措施深化双边和多边合作关系，贯彻亲诚惠容理念，采取让渡非战略性经济利益等措施，防止这些国家投向美国怀抱，阻止美国塑造和加固旨在防范、钳制和抵御中国的"战略统一战线"。[①] 针对美国东亚盟国采取分化策略，消解美国同盟体系带来的压力。[②] 当然，中国的东亚和周边地区战略要有创新意识，要有效利用和发展中国与相关国家的伙伴关系，使之结成战略性伙伴关系网络，实现双边协调与多边合作的创新结合。对中国而言，多边主义是融入国际社会之道。随着国际影响力的提升，中国应进一步强调多边主义的战略意义和道义价值，在坚持维护联合国权威的同时积极参与和引领全球治理变革，创造条件与包括发达国家在内的世界各国共同推动包容、公平、可持续的新型全球化，实现在多边条件下稳定和深化双边关系的战略目标，为实现中国在地区和全球两个层面战略利益的拓展奠定更好的基础。

其次，深化与发展中国家的制度化合作，积极推动新合作机制的形成。发展中国家构成当代国际关系国家行为体的大多数，是当代国际关系民主化的主要动力。[③] 大批新兴经济体和发展中国家群体性崛起，促使国

---

① 时殷弘：《战略透支问题：历史经验和当今实践》，《政府管理评论》2017 年第 2 辑，经济管理出版社 2017 年版，第 40—49 页。

② 唐永胜：《美国强化亚太同盟体系对中国安全的影响》，《现代国际关系》2013 年第 4 期，第 12—13 页；陈奕平、王琛：《中美关系周期变化与东南亚国家的外交选择》，《东南亚研究》2019 年第 1 期，第 48—59 页。

③ 杨洁勉：《新时期中国外交思想、战略和实践的探索创新》，《国际问题研究》2015 年第 1 期，第 17—28 页。

际体系和世界格局力量对比更趋均衡，打破了全球化主要在西方国家之间循环的历史逻辑。[1] 以中国为代表的广大发展中国家和以金砖国家为代表的新兴经济体的经济实力持续走强，使西方世界在经济上丧失了绝对优势。[2] "全球南方"体现出鲜明的非西方、非北方、反对霸权主义、反对强权政治的政治立场，它们不认同美西方主导的世界政治经济秩序，谋求国家安全与经济社会发展并重，致力于维护发展道路选择的自主权。在国际政治舞台上，绝大多数南方国家拒绝或避免在中美之间选边站队，不支持、不参与、不盲从美西方全面制裁俄罗斯等极端行动，不愿意卷入大国博弈的漩涡，不充当美西方势力在所在地区的代理人，反对被动和仆从的角色认定，积极地展现独立姿态、发挥独立作用，在地缘政治竞争中展现更多的能动性。"全球南方"的兴起，为中国优化和创新发展中国家关系提供了重要契机。深化与"全球南方"的合作，明确发展中国家在中国外交战略中的定位，把维护全球南方独立、防止南方国家迫于现实压力沦为资本附庸和美西方仆从；在双边层面，中国聚焦南方国家具体的安全和发展诉求，推动双边发展战略对接，致力于实现务实发展成效，从而打造中国与南方国家合作的典范；在地区层面，积极通过中国与地区性国际组织合作开展的双边论坛（如中非合作论坛、中拉合作论坛、中国—中亚合作论坛等）推动中国与地区经济合作，实现中国与发展中地区的平等对话协商；在全球层面，中国以实现南方国家联合自强为目标，在世界秩序重塑、联合国改革、气候变化谈判等重大全球性议题上凝聚"全球南方"的

---

① 阮宗泽：《"百年未有之大变局"：五大特点前所未有》，《世界知识》2018 年第 24 期，第 14—15 页。

② 李文：《百年未有之大变局的构成与应对》，《东北亚学刊》2019 年第 3 期，第 26—27 页。

共识，积极响应南方国家的合理诉求，致力于增强其在全球事务上的代表性与发言权，致力于完善全球发展治理架构。

　　第三，积极应对美国对华竞争，争取其盟友伙伴。做好较长时间应对外部环境变化的思想准备和工作准备，保持冷静观察，增强忧患意识，坚持底线思维，敢于斗争，善于斗争。通过构建反对霸权主义和强权政治、维护全球宏观稳定的国际和平统一战线，力争实现中美关系的动态稳定与有限合作。上述目标的实现与孤立美国国内的极右翼力量、分化美国国内强硬反华势力密切相关。就前者而言，要团结各国理性力量共同开展针锋相对的斗争；就后者而言，既要敢于斗争也要善于斗争，与之开展必要的对话，即使不能使其转变，也要有针对性地加强公共外交工作。我们还要加强与美国国内理性力量的对话交流，力争形成中美关系动态稳定大局的框架；促进中美在气候变化等领域的合作，协调中美利益，防止国际体系进一步分化，共同促成全球化的回潮。美国不可能放弃对华遏制与围堵，中国有必要对美国盟友体系进行分化，① 进一步撬动美国领导下针对中国的大西洋联盟和太平洋联盟的裂痕，分化美国制衡中国持续发展的战略同盟体系。中国应强化经济对外开放力度，加强与多边贸易体制坚定维护者的战略协调，积极争取美国盟国的支持。② 与此同时，中国加强与美国盟国在共建"一带一路"、开展第三方市场合作上的力度，积极寻求稳固和扩大与美国盟国的共同利益包括双边利益和多边利益，有效避免这些国家选边站队，寻求其采取中立立场的可能。③

---

　　① 周建仁：《同盟理论与美国"重返亚太"同盟战略应对》，《当代亚太》2015 年第 4 期，第 26—54 页。

　　② 黄永富：《推进中美经贸关系的出路》，《经济研究参考》2018 年第 24 期，第 61—62 页。

　　③ 韩召颖、黄钊龙：《楔子战略的理论、历史及对中国外交的启示》，《厦门大学学报》（哲学社会科学版）2019 年第 6 期，第 62—72 页。

第四，积极争取国际中间力量的理解支持，努力确保中国外部环境总体稳定。在美国对华竞争之间存在着多个力量中心，争取它们的理解、支持、中立或者最低程度的不选边站队是新时代中国国际统一战线的核心目标之一。毛泽东"三个世界"理论的伟大创意体现在为组建反对苏联霸权主义最广泛的统一战线，团结国际社会一切可以团结的力量，他将处于第二世界的欧洲、日本和加拿大视为可以团结和倚重的"中间派"，从而改变了国际力量对比的格局，极大丰富了统一战线的内涵。[①] 面向未来，美国仍然会加强与其盟国的战略互动，进而组建针对中国的"菜单式联盟"或采取战略胁迫方式组建围堵中国的各种集团。我们要沉着应对、见招拆招，以拓展平等、开放、合作的全球伙伴关系和构建和平共处、总体稳定、均衡发展的大国关系来应对美国同盟体系及其扩展。

现实表明，在世界深入转型的今天，各国均有其战略考虑，我们应该抓住这一契机，推动建设均衡发展的大国关系框架，致力于促成世界稳定转型的战略格局，平衡和制衡美国的战略。作为世界上最大、最成熟的超国家组织，欧盟珍视其独立性，追求战略自主，天然有制衡美国霸权的倾向，法国、德国、意大利等欧洲大国与美国战略利益存在诸多差异，其作为国际中间力量的重要性应得到中国的高度重视。中国从战略高度看待欧盟和欧洲诸大国，通盘考虑对欧与对美战略，将欧盟作为可以积极争取的中间派，把避免欧盟成为美国反华同盟军视为对欧核心战略目标。[②] 尽管美国竭力组建以遏制中国为目标的美日印澳四国联盟，但即便日本和印

---

① 姜安：《毛泽东"三个世界划分"理论的政治考量与时代价值》，《中国社会科学》2012 年第 1 期，第 4—26 页。

② 胡宗山：《欧盟的多元困境与中国的对欧战略》，《人民论坛·学术前沿》2019 年第 6 期，第 42—52 页。

度都不会轻易把自己绑定到美国的战车上。可以观察到，日本和印度等国在对待中美经贸摩擦时，并没有按照现实主义的逻辑，根据与美国关系的亲疏远近重新安排与中国的经贸关系，①中日关系甚至在中美经贸摩擦期间出现回暖，尽管日本与美国深度战略捆绑，中日关系出现新的困难与挑战，但长远看其对华政策转圜存在更大可能。印度不会放弃不结盟战略，中印作为发展中大国在金砖国家合作、全球治理等诸多领域有着深厚的共同利益和积极的战略共识。尽管印度有机会主义倾向，但长远看在中美之间保持中立是其更可能的战略选择。另外，我们还要看到"印太战略"与印度在南亚和印度洋主导权的内在冲突，印度对此必然心存忌惮。日本希望在中美之间左右逢源，但在现实中面临着左右为难的境地。如果日本试图拓展回旋空间与增加对美交涉筹码，深化中日经济合作无疑是其明智选择。如何深刻理解中日关系的敏感性、加强中日战略协调值得深入研究。中国要面向未来，继续深化中日在《区域全面经济伙伴关系协定》和中日韩自由贸易区上的协调合作，持续申请加入《全面与进步跨太平洋伙伴关系协定》（CPTPP），欢迎日本加入亚投行，让经济利益继续将两国深度捆绑在一起。同时，中日两国在反对贸易保护主义、捍卫多边主义和自由贸易体制、推动开放型世界经济等方面不仅拥有共同利益，也有一定的战略共识，这是中日关系走向稳定和建设性的重要基础，值得进一步夯实。与此同时，我们应继续寻求与美国的盟友在中国周边有更多的深入合作，争取把它们塑造为中间力量。

---

　　①　钟飞腾：《超越霸权之争：中美贸易战的政治经济学逻辑》，《外交评论》2018 年第 6 期，第 1—30 页。

第九章　构建面向未来的中国外交战略新局

　　党的十八大以来，中国以中华民族伟大复兴为国家理想、以"两个一百年"为战略设计锐意拓展，推动形成全方位、多层次、立体化布局。^①与此同时，中国全面崛起、大国战略调整与世界转型相互促进、相互影响，推动世界进入百年未有之大变局，中国面临的国际形势与外部环境急剧变革。2021 年 7 月 1 日，习近平庄严宣告我们实现了第一个百年奋斗目标，开始向着全面建成社会主义现代化强国的第二个百年奋斗目标迈进。2021 年 11 月 11 日通过的《中共中央关于党的百年奋斗重大成就和历史经验的决议》明确提出推进和完善全方位、多层次、立体化的外交布局的战略目标，强调发展全球伙伴关系、运筹大国关系、深化周边国家关系、加强发展中国家团结合作的重要性。^②杨洁篪就此提出以系统观念深化完善全方位外交布局的主张，并把巩固以平等、开放、合作为特征的全球伙伴关系网络放在关键性位置。^③党的二十大报告指出，

---

①《习近平谈治国理政》第 3 卷，外文出版社 2020 年版，第 6 页。
②《中共中央关于党的百年奋斗重大成就和历史经验的决议》，《人民日报》2021 年 11 月 17 日，第 1 版。
③ 杨洁篪：《推动构建人类命运共同体（学习贯彻党的十九届六中全会精神）》，《人民日报》2021 年 11 月 26 日，第 6 版。

220

中国始终坚持维护世界和平、促进共同发展的外交政策宗旨，致力于推动构建人类命运共同体，并就此作出了全面的战略部署，将全球伙伴关系、大国关系、周边国家关系、发展中国家团结合作、全球治理体系改革和建设作为外交布局的核心内容。根据国内外形势变化和长远战略目标优化战略布局已成为各界共识。在世界大潮变革之际，如何立足长远进行谋划，推动中国战略新布局，事关中国第二个百年征程。顺利实现第二个百年奋斗目标，完善战略布局最为重要，近五年的战略探索最为关键。

第一节　新时代新征程面临的国际形势

我们党紧紧依靠人民，从根本上改变了中国人民和中华民族的前途命运，中国的发展壮大深刻影响了世界历史进程，成为世界格局演变背后的主要推动力量。习近平在党的十九大报告和二十大报告中提出新时代中国特色社会主义发展的战略安排，清晰勾勒全面建成社会主义现代化强国的前景，确定2035年基本实现现代化和本世纪中叶建成富强民主文明和谐美丽的社会主义现代化强国的战略设计，为实现第二个百年奋斗目标规划了时间表，提供了战略指引。与此同时，我们深刻认识、务实判断中国现阶段国家实力水平，把发展与安全作为两件大事同时来抓，并把发展作为首要任务。

与此同时，世界百年变局深入发展，国际形势和外部环境加速演变。世界仍处于动荡变革期，国际力量对比深刻调整，单边主义、保护主义、霸权主义、强权政治对世界和平与发展威胁上升，逆全球化思潮上升，不稳定性不确定性显著上升，^① 世界继续呈现乱象。^② 世界处于动荡变革期，其根源在于：一是世界经济遭遇挑战。发展问题久拖不决，发达国家逆全球化思潮作祟，采取单边主义、保护主义或以本国"再工业化"为口号肆意扭曲国际准则、全球产业链价值链，^③ 放弃承担推动开放型世界经济的责任，而发展中国家面临严重的发展挑战。二是国际安全遭遇挑战。地区热点持续动荡，国际安全格局正经受冷战结束以来最为严峻的挑战，大国安全关系朝着战略竞争升级的方向发展，^④ 国际安全的不稳定性和不确定性显著上升。三是全球治理遭遇挑战。美国力挽全球霸权颓势，美西方不甘退出主宰地位，新兴大国谋求提高国际话语权，大国竞争博弈白热化，尤其是美国致力于相互依赖关系"武器化"、经济关系"泛安全化"、国际公共产品"工具化"、单边政策"联盟化"，^⑤ 企图重新挑起新的集团对抗与意识形态对立，严重威胁全球战略稳定。四是文明形态遭遇挑战，世界动荡加剧深刻反映出当前人类文明面临的质疑，凸显出长期在世界上占统治地位的西方文明的窘境，^⑥ 文明冲突论重回人们的视野，而时代呼唤新的人类文明形态。

世界之变、时代之变、历史之变正以前所未有的方式展开，人类社会

① 《中共中央关于党的百年奋斗重大成就和历史经验的决议》，《人民日报》2021 年 11 月 17 日，第 1 版。

② 外交部党委：《以习近平外交思想为引领 开创新时代外交工作新局面》，《人民日报》2021 年 12 月 7 日，第 9 版。

③ 于江、贾丁：《统筹全球发展倡议和全球安全倡议的几点思考》，《国家安全研究》2023 年第 2 期，第 7 页。

④ 徐步、唐永胜等：《全球安全倡议的重大理论意义与实践路径笔谈》，《国际问题研究》2022 年第 4 期，第 24 页。

⑤ 裴援平：《世界百年变局与中国的战略安全》，《国家安全研究》2022 年第 4 期，第 11 页。

⑥ 卢静：《全球文明倡议：理念与行动》，《人民论坛》2023 年第 11 期，第 84 页。

面临前所未有的挑战，世界又一次站在历史的十字路口。另一方面，世界多极化加速发展，国际格局多极化步伐明显加快加大，美西方已不能维持在国际格局上的许多主导权，力量对比向更加均衡方向发展，[①] 发达国家主导的国际政治经济秩序越来越不适应国际关系新的现实。

不可否认，全球化进程遭受挫折，弱全球化、慢全球化的特征正在显现。在地区合作更被看重的同时，两种全球化主张正在角力，一种是美国以贸易保护主义为主导的俱乐部式全球化，一种是中国所主张的以多元一体、共生包容为主要特征的新型全球化，[②] 世界正在发生从旧全球化向新型全球化的转换，美国对华竞争成为焦点所在。全球化前景未明，是各方力量博弈以发挥自身建设性作用的最佳时机。[③] 与此同时，世界经济衰退情势会催生新的发展动力，新技术新产业加速发展为下一轮经济增长准备了条件。

在此基础上，如何看待世界潮流就成为关键性议题。世界潮流浩浩荡荡，顺之者昌。美国推动大国竞争回归，但和平发展大势未改；全球化进程虽受挫折，逆全球化依旧顽固，但其趋向仍然是积极的，新型全球化必将体现超越性和先进性；新冠疫情持续肆虐使得全球性问题越来越突出，联袂应对全球挑战的呼声愈加强烈；其间地区合作受到更大关注，地区意识和地区认同愈加强烈。有鉴于此，国家的战略选择就变得无比重要。

随着新冠疫情的退潮，新科技革命如火如荼展开，新一轮全球化浪潮

① 杨洁篪：《积极营造良好外部环境》，《人民日报》2020 年 11 月 30 日，第 6 版。

② 张福贵：《人类命运共同体意识与"新全球化"理念》，《学习与探索》2020 年第 12 期，第 1—7 页。

③ 郭静：《经济全球化的走向：政治思潮的风向标意义》，《国外社会科学》2021 年第 3 期，第 46—57 页。

必然到来。由人工智能、生命科学、物联网、机器人等技术革新组成的新科技革命进入拓展期，高科技领域的大国竞争异常激烈，并向国际规则、标准等领域延伸。[①] 在传统的地缘战略博弈依旧激烈的情势下，技术政治的导入将重塑国际关系，使得诸大国在科技前沿创新和国际规则标准两个领域展开深度竞争，[②] 并推动了产业革命的升级提速。习近平指出，全球科技创新进入密集活跃期，新一轮科技革命和产业变革对全球经济结构产生深刻影响。[③] 展望未来，新科技革命和产业革命将导致新的分化组合，发达国家与发展中国家的关系将迎来新的挑战和机遇，随着科技产业革命延伸至发展中国家所在地区，新一波全球化浪潮将如期而至。美国不惜成本和代价对中国进行科技围堵和打压，推动技术脱钩，倒逼中国增强自主创新能力，攻克关键核心技术，提升产业链竞争力和现代化水平，[④] 也使得美国对华竞争进入深水区。与此同时，在中美欧之间展开的国际规则博弈给多边国际制度带来新考验，美国对华竞争客观上促进了全球的多元化，成为塑造全球秩序的重要动力源。

随着美国对华竞争的深化，大国关系迎来新变革。当前，大国竞争主要围绕中美关系在中国、美国、俄罗斯、日本、印度和欧盟之间展开。随着美国针对中俄的战略竞争全面展开，日本进一步与美国实现"战略捆绑"，欧盟的"战略自主"倾向和印度的战略调整方向愈发引起各界关注。

---

① 谢伏瞻：《论新工业革命加速拓展与全球治理变革方向》，《经济研究》2019 年第 7 期，第 4—13 页；郑华、聂正楠：《科技革命与国际秩序变迁的逻辑探析》，《国际观察》2021 年第 5 期，第 127—156 页。

② 唐新华：《西方"技术联盟"：构建新科技霸权的战略路径》，《现代国际关系》2021 年第 1 期，第 38—46 页。

③ 《习近平向 2021 年大湾区科学论坛致贺信》，《人民日报》2021 年 12 月 12 日，第 1 版。

④ 王一鸣：《百年大变局、高质量发展与构建新发展格局》，《管理世界》2020 年第 12 期，第 1—13 页。

2016 年以来，欧盟明确强调其战略自主，将维护欧盟内部稳定、推广欧盟标准、倡导欧盟的价值观列为其核心目标。[①] 美欧素有战略协调的传统，但大西洋的变宽也是不争的事实；中欧之间有价值观分歧，但在多边主义、全球治理、伊核问题、气候变化等问题上与中国立场相近，合作前景广阔。印度奉行机会主义，利用美国"印太战略"的推行寻求边境收益的企图昭然若揭，印美双方在遏制中国上有共同利益诉求，但印度全球性领导大国的追求、印俄关系、不结盟运动领袖地位等限制了印美的进一步靠拢，美国利用"印太战略"蚕食其印度洋霸权的企图也彰显出二者的根本分歧。大国关系的复杂性进一步展现，推动我们对全球关系和全球布局进行深入思考。

第二节　迈向新时代新征程的战略指向

深入剖析当前国内外形势，我们深刻认识到，面对复杂严峻的国际形势和前所未有的外部风险挑战，必须统筹国内国际两个大局，加强对外工作顶层设计，对中国特色大国外交作出战略谋划，推动建设新型国际关系，推动构建人类命运共同体，弘扬和平、发展、公平、正义、民主、自由的全人类共同价值，引领人类进步潮流，深入落实维护世界和平、促进共同发展的外交政策宗旨。[②] 我们必须深入提高、把握和运用市场经济规

---

① 房乐宪、殷佳章：《欧盟的战略自主追求及其国际含义》，《现代国际关系》2020 年第 11 期，第 57—63 页。
② 《中共中央关于党的百年奋斗重大成就和历史经验的决议》，《人民日报》2021 年 11 月 17 日，第 1 版。

律、自然规律、社会发展规律的能力，提高科学决策、民主决策的能力，增强全球思维、战略思维的能力，必须清醒认识国际国内各种不利因素的长期性、复杂性，做好应对各种困难局面的准备，注重战略运筹，避免战略误判，防止陷入战略误区，紧扣新战略机遇的内涵进行谋划和实施，在百年变局中稳健发展，积极塑造新的战略机遇，体现"仁以天下、拘之以利、结之以信"（《国语》）的优良战略传统，为中国赢得未来奠定坚实的基础。

鉴于中国发展情势和世界潮流，我们既要谋划长远，又必须做到立足当下；既要维护核心利益坚定不移，又必须做到全盘统筹；既要顶层设计，又必须做到守住底线；既要整体推进，又必须做到突出战略重点；既要聚焦美国，又必须做到放眼全球；既要争取战略主动，又必须防止战略被动；既要积极进取，又必须做到量力而行。总体而言，我们要以"两个构建"（构建人类命运共同体、构建新型国际关系）为抓手，秉持融入—变革—塑造的战略思路，锐意改革，开放包容，稳健推进，全面布局，重点突破，在国家、地区和全球构建战略新格局。在塑造新型全球化进程中，深化融入国际社会，防止被脱钩，尤其是在国际规则博弈中赢得主动，成为建设性利益攸关方，在全球性和地区性国际制度重塑中成为重要的议程提出者、理念引领者、智慧贡献者、规则制定者、方案提供者、积极行动者。

当前的世界全面陷入焦虑，尤其是大国为战略博弈所绑架，难以对全球挑战作出正面和全面回应。世界潮流的趋向表明，尽管大国竞争深化，但国际合作仍属大势所趋，深化地区一体化和加强全球治理符合各国共同利益，推动国际制度朝着公正合理的方向发展符合大多数国家的期望。坚定推进国际合作当属中国重要战略路径，推动形成中国特色的国际合作理论乃众望所归，推动形成中国国际合作的全球新布局是战略主动所在。中国国际合作理论应以人类命运共同体为指向，以共同利益为基础，以共赢为目标，以积极承担大国责任为重要条件，强调合作者地位平等，致力于分享发展红利，适当让渡非战略性利益，积极承担大国责任。

与此同时，对国际竞争持辩证态度，深刻理解"国际竞争"的正面性。积极意义上的国际竞争促使行为者对自身的行为加以调整，使之成为最为社会所接受的和成功的实践。[①] 在相互竞争的逻辑下，大国为争取更多的国际支持和更大的全球影响力，在全球和地区范围内的不同领域可能会增加公共产品供给、完善制度安排、提供更多恩惠等，间接成为一支有助于推动全球和地区治理的积极力量。在特定条件下，如果大国能够避免恶性竞争，并以积极承担国际责任的方式提升全球影响力，也能客观上为世界带来福祉。我们要避免的是大国之间为一己私利而恶意竞争，我们要管束的是他国以恶意方式对我极限施压，我们要维系的是合斗相兼、斗而不破的竞争格局，我们所期望的是大国良性竞争共同维护全球战略稳定与世界和平发展。

有鉴于此，我们面向未来的主导战略方向是，聚焦中国全面发展，推动全面开放，以此为基础打造以国内大循环为主体、国内国际双循环相互促进的新发展格局，为中国经济发展开辟空间，为世界经济复苏和增长增添动力。[②] 与此同时，积极塑造新的战略机遇，为全球和地区发展提供更多公共产品，全面深化地区战略依托，推动建设开放型世界经济，坚定维

---

① ［美］肯尼思·华尔兹：《国际政治理论》，信强译，苏长和校，上海人民出版社2003年版，第103页。

② 胡鞍钢：《中国与世界百年未有之大变局：基本走向与未来趋势》，《新疆师范大学学报》(哲学社会科学版) 2021年第5期，第38—53页。

护以联合国为核心的国际体系，以深化战略布局为依托大力发展全球伙伴关系，在稳重应对美国对华竞争及其溢出效应的同时，积极与世界各国包括美国共同推进新型全球化，全面参与全球治理体系变革和建设，推动新型国际关系和人类命运共同体建设。

第三节　迈向新时代新征程的战略新布局

新征程上的中国特色大国外交，既是充满光荣梦想的远征，也是穿越惊涛骇浪的远航。新征程上，中国外交将进入一个可以更有作为的新阶段。[①] 有鉴于中国自身发展与外部环境演进的新趋向，中国外交战略谋划着眼于防止全球分裂，聚焦力量重组，做好战略布局，实现战略谋划新突破。中国坚持国家本位，强调国内和国际统筹、发展与安全并重；强调打造战略依托地带的重要性，强调地区战略的全面布展和亚欧并重；强调全球视野，始终坚持维护世界和平、促进共同发展的外交宗旨，积极参与全球治理体系改革和建设，与国际社会一道努力落实全球发展倡议、全球安全倡议和全球文明倡议；在积极参与全球安全规则制定、加强国际安全合作、积极参与联合国维和行动、为维护世界和平与地区稳定作出建设性贡献的同时，也要深刻认识到世界走向过度安全化和各国战略泛安全化带来的挑战与阻碍，防止泛安全化趋向的泛滥。中国秉持全球视野，助力全球经济复苏，以自身发展为全球经济复苏作出重要贡献，积极促进世界和平与发展，推动构建人类命运共同体，这是新时代中国特色大国外交的使命

---

① 《中央外事工作会议在北京举行　习近平发表重要讲话》，载新华网，2023 年 12 月 28 日。

担当。与此同时，中国承认竞争，秉持敢于斗争和善于斗争的新时代精神，在努力维护全球和平发展大局的立场下，推动制定引领全球发展、维护世界和平的规则，充分利用科技、产业和治理体系变化所带来的机会，尽可能联合和团结发展中国家和新兴市场，[①] 进一步带动中国的全面崛起和新时代新征程战略目标的圆满实现。

统筹国内国际两个大局，统筹发展和安全两件大事，优化新时代新征程的战略布局，是当前我们面临的重要战略任务。鉴于世界变局进一步加速演进，国际社会经历多边和单边、开放和封闭、合作和对抗的重大考验，[②] 如何拨开竞争迷雾、牢牢把握主线，构建起面向未来 30 年的新战略格局，考验着我们的战略智慧。有鉴于百年变局的风云激荡，我们应着眼于丰富完善统筹国家、地区和全球的国家战略体系，确立以国际合作为主线的战略取向，搁置长期以来大国与周边孰先孰后的地位之争，推进和完善全方位、多层次、立体化的战略布局。具体地说：

第一，丰富完善统筹国家、地区和全球的国家战略体系。以塑造新的战略机遇为抓手，推动中国在国家、地区和全球战略布局的统筹，形成开放包容的战略取向。在国家发展战略上，聚焦自身全方位发展，坚持自力更生，深化结构改革，推进全面开放，继续保持相对较高的经济增长率，以自身发展的确定性应对外部环境的不确定性。在地区战略上，致力于夯实东亚重心和周边基础，坚持优化中国地缘政治经济环境。中国的国际定位以全球性影响和地区性重心为主要特征，中国面临的重要挑战虽来自全

---

① 钟飞腾：《百年大变局、新发展格局与中国外交新布局》，《外交评论》2023 年第 1 期，第 1—15 页。

② 外交部党委：《以习近平外交思想为引领　开创新时代外交工作新局面》，《人民日报》2021 年 12 月 7 日，第 9 版。

球，实则体现在东亚地区和中国周边，把东亚和周边塑造为和平发展的战略依托地带是新时代中国大战略的重要支撑。在此方面，共建"一带一路"发挥着重要作用。"一带一路"倡议是以东南亚和中亚为重心，以亚洲国家为重点，以构建陆上和海上经济合作走廊为形式，以运输通道为纽带，以互联互通为基础，以多元化合作机制为特征，以打造命运共同体为目标的区域合作安排。在全球战略上，中国聚焦全球视野的锤炼，积极为世界提供新机遇，推动建设开放型世界经济，更好惠及各国人民。随着中国走近世界舞台中心，成为百年变局的内生因素和内生动力，中国已是世界发展机遇的创造者。中国要紧盯亚太、北美和西欧三大核心地带，还要聚焦非洲、拉丁美洲等发展中世界，推动实现战略角色转换，以加强同发展中国家团结合作为基础，发挥发展中国家和发达国家之间桥梁作用。

第二，以深化国际合作为主轴，以推动国际共同发展为主线，以丰富完善国际统一战线为抓手。合作与竞争是国际关系的永恒主题，在敢于斗争、善于斗争的同时，深刻认识国际合作的重要性，以国际合作为主轴经营国际关系。深化国际合作是中国实现和平发展的重要路径。进入新时代以来，中国提出人类命运共同体的世界理想，确定理念引领者、智慧贡献者、方案提供者和积极行动者的新定位，以构建新型国际关系为主要路径，以落实正确义利观为价值共识，以实现互利共赢为核心，推动中国特色国际合作理论的形成。中国国际合作理论以命运共同体为指向，以共同利益为基础，以共赢为目标，以积极承担大国责任为重要条件。中国强调合作者的地位平等，致力于分享发展红利，适当让渡非战略性利益，积极承担大国责任。落实国际合作主轴，我们应将深化拓展平等、开放、合作的全球伙伴关系置于对外关系的首位，以富有包容性的全球伙伴关系来统摄整体战略布局，① 以共商共建共享为原则推动国际共同发展，推动国家之间的国际战略协调和发展战略对接，致力于扩大同各国利益的交汇点，坚持在和平共处五项原则基础上广交朋友。②

与此同时，把构建国际统一战线作为维护国际合作主轴的核心抓手，在政治领域构建维护全球和平稳定的国际和平统一战线，最大限度地联合国际和平力量，反对霸权主义和强权政治，加强战略自我约束，为世界和平贡献中国方案、提供中国智慧；在经济领域构建以共同发展为导向、以合作共赢为核心的国际发展统一战线；在低政治领域和非传统安全领域，基于共同利益团结更多国家和更广泛的国际力量，积极搭建议题联盟，为构建和扩大国际统一战线提供基础。

第三，全力应对美国的战略聚焦，以此为基础重组世界关系和大国关系，促成世界各大力量平衡和制衡美国的态势。在当前国际变局中，霸权国家与崛起国家的战略竞争必然给地区和全球带来重大影响。③ 随着美国推动对华竞争的深入展开，如何避免"系统性对抗"的持续，④ 如何防止"修昔底德陷阱"的溢出效应成为中美关系的核心。中美当前的战略态势为战略对手，还不是战略敌手，避免两国关系由对手转为敌手，⑤ 关键是

---

① 冯维江：《新时代中国特色大国外交——科学内涵、战略布局与实践要求》，《国际展望》2018 年第 10 期，第 13—28 页。

② 王毅：《推动构建人类命运共同体（学习贯彻党的十九届六中全会精神）》，《人民日报》2021 年 11 月 26 日，第 6 版。

③ 唐永胜：《在国际变局中引导中美战略竞争发展方向》，《东北亚学刊》2019 年第 3 期，第 8—12 页。

④ 孙哲：《中国对美战略的演进：模式及挑战》，《亚太安全与海洋研究》2021 年第 1 期，第 12—27 页。

⑤ 王帆：《中美关系的未来：走向"新冷战"抑或战略合作重启？》，《国际问题研究》2021 年第 1 期，第 55—68 页。

要建设性管控分歧和敏感问题，避免扩大化、激烈化，防止中美关系脱轨失控。① 我们既要聚焦美国进行战略调整，又要防止被美国推动的战略竞争所全面牵引，丧失战略主动权和主导权。在百年变局的态势下，各个国家都在加紧制定和调整自己的国际战略，真正紧跟美国步伐的国家并不多，每一个国家都有自己的战略主动性。如何在此基础上推动形成以应对百年变局为聚焦点的世界关系，并在此基础上推动形成动态稳定的大国关系、形成对美的大国战略平衡或制衡，对我们具有关键性价值。在世界关系方面，我们要以联合应对百年变局、推动实现新型全球化、强化全球治理体系改革和建设为重点，以深化南南合作为基础，以强化南北对话为主线，推动世界各国再度聚焦于美西方的国际责任和义务，实现世界战略关注点的再平衡。在大国关系方面，密切关注中美俄欧日印几大力量博弈，具体分析上述力量各自的战略调整、双边和多边关系，在继续关注中美俄大三角的同时，积极运筹中美欧关系，稳健应对中日关系和中印关系的新挑战，形成平衡和制衡美国对华战略聚焦的新大国关系。中俄关系在中国大国关系中仍扮演着战略稳定器的作用，稳定和强化中俄关系是大势所趋。与此同时，深刻剖析欧、日、印与中美双方的关系走向，积极推动与三方力量的战略协调。密切关注欧美对华战略的协调，深刻认识欧盟基于自身利益和"战略自主"参与中美博弈，并不谋求与美国建立反华联盟，因此推动欧盟在国际事务中发挥更多积极作用，真正体现战略自主，深化中欧务实合作，就重大国际问题密切沟通协调，同时积极助力欧洲"不选边"，促进中美欧三边关系的相对平衡

---

① 《习近平同美国总统拜登举行视频会晤》，《人民日报》2021年11月17日，第1版。

当属稳妥的战略选择。^①日本在深化与美国"战略捆绑"的同时致力于摆脱战略捆绑的负面效应，体现出政治安全战略和经济战略两分的趋向，深刻把握日本战略趋向的内在矛盾，持续保持中日密切的经济合作态势，防止中日关系波折不断。印度是美国集团对抗中国的"印太战略"的重要支柱，美印战略合作取得实质性进展。^②美国致力于把印度塑造为反华先锋，但印度有自身明确的战略诉求，与美国对印度的战略定位有着难以调和的矛盾，短期内美印关系还会进一步深化，但长远看俄印关系和中印关系都会对此形成强烈牵制，印度不会把自己绑在美国的战车上。有鉴于此，我们拥有推动上述六大力量战略形成相互平衡和制衡局面、防止中国战略孤立的可能与机遇。在大国关系和世界关系的运筹中，积极应对针对中国的安全热点问题，把安全重点放在台海问题和南海问题的应对上，妥善应对美国在东海问题上给中国捣乱，防止安全热点频现打乱中国的现代化进程。

第四，以经略周边、共建"一带一路"、深化与发展中国家的战略合作为基础，夯实中国国际影响力拓展的基础，促成中国国家实力的有效扩展。中国长期视周边为安身立命之所、发展繁荣之基，塑造稳定的周边环境始终是中国战略之需。^③中国将周边置于战略布局的关键，强调争取有利国际环境首先要从周边做起，^④强调推动构建人类命运共同体"从周

---

① 《习近平同法国德国领导人举行视频峰会》，《人民日报》2021年7月6日，第1版；《习近平同欧洲理事会主席米歇尔通电话》，《人民日报》2021年10月16日，第1版；赵怀普：《欧盟应对中美博弈的策略选择与美欧对华政策协调》，《国际展望》2021年第5期，第25—46页。

② 李青燕：《印度融入美国"印太战略"新动向：驱动因素与局限性》，《国际论坛》2021年第5期，第140—154页。

③ 韩爱勇：《百年未有之大变局下中国周边外交的策略选择》，《教学与研究》2020年第12期，第78—89页。

④ 《胡锦涛文选》第2卷，人民出版社2016年版，第96页。

边先行起步"。① 检视中国外部环境的演变，周边的挑战日益增多和突出，美国全面介入中国周边事务，日本、澳大利亚、印度与美国相唱和，在致力于打造将中国孤立在外的海洋秩序的同时，通过周边介入遏制中国亦是其战略企图。全面深入经略周边，强化塑造周边地缘政治经济的能力，争取周边国家的理解与支持，共建地区命运共同体应视为中国地区战略的重中之重。以坚定不移支持东盟在区域架构中的中心地位为基础条件，推动落实中国—东盟自贸区的 3.0 版为抓手，以实现与东盟国家关系的深化升级，同时积极推动共建"一带一路"与《区域全面经济伙伴关系协定》相对接，建设包容、现代、全面、互利的中国—东盟经贸关系。② 与此同时，抓住东盟诸国对大国战略竞争充满担心与忧虑的心理，强化与东盟各国的战略协调，共同维护和践行多边主义，进一步塑造周边地区和平发展保障性力量的共识，巩固作为周边国家可信任合作伙伴的良好形象。③ 共建"一带一路"是当今世界深受欢迎的国际公共产品和国际合作平台，④ 把共建"一带一路"与经略周边密切结合，将周边打造为中国战略布局的关键支撑，同时将周边打造为推动共建"一带一路"高质量发展的试验田。共建"一带一路"是深化发展中国家合作的关键抓手，进一步发挥发展中国家在中国战略布局中的立足点地位，发展中国家与中国的未来密切关联，是中国全球战略的大后方。

---

① 《习近平访越南、新加坡：推动建设命运共同体　周边先行》，载人民网，2015 年 11 月 9 日。

② 《携手并进三十载，命运与共谱新篇》，《人民日报》2021 年 11 月 23 日，第 1 版。

③ 周方银：《世界大变局下的中国周边外交》，《当代世界》2019 年第 9 期，第 11—16 页。

④ 《推动共建"一带一路"高质量发展不断取得新成效——论学习贯彻习近平总书记在第三次"一带一路"建设座谈会上重要讲话》，《人民日报》2021 年 11 月 23 日，第 2 版。

　　"全球南方"正在成为全球格局中一支重要的力量。同时，"全球南方"独立自主发展诉求上升，在国际社会积极表达自身主张和立场，并在主要大国之间的博弈中扮演日趋重要的作用。[①]"全球南方"是一个试图超越既有的发展中国家限定、聚焦于发展导向的新概念，在关注发展中国家经济快速增长和全球议程能力增强的同时，还聚焦于世界政治经济再平衡，要求重新审视国际体系的知识、政治、经济和道德基础，是对抗帝国主义全球化和全球殖民主义的新方式探求，体现了发展中国家间的包容性发展，是中国可以密切合作和推动实现发展战略对接的重要力量。中国素来重视发展中国家，进入新时代以来，中国全心全意促进发展中国家可持续发展，理直气壮支持发展中国家维护正当权益。[②]"全球南方"的兴起，既给中国带来新的机遇，也给中国带来不小的挑战。在坚持与发展中国家平等相待、真诚互助的良好基础上，进一步发挥发展中国家在中国外交战略布局中的立足点地位，将我们的未来与"全球南方"密切关联，将其作为中国全球战略大后方进行经营。周边、"一带一路"、"全球南方"三者相互关联，是中国新外交战略布局的基础支撑，要同时关注、关联推动，实现中国国家实力的有效扩展和国际影响力的稳步提升。

　　第五，以塑造新型全球化为抓手，积极发展全球伙伴关系，引领全球治理体系改革和建设，深化中国战略利益的全球拓展。面向未来，中国致力于构建以融入—变革—塑造为核心的大战略框架，通过和平、发展、合

　　① 徐秀军：《"全球南方"热潮的缘起与影响》，《世界知识》2023年第12期，第14—16页。
　　② 王毅：《胸怀天下，勇毅前行——谱写中国特色大国外交新华章》，《国际问题研究》2023年第1期，第1—11页。

作、包容、共赢的方式塑造世界未来，丰富和平发展，规划崛起之后。其中，发展全球伙伴关系、积极构建伙伴关系网络，是重要的支撑条件，与此同时，全面提升国际议程设置能力和国际话语权，以此为基础在理念创新方面发挥引领性作用；秉持观念先行与行动并举的战略思路，高举多边主义旗帜引领建设新型国际关系，① 以实际行动推动全球治理体系改革和建设，积极推动全球化朝着更加开放、包容、普惠、平衡、共赢的方向发展。新型全球化使得市场化竞争逻辑与包容性发展实现了有机契合，② 其突出特征是合作共赢原则的秉持，③ 这与中国传统文化中的多元一体思想有异曲同工之妙，在引领全球治理体系变革中推动自身国家利益的全球拓展，亦是中国战略布局的应有之义。与此同时，坚定维护以联合国为核心的国际体系、以国际法为基础的国际秩序、以《联合国宪章》宗旨和原则为基础的国际关系基本准则，推动联合国成为各国共同维护普遍安全、共同分享发展成果、共同掌握世界命运的核心平台，推动世界贸易组织、亚太经合组织等多边机制更好发挥作用，在广泛协商、凝聚共识的基础上改革和完善全球治理体系。④

第六，强调文明互鉴，加强文化对话，从哲学高度审视时代之问，推进中国战略新布局的展开。文明多样性是人类社会的基本特征，人类历史

---

① 于洪君：《新时代中国特色大国外交的指导思想和总体布局》，《当代世界》2018年第2期，第4—8页。

② 熊光清：《新型全球化的兴起及发展趋势》，《人民论坛》2021年第13期，第36—39页。

③ 张福贵：《人类命运共同体意识与"新全球化"理念》，《学习与探索》2020年第12期，第1—7页。

④ 《习近平出席第七十六届联合国大会一般性辩论并发表重要讲话》，《人民日报》2021年9月22日，第1版；王毅：《推动构建人类命运共同体》，《人民日报》2021年11月26日，第6版。

就是一幅不同文明相互交流、互鉴、融合的宏伟画卷。① 习近平提出的全球文明倡议突出强调，在各国前途命运紧密相连的今天，不同文明包容共存、交流互鉴，在推动人类社会现代化进程、繁荣世界文明百花园中具有不可替代的作用。高度重视文明互鉴的战略价值，坚持文化自信与文明互鉴的并行不悖，尊崇和平、发展、公平、正义、民主、自由的全人类共同价值，促进各国人民相知相亲，尊重世界文明多样性，推动以各美其美、美美与共为指向的文化对话，以文明交流超越文明隔阂、文明互鉴超越文明冲突、文明共存超越文明优越，共同应对各种全球性挑战，为世界摆脱焦虑提供文明处方，为解决世界不稳定性、不确定性提供文化路径。深刻认识百年变局给世界各国带来的震荡，从哲学高度加以认识，探究人类向何处去、国际关系向何处去、中国向何处去的时代之问；从方法论角度予以剖析，探究战略思维、历史思维、辩证思维、系统思维、创新思维、法治思维、底线思维指导下的解题方案，为中国战略新布局的深入展开提供源泉与动力，以海纳百川的胸襟气魄借鉴人类一切优秀文明成果，推动建设更加美好的世界。

---

① 习近平：《论坚持推动构建人类命运共同体》，中央文献出版社 2018 年版，第 256 页。

后　记

　　党的十八大以来，中国特色社会主义进入新时代，推动中国与世界的关系进入全新的历史时期。随着百年变局深化演进，世界之变、时代之变、历史之变以前所未有的方式展开，举世关注中国特色大国外交，新时代中国外交战略研究正在全国乃至全球如火如荼展开。

　　本书以习近平外交思想为指引，系统论述中国面临的国际形势和新时代中国大战略的形成，深入学习习近平外交思想的理论创新，系统研究中国新时代外交战略布局。本书以"时代背景—理论创新—实践展开—战略布局"为逻辑链条，研判时代背景，探析理论创新，总结丰富实践，完善未来框架，深入剖析习近平外交思想理论体系的形成及其核心内容，强调新时代中国外交战略以实现中华民族伟大复兴为核心目标，聚焦于新型国际关系的塑造，体现出鲜明的时代特色。本书从世界理想角度深入剖析人类命运共同体思想，探讨其实现维度；从统筹两个大局的视角评估中国外部环境演变，探究中国在全球治理、"一带一路"和地区合作中的战略作为，以及应对美国对华战略竞争的创新举措，并把构建新时代国际统一战线作为中国外交战略的重要指向。本书强调，应系统探析中国国际形势的演变，密切统筹国内国际两个大局，积极应对百年变局深化演进，立足长远进行谋划，加强全面战略运筹，推进完善全方位、多层次、立体化的战

后　记

略布局，运筹中国战略新布局。

本书系上海市哲学社会科学规划专项课题"新时代中国特色大国外交研究"（2021ZQH015）的结项成果，历经三年修订完善而成。本书得以付梓，离不开上海人民出版社范蔚文副社长的理性鼓励和上海市哲学社会科学规划办公室徐逸伦同志的大力支持，上海人民出版社的编辑同志逐字逐句帮助把关完善，使得本书增色添辉。对上述人士的宝贵支持和无私帮助，深表谢忱！

新时代新征程，中国特色大国外交任重道远。作为一个必须长期聚焦的重大战略议题，中国外交战略值得长期关注研究，本书仅仅是一个开始。

门洪华

2024 年 7 月 18 日

图书在版编目(CIP)数据

新时代中国外交战略研究 / 门洪华著. -- 上海 :
上海人民出版社, 2024. -- ISBN 978-7-208-19271-3

Ⅰ. D820

中国国家版本馆 CIP 数据核字第 2024UG7875 号

责任编辑　罗　俊　裴文祥
装帧设计　郭维维

新时代中国外交战略研究

门洪华　著

出　　版	上海人 民出版社	
	(201101　上海市闵行区号景路 159 弄 C 座)	
发　　行	上海人民出版社发行中心	
印　　刷	上海商务联西印刷有限公司	
开　　本	720×1000　1/16	
印　　张	15.5	
插　　页	2	
字　　数	185,000	
版　　次	2024 年 12 月第 1 版	
印　　次	2024 年 12 月第 1 次印刷	

ISBN 978 - 7 - 208 - 19271 - 3/D・4433

定　　价　72.00 元